PHOENIX

Der etwas andere Weg zur Pädagogik

Ein Arbeitsbuch
Band 1

Verfasst von: Heinz Dorlöchter, Gudrun Maciejewski, Edwin Stiller

Best.-Nr. 18271 4

Verlag Ferdinand Schöningh

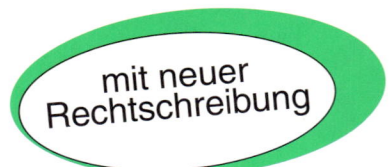

Zeichnung auf der Titelseite:
Keith Haring; © The Estate of Keith Haring, New York 1995

Dieses Werk folgt der reformierten Rechtschreibung und Zeichensetzung. Ausnahmen bilden Texte, bei denen künstlerische, philologische oder lizenzrechtliche Gründe einer Änderung entgegenstehen. Gedruckt auf umweltfreundlichem, chlorfrei gebleichtem Papier.	© 1996 Verlag Ferdinand Schöningh, Paderborn (Verlag Ferdinand Schöningh, Jühenplatz 1, D-33098 Paderborn) Alle Rechte vorbehalten. Dieses Werk sowie einzelne Teile desselben sind urheberrechtlich geschützt. Jede Verwertung in anderen als den gesetzlich zugelassenen Fällen ist ohne vorherige schriftliche Zustimmung des Verlages nicht zulässig. Printed in Germany. Herstellung Ferdinand Schöningh, Paderborn. Druck 5 4 3 2 Jahr 00 99 98 97 ISBN 3-506-18271-4

Inhaltsverzeichnis

Vorwort ... 6

1 Einführung: „erziehen und erzogen werden" ... 14

„Warum habe ich das Fach Pädagogik gewählt?" –
Das „Statementspiel" ... 15
Zugänge zum Thema „erziehen und erzogen werden" ... 18
Persönliche Erfahrungen mit Erziehung ... 18
Alltagssituationen ... 20
Anthropologische Aspekte: Muss Erziehung sein? ... 25
Exkurs: Filmanalyse ... 26
Erziehung – was ist das? ... 30
Projektvorschlag zum selbstständigen Weiterarbeiten ... 34

2 Das Wabenmodell ... 35

Erläuternde Hinweise ... 35
Für welche Wabe entscheiden wir uns? ... 35

2.1 Erzieherverhalten und Erziehungsstile als Grundmuster pädagogischen Handelns ... 37

Einführung ... 38
‚Erziehungsverhältnisse' ... 38
Grundbegriffe und Grundthesen ... 43
Erziehungsstile ... 43
Kommunikative Aspekte des ‚pädagogischen Verhältnisses' ... 46
Vertiefung ... 54
Verhandlungshaushalt ... 54
Kommunikative Kompetenz ... 56
Erzieherpersönlichkeit ... 60
Pädagogische Anwendung ... 63
Was ist ein guter Erzieher/eine gute Erzieherin? ... 63
Projektvorschlag zum selbstständigen Weiterarbeiten ... 65

2.2 Familie und familiale Erziehung ... 66

Einführung ... 67
Umgang und Ansprüche innerhalb der Familie ... 67
Grundbegriffe und Grundthesen ... 70
Bedeutung der Familie und Familienstruktur ... 70
Familie heute – familiale Erziehung heute ... 76
Vertiefung ... 78
Familie im Strukturwandel ... 78

Pädagogische Anwendung 81
Von der Partnerschaft zur Elternschaft/Familie 81
Projektvorschlag zum selbstständigen Weiterarbeiten 84

2.3 Der Kindergarten – die erste pädagogische Institution im Leben der meisten Kinder 87

Einführung 88
Die ersten Wochen im Kindergarten 88
Grundbegriffe und Grundthesen 91
Warum gibt es öffentliche Einrichtungen zur Kindererziehung?
Ein Blick in die Geschichte 91
Der pädagogische Ansatz: Situationsorientierung in der
Kindergartenerziehung 96
Vertiefung 100
Erzieherinnen im Stress 100
Kindergartenplätze für alle Kinder? Der Kindergarten als Bestandteil
des Bildungssystems 102
Pädagogische Anwendung 103
Auffälliges Verhalten 103
Projektvorschlag zum selbstständigen Weiterarbeiten 107

2.4 Erziehung in und durch Gruppen 108

Einführung 109
Was versteht man unter einer Gruppe? 109
Sind wir eine Gruppe? 110
Grundbegriffe und Grundthesen 113
Erzieht die Gruppe? 113
Zur Entstehung von Gruppen 114
Konflikte in Gruppen 119
Gruppenleitung – muss das sein? 125
Vertiefung 126
Hilfen für Pädagogen/Pädagoginnen zur Kontrolle ihres
erzieherischen Verhaltens 126
Pädagogische Anwendung 129
Fragen zur Gruppenprozessanalyse 129
Fragen zur Analyse der persönlichen Fähigkeiten und Verhaltens-
weisen in Gruppen 130
Projektvorschlag zum selbstständigen Weiterarbeiten 131
Exkurs: Expertenbefragung 131

2.5 Kulturspezifische Aspekte von Erziehung 133

Einführung 134
Befragung 134

Grundbegriffe und Grundthesen	135
Erziehung in anderen Kulturen am Beispiel der Türkei	135
Leben zwischen zwei Kulturen – Problemlagen türkischer Jugendlicher in der BRD	145
Vertiefung	154
Die Wechselbeziehung zwischen Kultur und Erziehung	154
Pädagogische Anwendung	155
Multikulturelle Gesellschaft und interkulturelles Lernen	155
Projektvorschlag zum selbstständigen Weiterarbeiten	161

2.6 „Als ich in deinem Alter war...!" – Erziehung in den 50er-Jahren 162

Einführung	163
Kind sein in den 50er-Jahren	164
Grundbegriffe und Grundthesen	166
Die Lebenswelt der 50er-Jahre – Kindheit, Familie und Erziehung . . .	166
Ein Blick in Erziehungsratgeber	171
Vertiefung	176
Sozialer Wandel und seine Auswirkungen auf Kindheit, Familie und Erziehung	176
Pädagogische Anwendung	180
Veränderte Lebenswelt heute – veränderte Erziehung	180
Projektvorschlag zum selbstständigen Weiterarbeiten	183

3 Reflexionen: Erziehung heute: Erwartungen, Probleme, Möglichkeiten, Grenzen 184

Vorstellungen von Erziehung – Versuch einer Bilanz	185
Der Machbarkeitswahn der Erzieher	187
Krisen und Chancen der Erziehung	192

4 Perspektiven: Pädagogik – ein Fach für mich? 201

10 gute Gründe – 5 falsche Erwartungen	202
Berufsfelder	202

Wie geht's weiter? – Ausblick auf den Folgeband	208
Kopiervorlagen	209
Register	211

Vorwort

Zum Titel dieses Buches

Phoenix als Titelfigur für ein Arbeitsbuch Pädagogik?

Der Phoenix ist ein sagenhafter Vogel, der sich im Baum sein Nest baut, was zugleich sein Grab wird, da Sonnenstrahlen es entzünden und Phoenix zu Asche verbrennt. Aus dieser Asche entsteht ein Wurm, der sich später in ein Ei verwandelt, aus dem dann der junge Phoenix kriecht – eben ‚wie ein Phoenix aus der Asche'.
(Vgl. Lutz Röhrich, Lexikon der sprichwörtlichen Redensarten, Herder, Freiburg 1973, S. 735, 736)

Wir haben als Titelbild die Darstellung des Phoenix von Keith Haring gewählt, daher einige kurze Bemerkungen zu Keith Haring: Seine apokalyptischen Bilder sind zu verstehen als Mahnmale gegen Gewalt und Hass, gegen Drogen, Diskriminierung von Minoritäten sowie gegen Aids. Seine lebensbejahenden Bilder, zu denen auch der ‚Flügelmensch' Phoenix gehört, schmücken auch Entbindungsstationen und Kinderkrankenhäuser und wollen zu einem sinnfreudigen, kraftvollen, selbstbestimmten Leben ermuntern. Dass er auch ein besonderes Verständnis vom Umgang mit Kindern hat, verdeutlicht folgendes Zitat:
„Im Sommer 1986 trat eine Frau namens Laurie Meadoff an mich heran, die Chefin von Citykids, einer Organisation, die von Kindern mitverwaltet wird und eine Alternative zur High School bietet [...]. Da in diesem Jahr gerade mit großem Aufwand das hundertjährige Jubiläum der Freiheitsstatue gefeiert wird, kommen wir auf die Idee, ein zehn Stockwerke langes Liberty Banner zu produzieren, wobei ich in Schwarz die Konturen zeichne und die Kids dann den Rest farbig ausmalen sollen. Dieses Projekt, dem wir den Namen Citykids Speak on Liberty geben, wird zu einem gewaltigen Ereignis, an dem eintausend Kinder teilnehmen!"
(Keith Haring, zit. in: John Gruen, K. Haring, Heyne Verlag, München 1991, S. 150)

Ebenso wie Keith Haring hoffen wir, Ihnen mit diesem Buch auch einige ‚Konturen' vorzeichnen/anbieten zu können, sodass Sie möglicherweise für den Prozess der Gestaltung Ihrer eigenen Lebensplanung interessante Anregungen bekommen.
Wir wollen Ihnen mit diesem Buch Einsichten in pädagogisches Denken und Handeln vermitteln.
Dabei sind Sie zur aktiven Mitarbeit aufgefordert, damit Sie sich auch aus Ihrer subjektiven Situation heraus ein Bild von den Dimensionen von Erziehung machen können, welches Sie dann mit den hier bereitgestellten Kenntnissen und Kompetenzen reflektieren können. Wie ein Phoenix werden Sie vielleicht Bekanntes in Frage stellen und zu neuen Einsichten kommen, sodass die ‚schwarz vorgezeichneten Konturen' von Ihnen farbig und facettenreich ausgestaltet werden können.
Um den Phoenix zum Fliegen zu bringen, kann das Stellen von Fragen manchmal wichtiger sein als das Geben von Antworten.

Diese Herangehensweise setzt auch eine besondere Betrachtungsweise von Pädagogik voraus: Themenbezogen und subjektorientiert soll das Handwerkszeug für einen möglichst selbstständigen und kreativen Zugang bereitgestellt werden, sodass die Sinnhaftigkeit und der Bezug von Theorie und Praxis verdeutlicht werden und ein erkenntnisfördernder Prozess eingeleitet wird.

Worauf Sie sich einlassen, wenn Sie mit diesem Buch arbeiten

Das lateinische educare – ‚erziehen' hängt mit educere zusammen, welches „herausführen (aus)" bedeutet. Was wir unter diesem Herausführen (bzw. mit dem Bild des Phoenix: unter Erneuern) verstehen, verdeutlicht das folgende Zitat von Erhard Meueler aus seinem Buch ‚Die Türen des Käfigs':

> „Niemand von uns kann über seine Lebensumstände beliebig verfügen, aber wir sind frei, diese Begrenzungen zu erkennen, um – stets Objekt und Subjekt zugleich – die Subjektanteile zu vermehren und zu erweitern. Wir können dazu ein Vermögen nutzen, das nur unserer Gattung eigen ist: Wir können uns zu uns selbst verhalten. Wir können uns mit uns selbst und all unseren Lebensumständen auseinander setzen und über notwendige Veränderungen nachsinnen. [...]
> Wenn als Richtung all dieser Bemühungen um Orientierung und Selbsterweiterung „Bildung zum Subjekt" angegeben wird, dann steht der Subjektbegriff als Chiffre für freiheitliches Fühlen, Denken, Wollen und Handeln, selbstständige Entscheidungen. Er steht für Widerständigkeit, Selbstbewusstheit und weitgehend selbstbestimmte Verfügung über Lebensaktivitäten. [...] Sie (die Subjektivität) ist anderen Zielen verpflichtet als der rigiden Selbstdurchsetzung im alltäglichen Konkurrenzkampf. Sie bedarf, um zustande zu kommen, der solidarischen Wertschätzung durch andere ebenso wie der eigenen Offenheit für fremdes Leid."

(Erhard Meueler, Die Türen des Käfigs, Stuttgart 1993, S. 8)

Mit diesem Zitat ist bereits die Zielrichtung unseres Buches angegeben: Wir wollen Perspektiven aufzeigen, wie eine Bildung zum Subjekt in solidarischer Verantwortung aussehen kann, und dazu die nötigen Fachkenntnisse vermitteln und mögliche Handlungsperspektiven aufzeigen. Dies hat natürlich auch Konsequenzen für unser Verständnis von Erziehung – ein Begriff, den wir für sehr missverständlich halten.

Dieses Buch führt nicht ein in die Theorie, Praxis und Technik des Heranziehens von Jugendlichen und Kindern ohne Berücksichtigung ihrer Individualität, Bedürfnisse und Lebensumstände. Wir wollen in diesem Buch Situationen betrachten, in denen Menschen miteinander umgehen, insbesondere Menschen in einer Erzieherrolle, und versuchen die Auseinandersetzung dieser Menschen mit anderen Menschen zu reflektieren, Alternativen zu denken und Handlungsmöglichkeiten zu überlegen. Wir wollen untersuchen, welche äußeren Einflussgrößen wie und in welchem Ausmaß auf die menschliche Entwicklung einwirken, wir wollen Informationen und Anregungen geben um das ‚Innere des Menschen' zu verstehen.

Wir werden dabei nicht nur Eltern-/Kind-Beziehungen thematisieren, sondern generell Situationen, in denen der Prozess der „Subjektbildung" im oben angesprochenen Sinne stattfindet. Unser Ziel ist dabei, Hilfestellung für die „Bildung zum Subjekt" zu geben, und zwar sowohl für denjenigen/diejenige, der/die die Erzieherrolle ausfüllt, als auch für denjenigen/diejenige, der/die mit dieser Rolle in Auseinandersetzung tritt.

Dazu ist es notwendig,
- über sich selbst nachzudenken und sich besser kennen zu lernen,
- über die eigene Erziehung nachzudenken,
- Einstellungen und Verhalten anderer Menschen verstehen zu können,
- Beziehungsstrukturen erfassen zu können,
- die äußeren Einflüsse, unter denen menschliche Entwicklung und Auseinandersetzung stattfindet, kennen zu lernen,

- die Beziehung zwischen diesen oben angeführten Dimensionen zu begreifen,
- Möglichkeiten und Grenzen von Erziehung zu reflektieren,
- die Eingebundenheit von Erziehung in soziale, kulturelle, historische und politische Prozesse nicht aus den Augen zu verlieren,
- über Möglichkeiten zu verfügen, Zielvorstellungen zu entwickeln und Veränderungsmöglichkeiten zu kennen,
- über Handlungskompetenzen zu verfügen.

Was verstehen wir unter ‚Erziehung', welche Dimensionen halten wir für wichtig? Die nachfolgende Ausführung von Walter Lotz ist für uns eine wesentliche Orientierung:

„Der Begriff Erziehung thematisiert das Verhältnis zwischen der erwachsenen, im gesellschaftlichen Leben etablierten Generation und den heranwachsenden Mitgliedern der Gesellschaft. [...] Die Bedeutung, die Erziehungsverhältnissen zukommt, lässt sich anthropologisch begründen: Der Mensch muss und kann seine Wesensbestimmung erst im Lebensvollzug selbst finden. Die ‚Imperfektheit' seiner Ausstattung, mit der er auf die Welt kommt, macht besondere Maßnahmen (der Pflege, Versorgung, Anleitung, besondere Umgangsweisen, Bildung und Ausbildung ...) der Erwachsenen notwendig. Gleichzeitig erfährt dieses unfertige und offene Lebewesen Mensch in der Erziehungspraxis erst seine eigentliche Wesensbestimmung.

Erziehung ist in dieser anthropologischen Sichtweise sowohl Notwendigkeit als auch Bestimmungsmoment menschlicher Seinsweise. Sie fragt letztlich nach der Art und Weise, wie Erwachsene und Heranwachsende sich zueinander in Beziehung setzen, was sie voneinander wollen und wie sie miteinander leben. Ein Ende der Erziehung wäre in dieser radikalen Perspektive das Ende der Verantwortung für menschliche Entfaltungsmöglichkeiten. [...]

Eine dem humanistischen Ethos verpflichtete Erziehungshaltung
- geht aus von der Würde des Menschen und betont die freie Entfaltung seiner Persönlichkeit,
- stellt den Menschen in den Mittelpunkt von Wertorientierungen, statt nach absoluten Werten außerhalb der sozialen Gemeinschaft von Menschen zu suchen,
- sieht Erziehung als personale Beziehung zwischen Menschen auf unterschiedlichen Stufen ihrer Entwicklung,
- steht für die Selbstverantwortlichkeit des Menschen im Rahmen der Entwicklung seiner Fähigkeiten,
- stellt menschliche Autonomie in den Zusammenhang der Interdependenz mit allen und allem."

(Walter Lotz, Kann man Erziehung lernen? PÄDEXTRA, Oktober 1992, S. 41f.)

Die Grenzen von Erziehung zeigen gleichzeitig ihre Verflechtung und Verantwortung auf:

Es wird wohl kaum gelingen, durch Erziehung ein politisch verwerfliches System zu verändern, „durch Maßnahmen auch einer noch so weit gespannten Erziehung wird es sich wohl kaum verhindern lassen, dass Schreibtischmörder nachwachsen. Aber dass es Menschen gibt, die unten, eben als Knechte das tun, wodurch sie ihre eigene Knechtschaft verewigen und sich selbst entwürdigen; [...] dagegen lässt sich doch durch Erziehung und Aufklärung ein Weniges unternehmen."

(Th. W. Adorno, Erziehung nach Auschwitz, in: Th. W. Adorno, Erziehung zur Mündigkeit, Frankfurt 1971, S. 104)

Gestaltung und Strukturierung des Buches

Dieses Buch ist ein Arbeitsbuch und nicht nur eine Textsammlung!
Es ist folgendermaßen in Kapitel gegliedert:
in einen *Einführungsteil,* einen *Erarbeitungsteil* (von uns auch mit dem Begriff *Wabenmodell* bezeichnet), ein Kapitel *Reflexionen,* in dem insbesondere pädagogische Fragestellungen und Diskussionsentwürfe herausgearbeitet werden (hier wird noch einmal besonders die Urteils- und Entscheidungskompetenz angesprochen).
Der Band wird mit einem Schlusskapitel mit der Überschrift *Perspektiven* abgeschlossen.
Wir nennen unser Modell deshalb ‚Wabenmodell', weil es zwischen den einzelnen Waben/thematischen Schwerpunkten Bezüge und somit auch sich gegenseitig weiterführende Anregungen und bereichernde Erkenntnisse gibt (entsprechende Querverweise weisen Sie darauf hin). Die Vernetzung dieser Waben führt zu einem Gesamtbild, welches einen ersten Einblick in das Fach Pädagogik/Erziehungswissenschaften geben soll.

Somit ergibt sich folgender Aufbau:
- Einführung: ‚erziehen und erzogen werden'
- Erarbeitungsteil/Wabenmodell

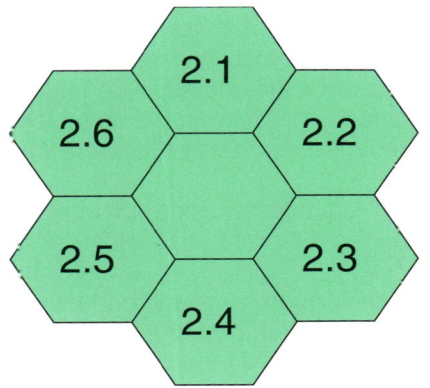

2.1 Erzieherverhalten und Erziehungsstile als Grundmuster pädagogischen Handelns
2.2 Familie und familiale Erziehung
2.3 Der Kindergarten – die erste pädagogische Institution im Leben der meisten Kinder
2.4 Erziehung in und durch Gruppen
2.5 Kulturspezifische Aspekte von Erziehung
2.6 „Als ich in deinem Alter war...!" – Erziehung in den 50er-Jahren

- Reflexionen: Erziehung heute: Erwartungen, Probleme, Möglichkeiten und Grenzen
- Perspektiven: Pädagogik – ein Fach für mich?

Während die *Einführung,* die *Reflexionen* und die *Perspektiven* möglichst vollständig bearbeitet werden sollen, können Sie aus den *‚Waben'* je nach Interesse und Vorgaben der Richtlinien eine oder mehrere zur Bearbeitung auswählen.

Die eben dargestellte ‚Macrostruktur' des Buches spiegelt sich als ‚Microstruktur' in den einzelnen Wahlbereichen, von uns auch als *‚Waben'* bezeichnet, wider.
Für jede Wabe gilt der folgende Aufbau:

- Einführung
- Grundbegriffe und Grundthesen
- Vertiefung
  Urteilen und Entscheiden
- Pädagogische Anwendung
- Projektvorschlag zum selbstständigen Weiterarbeiten

Die von uns vorgeschlagenen ‚Waben'/thematischen Schwerpunkte werden somit strukturiert aufbereitet:
In der *Einführung* wird in der Regel ein subjektbezogener Einstieg in die Thematik angeboten; in dem Abschnitt *Grundbegriffe und Grundthesen* werden grundlegende theoretische Kenntnisse erarbeitet. In der *Vertiefung* wird weiterführendes Material angeboten, welches sich für eine intensive Auseinandersetzung mit der Thematik eignet; in diesem Abschnitt soll insbesondere die Urteils- und Entscheidungskompetenz angesprochen werden. In dem Abschnitt *Pädagogische Anwendung* werden noch einmal spezifisch pädagogische Aspekte der jeweils angesprochenen Thematik herausgearbeitet. Der letzte Abschnitt, *Projektvorschlag zum selbstständigen Weiterarbeiten*, gibt Hinweise oder Arbeitsanregungen für handlungsorientiertes Arbeiten.
Diese Strukturierung gibt Schwerpunkte an, natürlich können auch z.B. in dem Abschnitt ‚Grundbegriffe und Grundthesen' pädagogische Anwendungsmöglichkeiten aufgezeigt werden.
Exkurse, die sich an jeweils geeigneter Stelle im Buch finden, können ebenso vertiefende Aspekte anbieten.
‚*Besondere Seiten*' mit den Überschriften ‚*Ein-Spruch*' und ‚*An-Sichten*' dienen insbesondere der Förderung von Urteils- und Entscheidungskompetenzen.
Arbeitstechniken werden an den Stellen angeboten, an denen sie zum ersten Mal benötigt werden bzw. wo es inhaltlich sinnvoll erscheint.

Dieser Aufbau ist der Versuch, im Rahmen der Möglichkeiten eines Schulbuches wissenschaftspropädeutische wie handlungsorientierte Aspekte des Faches unter thematischen Schwerpunkten problemorientiert aufzuarbeiten und subjektorientiert anzugehen. Unter Einhaltung der Rahmenbedingungen der Richtlinien können Sie (Lehrer/Lehrerin und Schüler/Schülerin) zwischen den thematischen Schwerpunkten, wir nennen sie ‚Waben', auswählen.
Nahezu alle von uns für dieses Buch ausgesuchten Materialien wurden von uns und in Teilen von anderen Kolleginnen/Kollegen im Unterricht erprobt, dies gilt auch für die Arbeitsaufträge.
Selbstverständliche Arbeitsaufträge, wie z. B. die Gliederung und Wiedergabe eines Textes in der Form einer Inhaltsangabe oder strukturierender Thesen, wurden von uns nicht aufgenommen. Dazu gehören auch ‚Standardfragestellungen' wie z. B.:
- Klären Sie zunächst unbekannte Begriffe.
- Fassen Sie den Text zusammen.
- Strukturieren Sie den Text.
- Fassen Sie in Thesen zusammen und erläutern Sie diese.
- Versuchen Sie die Kernaussagen des Textes herauszustellen.

Handlungsorientierte Arbeitsaufträge werden mit dem Symbol [✎] und biografisch orientierte Arbeitsaufträge mit dem Symbol [☺] kenntlich gemacht.

Den Schülern und Schülerinnen sollte angeboten werden, ein persönliches ‚EW-Tagebuch' in Form eines *Journals* zu führen, welches neben dem normalen Heft angelegt werden kann und für persönliche, nicht der Einsicht von Mitschülern/Mitschülerinnen oder Lehrern/Lehrerinnen zugängliche Notizen etc. geeignet ist. Vielleicht wollen Sie aber auch Ihre Journale tauschen und gegenseitig Eintragungen vornehmen.
In diesem Arbeitsbuch bieten wir bewusst wesentlich mehr Material an, als ein Grundkurs in einem halben Jahr bearbeiten kann. Dieser „Materialüberschuss" soll ein bewusstes Auswählen des Kurses ermöglichen sowie Möglichkeiten für Schülergruppen oder einzelne Schülerinnen und Schüler eröffnen, sich Bereiche selbststän-

dig und individuell vertiefend anzueignen und eventuell als Hausarbeit, Referat oder Gruppenbericht wieder in den Kurszusammenhang einzubringen. So haben Sie z.B. durch die Strukturierung der Waben in die Abschnitte ‚Grundbegriffe und Grundthesen' und ‚Vertiefung' die Möglichkeit, Lernangebote differenziert aufzunehmen; es ist auch durchaus vorstellbar, dass ein Projektvorschlag nur von einer interessierten Gruppe bearbeitet wird oder/und dass eine Schülergruppe eine nicht von einem Kurs gewählte Wabe selbstständig bearbeitet. Es lassen sich also viele individuelle Lernwege durch dieses Buch konstruieren. Der Lehrerin/dem Lehrer bieten sich zudem unterschiedlichste Lehrwege an, die auch ihr/ihm viel Variabilität ermöglichen.

Unsere fachdidaktischen Überlegungen orientieren sich an den wenigen weiterführenden Ansätzen der letzten Jahre, z.B. den Überlegungen von Jürgen Langefeld (vgl. Jürgen Langefeld, Unterricht im Schulfach Pädagogik in Realschule, Gesamtschule und Gymnasium; in: Geschichte – Erziehung – Politik, 2/92, S. 103ff.) und an einigen Elementen der Überlegungen der Verfasser (Eckehardt Knöpfel, Klaus-Uwe Kuchler, Jürgen Langefeld, Uwe Wyschkon) des vorläufigen Rahmenplans Erziehungswissenschaften für das Land Brandenburg (vgl. dort bes. S. 28, 29).
In unsere Arbeit sind selbstverständlich die Weiterentwicklungen eigener Positionen eingegangen (vgl. dazu etwa Heinz Dorlöchter/Edwin Stiller, Problemzentriertes Lernen im Pädagogikunterricht, in: Der Pädagogikunterricht, 9. Jg. 89, H. 4, S. 12–39; H. Dorlöchter/E. Stiller, Problemzentrierung als Bindeglied zwischen Wissenschafts- und Handlungsorientierung, in: Der Pädagogikunterricht, 11. Jg. 91, H. 2/3, S. 61ff.), die demnächst parallel zu diesem Buch neu veröffentlicht werden.

Die folgende Grafik mag unsere fachdidaktischen Überlegungen ansatzweise verdeutlichen:

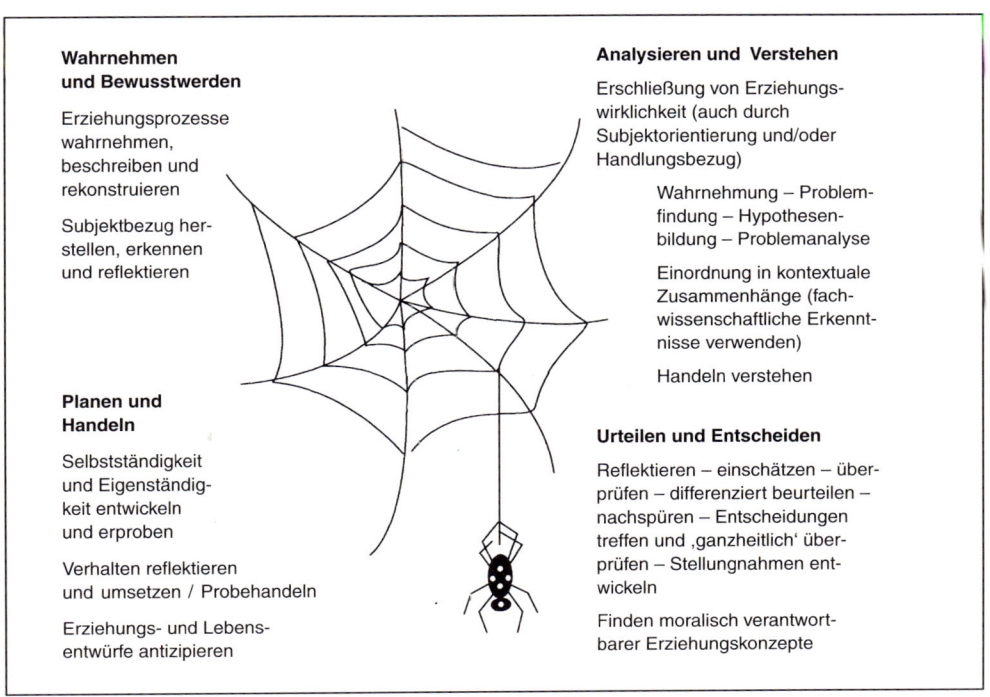

Wahrnehmen und Bewusstwerden

Erziehungsprozesse wahrnehmen, beschreiben und rekonstruieren

Subjektbezug herstellen, erkennen und reflektieren

Analysieren und Verstehen

Erschließung von Erziehungswirklichkeit (auch durch Subjektorientierung und/oder Handlungsbezug)

Wahrnehmung – Problemfindung – Hypothesenbildung – Problemanalyse

Einordnung in kontextuale Zusammenhänge (fachwissenschaftliche Erkenntnisse verwenden)

Handeln verstehen

Planen und Handeln

Selbstständigkeit und Eigenständigkeit entwickeln und erproben

Verhalten reflektieren und umsetzen / Probehandeln

Erziehungs- und Lebensentwürfe antizipieren

Urteilen und Entscheiden

Reflektieren – einschätzen – überprüfen – differenziert beurteilen – nachspüren – Entscheidungen treffen und ‚ganzheitlich' überprüfen – Stellungnahmen entwickeln

Finden moralisch verantwortbarer Erziehungskonzepte

Wir haben bewusst das Bild eines Netzes gewählt um zu verdeutlichen, dass das Aufnehmen eines dieser vier Aspekte zwangsläufig das Mitschwingen des gesamten Netzes verursacht. Für die Herangehensweise und Bearbeitung eines Themas bedeutet dies, dass das Schwingen des Netzes in unterschiedlichen Bereichen ein vielfältiges, subjektorientiertes Lernen ermöglichen soll. Zwar bieten wir auch auf verschiedenen Ebenen im Sinne eines Spiralcurriculums ausdifferenzierte Materialien (vgl. z.B. Abschnitte ‚Grundbegriffe und Grundthesen' und ‚Vertiefung'; vgl. auch die Ausführungen weiter oben) an, jedoch ist es uns auch wichtig, durch die unterschiedlichen Herangehensweisen und Bearbeitungsansätze ein ‚Netz zu weben', sodass ein Beitrag zu einer ‚Bildung zum Subjekt' (vgl. E. Meueler) geleistet werden kann und somit hoffentlich ‚jeder Phoenix seinen eigenen Weg fliegt'.

In der Struktur der einzelnen Waben bzw. in den einzelnen Abschnitten werden die oben angesprochenen vier Aspekte in unterschiedlicher Intensität aufgenommen: in der Einführung *besonders* der Aspekt ‚Wahrnehmen und Bewusstwerden', in den Grundbegriffen und Grundthesen und der Vertiefung *besonders* die Aspekte ‚Analysieren und Verstehen' und ‚Urteilen und Entscheiden', in der Pädagogischen Anwendung und den Projektvorschlägen *besonders* die Aspekte ‚Urteilen und Entscheiden' und ‚Planen und Handeln'. Wie Sie auch aus der Art der von uns gestellten Aufgaben erkennen können, kann eine eineindeutige Zuordnung nicht vorgenommen werden, insgesamt sollte sich jedoch ein ‚schwingendes Netz' gestalten, welches sich quasi ‚hinter' den einzelnen Waben (bzw. dem gesamten Buch) durch eine entsprechende Bearbeitung bildet.

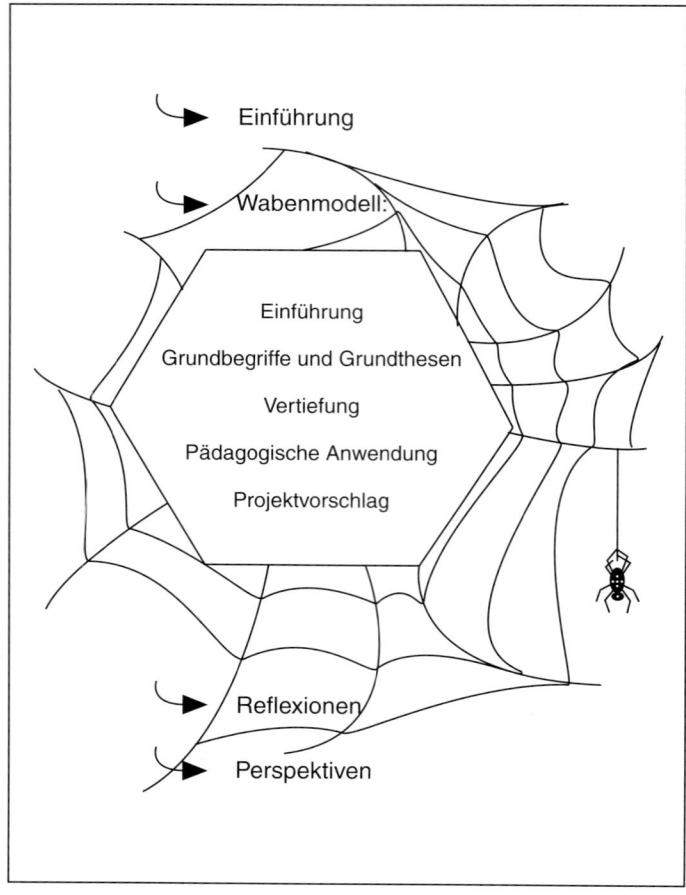

Wir über uns ...

Unsere Lebenswege und gegenwärtigen Tätigkeiten sind sehr unterschiedlich, sodass wir glauben, Ihnen auch dadurch ein vielfältiges und anregendes Buch präsentieren zu können – ein Buch, das in Teamarbeit entstanden ist.
Heinz Dorlöchter unterrichtet an der Gesamtschule Wulfen in Dorsten die Fächer EW und Mathematik. Er ist seit längerem in verschiedenen Lehrerfortbildungsmaßnahmen tätig; so gehörte er zu den Ausbildern in Brandenburg, die den dortigen Kolleginnen und Kollegen bei ihrem Ausbildungsgang bzgl. der Qualifikation zur Unterrichtung des Faches Erziehungswissenschaften in der Sek. II durch die Leitung entsprechender Seminare sowohl am Pädagogischen Landesinstitut in Brandenburg als auch an der Universität Potsdam geholfen haben. Er selbst würde sich kennzeichnen als fantasievoll, kreativ, neugierig, mit Lust auf Chaos und Ordnung.
Gudrun Maciejewski unterrichtete für zwei Jahre an einer kath. Fachschule für Sozialpädagogik die Fächer Pädagogik, Kinder- und Jugendliteratur und Medienerziehung. Anschließend betreute sie Jugendliche in einer berufsvorbereitenden Maßnahme. Sie unterrichtet zur Zeit an den Beruflichen Schulen des Kreises Borken an der Fachschule für Sozialpädagogik die Fächer EW, Didaktik/Methodik, Spiel, Deutsch und Medienerziehung und an der Fachoberschule Pädagogik. Sie selbst würde sich als aufmerksam, interessiert, einfühlungsfähig, sensibel, zurückhaltend, friedliebend, nicht immer ganz durchsetzungsfähig, manchmal aber auch kämpferisch beschreiben.
Edwin Stiller unterrichtet am Freiherr vom Stein-Gymnasium in Recklinghausen die Fächer SoWi und EW, am Studienseminar in Recklinghausen bildet er im Fach Pädagogik Referendare aus. Er ist am Landesinstitut für Schule und Weiterbildung in Soest in der Fortbildung von Lehrern tätig. Er selbst würde sich kennzeichnen als verträumten Realisten, ungeduldig aber beharrlich, optimistischen Skeptiker.
Unsere Einstellungen und Überzeugungen haben natürlich den Aufbau des Buches und auch die Auswahl der Texte beeinflusst. Wir haben uns während unserer Arbeit an diesem Buch gegenseitig nach unserem pädagogischen Motto befragt, die Antworten möchten wir Ihnen nicht vorenthalten.

Heinz Dorlöchter: „Wo sind deine Stärken, was möchtest du tun, was hindert dich daran, den Schritt zu gehen?" (Virginia Satir)
„Das Menschliche aufgeben bedeutet den Menschen aufgeben."
Gudrun Maciejewski: „Kinder werden nicht erst zu Menschen – sie sind es bereits!" (Janusz Korczak)
Edwin Stiller: „Die Menschen stärken, die Sachen klären" (Hartmut von Hentig)
„Don't worry, be happy" (Bobby McFerrin)

Am Ende des Buches (S. 209) finden Sie eine Kopiervorlage für Schüler/Schülerinnen und Lehrer/Lehrerinnen (‚Sieben intime Fragen an die Leserin/den Leser'), in der wir Sie (Lehrer/Lehrerinnen wie Schüler/Schülerinnen) um Rückmeldung bitten. Wir sind daran sehr interessiert und werden Ihre Erfahrungen bei einer Neuauflage gerne verarbeiten.

An dieser Stelle möchten wir ganz herzlich dem Schöningh-Verlag danken, der uns mit viel Geduld und wichtigen Anregungen sowohl bei der konzeptionellen Erarbeitungsphase (2 Jahre) als auch bei der konkreten Ausarbeitung der einzelnen Kapitel begleitet hat.

1 Einführung: „erziehen und erzogen werden"

(Zeichnung: Keith Haring; © The Estate of Keith Haring, New York 1995)

Das Baby ist Symbol für „Leben, Energie, Glück und die positive Seite des Menschseins".

(Keith Haring, zit. in: Eva Karcher, Visionen vom Anfang und Ende der Menschen; in: art 2/95, S. 24)

„Warum habe ich das Fach Pädagogik gewählt?" – Das ‚Statementspiel'

Die Würfel sind gefallen. Die Wahl ist getroffen.

Aber wer mit welcher Erwartung, Hoffnung oder Befürchtung hier sitzt, wissen wir nicht. Das Statementspiel soll einen ersten Austausch von Erwartungshaltungen ermöglichen. Es ermöglicht ein besseres Kennenlernen und Schüler/Schülerinnen und Lehrer/Lehrerinnen können versuchen einen möglichst großen gemeinsamen Nenner von unterschiedlichen Schüler-/Schülerinnenerwartungen, Richtlinienvorgaben und Lehrer-/Lehrerinneninteressen zu finden.

Vorgehensweise:

1. Der Kurs teilt sich in Kleingruppen.
2. Jeder Teilnehmer/jede Teilnehmerin hat die aufgeschlagene Doppelseite (S. 16/17) vor sich.
3. Der/die jüngste (oder älteste, kleinste ...) Teilnehmer/Teilnehmerin beginnt das Spiel. Er/sie stellt sich vor (Name, Alter, Hobbys usw.), wirft eine Münze o.ä. auf die Doppelseite und liest das Statement vor, auf welchem die Münze überwiegend liegt. Er/sie kann auch selbst ein Statement formulieren.
Dann äußert er/sie sich zu diesem Statement und begründet seine/ihre Meinung.
4. Anschließend fährt der Nächste/die Nächste in der Runde in gleicher Weise fort, bis alle Statements berücksichtigt wurden.
5. Jede Gruppe wählt zum Schluss die Statements aus, die auf die größte Zustimmung bzw. auf die größte Ablehnung gestoßen sind, und stellt diese im gesamten Kurs zur Diskussion.

Ich erwarte vom Pädagogikunterricht, dass über praktische pädagogische Probleme diskutiert wird.	Ich erwarte vom Pädagogikunterricht, dass der Schulunterricht kritisch unter die Lupe genommen wird.
Ich erwarte vom Pädagogikunterricht, dass Erziehungsvorgänge im Elternhaus untersucht werden.	Ich erwarte vom Pädagogikunterricht, dass ich auf spätere pädagogische Praxis vorbereitet werde.
Ich erwarte vom Pädagogikunterricht, dass ich wissenschaftlich arbeiten lerne.	Ich erwarte vom Pädagogikunterricht, dass ich Einsicht in die politischen Verhältnisse, unter denen sich Erziehung abspielt, erhalte.
Ich erwarte vom Pädagogikunterricht, dass ich Informationen über menschliches Verhalten erhalte.	Ich erwarte vom Pädagogikunterricht, dass mir wissenschaftliche Erkenntnisse über Erziehung vermittelt werden.

Ich habe das Fach Pädagogik gewählt, weil ich mich für pädagogische Fragen interessiere.	Ich habe das Fach Pädagogik gewählt, weil mir ältere Schüler/Schülerinnen das Fach empfohlen haben.
Ich habe das Fach Pädagogik gewählt, weil ich ein neues Fach kennen lernen will.	Ich habe das Fach Pädagogik gewählt, weil mein Freund/meine Freundin das Fach gewählt hat.
Ich habe das Fach Pädagogik gewählt, weil ich mir davon Hilfe für meine Probleme erwarte.	Ich habe das Fach Pädagogik gewählt, weil ich gehört habe, dass man hier leicht an gute Noten kommt.
Ich habe das Fach Pädagogik gewählt, weil mich die anderen zur Wahl stehenden Fächer nicht interessierten.	Ich habe das Fach Pädagogik gewählt, weil ich später einen pädagogischen Beruf ergreifen will.

Formulieren Sie noch einmal für sich in Ihrem Journal (siehe Vorwort) Ihre ganz persönliche Wahlbegründung und Erwartung an dieses Fach.

Dazu können Sie natürlich auch die Statements kommentieren.

Zugänge zum Thema „erziehen und erzogen werden"

Wir werden Ihnen im Folgenden drei Zugänge zu unserem Thema ‚erziehen und erzogen werden' anbieten.
Im Abschnitt „Persönliche Erfahrungen mit Erziehung" haben Sie u. a. Gelegenheit, über Ihre eigenen Erfahrungen mit der ‚Erziehung' nachzudenken;
im Abschnitt „Alltagssituationen" werden wir Ihnen pädagogische Alltagssituationen vorstellen um zu verdeutlichen, welche Aspekte bei der Beschäftigung mit Erziehungsfragen auch noch wesentlich sind, und
im Abschnitt „Anthropologische Aspekte: Muss Erziehung sein?" können Sie sich u. a. mit der Frage befassen, ob es eine ‚Erziehungsbedürftigkeit' gibt und welche Bedeutung der ‚Erziehung' für die Entwicklung des Menschen zukommt.

Persönliche Erfahrungen mit Erziehung	Alltagssituationen	Anthropologische Aspekte: Muss Erziehung sein?
↓	↓	↓
Dimensionen von Erziehung	Genuin pädagogische Fragestellungen	Notwendigkeit von Erziehung

Persönliche Erfahrungen mit Erziehung

Meine Erfahrung mit Erziehung

Nehmen Sie sich für die folgende Aufgabe Zeit und schaffen Sie sich eine ruhige und entspannte Atmosphäre. Legen Sie Ihr Heft und einen Stift bereit.

1. Erinnern Sie sich an Situationen, in denen Erziehung eine zentrale Rolle spielte, die für Sie sehr wichtig waren bzw. sind, und schreiben Sie diese Erinnerungen entsprechend der nachfolgenden Gliederung in Ihr Journal:
   Meine Erfahrung mit Erziehung:
   - ... in der frühen Kindheit
   - ... in der Grundschulzeit
   - ... in der Gegenwart
2. Überlegen Sie, ob es für Sie einen ‚roten Faden' gibt, der von der frühen Kindheit bis in die Gegenwart erkennbar ist.
3. Benennen Sie die Situationen (keine inhaltliche Darstellung), die Sie den einzelnen Phasen zugeordnet haben.
   Wenn Sie Übereinstimmungen feststellen, überlegen Sie mögliche Ursachen.
4. Versuchen Sie für jede der drei Phasen einen Satz zu finden, der mit den Worten „Erziehung ist ..." anfängt.
   Diskutieren Sie die drei Sätze.

Clustermethode

a) Nehmen Sie ein leeres Blatt Papier.
b) Schreiben Sie das Wort Erziehung in die Mitte und kreisen Sie es ein.
c) Schließen Sie die Augen und warten Sie auf Einfälle.
d) Schreiben Sie die Einfälle möglichst schnell und ohne Nachdenken (ohne innere Zensur) auf und bilden Sie so Assoziationsketten (vgl. Sie das unten stehende Bild).
e) Begrenzen Sie die Zeit des Schreibens auf sechs Minuten.
f) Schauen Sie sich danach das Produkt in Ruhe an und überlegen Sie, was Ihnen der wichtigste Aspekt ist bzw. die wichtigsten Aspekte sind.
Unterstreichen Sie diesen bzw. diese farbig.

Modell des klassischen Clusters

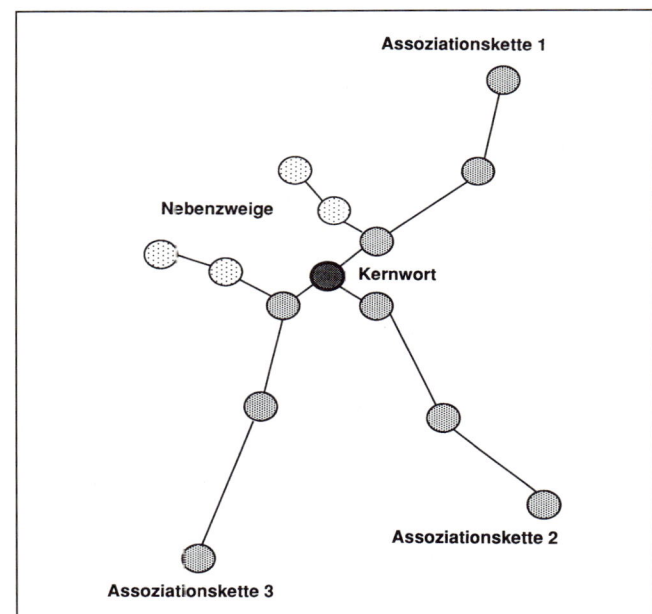

(Nach: Lutz von Werder, Kreatives Schreiben in den Wissenschaften, Berlin/Milow 1992, S. 33)

11-Worte-Gedicht

Versuchen Sie die oben genannten zentralen Gedanken in ein 11-Worte-Gedicht zu fassen (vgl. Sie das unten stehende Schema) und das, was Ihnen wichtig ist, damit auf den Punkt zu bringen (Journal!).

Alltagssituationen

Familie Drescher:

Frau Drescher stand auf dem Balkon ihrer Hochhauswohnung und blickte hinunter auf das mit Bäumen und Büschen bestandene Wiesenviereck zwischen den Reihenhäusern und Bungalows. Sie sah den schwankenden Schein einer Fahrradlampe näher kommen, das war wohl Karlheinz. Sie winkte in die Dunkelheit hinein, aber ihr Mann konnte sie sicherlich nicht erkennen. Vor ihr in den Blumenkästen blühten Nelken und Lilien. Ein starker, fast betäubender Duft strömte von den Blüten aus, auf denen sich die lautlos heranschwebenden Nachtfalter niederließen.

Frau Drescher besaß eine geschickte Hand im Umgang mit Blumen. Es brauchte viel Geduld und Liebe, um die Pflanzen großzuziehen, auch ein Talent, das man nicht aus Büchern lernen konnte. So ähnlich war es doch auch mit der Erziehung kleiner Kinder. Man brauchte Geduld und Fingerspitzengefühl, auch Liebe, das war weder einfach noch selbstverständlich, und es gab dennoch keine Garantie für das Gelingen. Frau Drescher hielt mehr von der Praxis und überließ es ihrem Mann, die modernen Erziehungsbücher zu lesen. Vielleicht waren sie gut, aber sie hatte das Gefühl, dass ihr Mann dadurch eher verunsichert wurde.

Sie blickte ins Kinderzimmer. Jörg, der Dreijährige, lag schon im Bett und blätterte in einem Bilderbuch. Stefan war noch unten. Vielleicht brachte der Vater ihn jetzt mit.

Frau Drescher bewunderte die Energie ihres Mannes, mit der er nach der Arbeit noch zum Trimmen ging oder andere Dinge anpackte, die seiner Weiterbildung dienten. So viel Strebsamkeit konnte aber auch unheimlich wirken, seine rastlose Unzufriedenheit machte ihr manchmal Sorgen. Warum konnte er nicht mal alle Viere von sich strecken, sich hinlegen und entspannen? Man musste ihn erst mit sanfter Gewalt dazu bringen, ihn überlisten, zum Beispiel durch ihr Entspannungsgetränk, zusammengemixt aus Orangensaft und Martini. Es stand schon auf dem Balkontisch bereit, dazu zwei Quarkbrote mit Tomaten und Joghurt. Karlheinz mochte so etwas. Als ihr Mann in die Wohnung kam, fragte er gleich nach Stefan: „Treibt sich der Junge etwa immer noch unten rum?"

„Er ist nach dem Essen noch mal runter", sagte Frau Drescher, „er wollte mit Markus spielen. Alle Kinder sind noch draußen, wo es heute so schön ist."

„Aber wir haben ihm doch ausdrücklich gesagt, dass er raufkommen soll, wenn es dunkel wird und die Lampen angehen", sagte Karlheinz Drescher, „und nun brennen die Lampen bestimmt schon eine Viertelstunde, und er ist immer noch nicht da."

„Ich habe ihm das ja auch gesagt", meinte Frau Drescher, „aber du weißt ja, wie die Kinder sind. Wenn sie mitten im Spiel sind, vergessen sie alles. Und wenn die anderen noch draußen bleiben dürfen, will er natürlich auch nicht heim."

„Was die anderen machen, kann uns ja egal sein", sagte ihr Mann, „er soll sich an das halten, was wir ihm eingeschärft haben. Man weiß ja nicht einmal genau, wo er überhaupt ist und was er da unten wieder anstellt. Womöglich hat er die Streichhölzer mitgenommen und zündet noch irgendwas an."

„Es wird schon nichts passieren", sagte Frau Drescher, „du machst dir schon wieder viel zu viel Gedanken. Setz dich doch erst mal hin und iss und trink was, da ist unser Entspannungsgetränk."

Er setzte sich hin und erzählte, wie sie zum Abschied noch Volleyball gespielt hätten und dass er den Ball mehrmals mit dem letzten Schlag noch übers Netz gebracht hätte, obwohl er einer der Kleinsten gewesen sei, aber ‚gelernt ist eben gelernt'. Er aß die Brote auf, nahm dazwischen einen Schluck des Mixgetränkes und lauschte immer wie-

der hinaus in die Dunkelheit, ob nicht Kinderstimmen zu hören waren.
„Ich glaube, jetzt hab' ich was gehört."
Seine Frau stellte sich ans Balkongeländer und rief: „Stefan, Stefan!"
Keine Antwort.
Auch die Kinderstimmen verstummten wieder, nur von einem entfernten Balkon hörte man Stimmen und Gelächter. Sonst war alles still, viele Fenster und Balkontüren, die vorher noch offen gestanden hatten, waren geschlossen, viele Wohnzimmerfenster ausgefüllt vom blauen flackernden Schein des Fernsehers. Es war ruhig geworden.
„Also jetzt langt's", sagte Karlheinz Drescher. „Der kann was erleben, wenn er raufkommt. Der entwickelt sich ja allmählich zu einem Rumtreiber. Hat er denn überhaupt schon Schularbeiten gemacht?"
Er wurde wieder von jener Unruhe erfasst, die Angst war oder Angst abwehren sollte, die wie ein Fieber war und die er nicht beherrschen konnte. „Jetzt geh' ich ihn suchen."
Er stand auf und ging zur Tür. Im selben Augenblick klingelte es. Als er die Tür öffnete, stand Stefan davor.
„Wo treibst du dich denn so lange rum, jetzt ist es schon halb zehn. Haben wir dir nicht gesagt, du sollst heimkommen, wenn es dunkel wird und die Lampen angehen?"
„Alle waren so lange unten. Der Markus auch. Und an der Rollschuhbahn spielen immer noch welche."
„Das ist mir ganz egal, was die anderen machen. Du sollst dich an das halten, was wir dir gesagt haben, hörst du?"
Stefan schob sich am Vater vorbei und lief in die Küche.
Karlheinz Drescher lief hinter ihm her, packte ihn an der Schulter und drehte ihn zu sich herum: „Hörst du? Ob du gehört hast! Wann sollst du nach Hause kommen?"
„Wenn es dunkel wird."
„Und?"
„Was und?"
„Wenn es dunkel wird und ...?"
„Und wenn die Lichter angehen."
Der Junge brachte das in einem Tonfall heraus, der auch bedeuten konnte: „Rutsch mir doch den Buckel runter, leck mich doch am ..."
„Auch noch frech werden, wie?"
Karlheinz Drescher erregte sich immer mehr. Er schob den Jungen in die Ecke.
Stefan stand an den Kühlschrank gelehnt da und hob die Hand abwehrend vors Gesicht. Sein Gesicht war angstverzerrt, und er fing an zu heulen.
„Lass mich endlich in Ruhe!", stieß er hervor.
Der Vater ließ die zum Schlag erhobene Hand langsam sinken, wandte sich ab und ging. „Aber morgen bleibst du mir nach dem Abendessen oben und gehst nicht mehr runter", murmelte er im Hinausgehen.
Er ging auf den Balkon zurück, setzte sich an den Tisch und trank das Glas mit dem Mixgetränk hastig leer.
Seine Frau war zu Stefan in die Küche gegangen, um ihm was zu trinken zu geben, ging dann mit ihm ins Bad und ins Kinderzimmer.
Karlheinz Drescher sah immer noch das angstverzerrte Gesicht des Jungen vor sich, die abwehrend erhobene Hand. Die Szene war ihm peinlich, hatte ihn tief getroffen. Der Junge hat ja Angst vor mir, dachte er, mein Gott, musste es denn so weit kommen, bin ich denn so schlimm zu ihm? Schließlich ist er doch immer noch mein Sohn und nicht der ‚Würger' von früher oder irgendein Rocker. Ich kann doch meine Wut auf manche Zustände nicht an ihm auslassen, er kann doch nichts dafür. Und was soll er

später einmal von mir denken? – Vielleicht bin ich auch nur zu feige und reagiere mich eben an Schwächeren ab. Ja, es scheint, ich bin allmählich zum Spießer geworden. Da wo ich aufmucken sollte, im Betrieb, wenn sie uns wieder mal schikanieren oder antreiben, da halte ich den Mund und ziehe den Kopf ein, weil ich nicht unangenehm auffallen will. Und hier spiele ich den starken Mann.

Karlheinz Drescher war ehrlich zerknirscht und schüttete sich ein weiteres Glas mit viel Martini und wenig Orangensaft voll. Angst einflößen war doch nicht das richtige Erziehungsmittel; man wollte damit eigene Unsicherheit verdecken, es sich bequem machen, die Kinder einschüchtern, um sie besser dressieren zu können. Freilich, in seiner Kindheit hatten sie ihm ja auch oft Angst gemacht – aus Erziehungsgründen: mit der Polizei, mit den Zigeunern, mit dem schwarzen Mann im Keller, mit dem Nikolaus, mit dem Davonlaufen „wenn du nicht artig bist" – so was wurde man so schnell nicht wieder los. Andererseits war von ihm auch erwartet worden, dass er zu einer bestimmten Zeit pünktlich und jedenfalls noch vor Einbruch der Dunkelheit wieder zu Hause war. Manchmal gab es freilich auch Ausnahmen, sie hatten es ja auch besser gehabt, nämlich einen großen Hof und einen Garten zum Spielen und Herumtollen, vor allem kein Eingesperrtsein in einer engen Zweizimmerwohnung, wie in ihrer ersten Mietwohnung, wo die Kinder in der Küche schlafen mussten und die Alte unten immer mit dem Besenstiel an die Zimmerdecke geklopft hatte. Seine Frau kam zurück.

„Du musst dich nicht immer gleich so aufregen", sagte sie, „wenn die Kinder mal nicht so spur'n, wie du dir das vorstellst. Denk an dein Herz."

„Das ist noch ganz gut in Ordnung, ich hab's erst heute Abend wieder festgestellt. So'n Opa, der kurz vorm Schlaganfall steht, bin ich ja nun auch wieder nicht."

„Aber du bist jetzt manchmal ganz schön nervös, was ja auch kein Wunder ist, wenn du ab früh um sechs pausenlos im Einsatz bist."

„Also, dass ich arbeiten muss, lässt sich ja wohl vorerst nicht vermeiden, und dass ich den Computerlehrgang mitmache, auch nicht, wenn ich nicht in Kürze arbeitslos sein will. Aber der Fitnesssport ist ja schließlich als Ausgleich gedacht und macht mir auch Spaß, das ist ja doch was anderes."

„Ja, schon, aber du musst dich auch mal entspannen können. Ich hab den Eindruck, du nimmst den Fitnesssport auch viel zu ernst."

„Hin und wieder packt mich der Ehrgeiz, das gebe ich zu, es ist auch schwer, ganz abzuschalten und aus dem Leistungsdruck herauszukommen."

(S. Grundmann, Schattenboxen; in: Geschichten aus der Kindheit, Fischer Taschenbuch Verlag GmbH, Frankfurt a.M., und Werkkreis Literatur der Arbeitswelt, Köln, 1978, S. 191ff.)

1. Welche Auffassung von Erziehung haben Herr und Frau Drescher?
2. Welche Hintergründe prägen die Person Karlheinz Dreschers? Orientieren Sie sich zur Beantwortung dieser Frage an der nebenstehenden Grafik:
3. Welche Erklärungen für das Verhalten Karlheinz Dreschers gegenüber seinem Sohn lassen sich vermuten?
4. Welche Ratschläge würden Sie dieser Familie geben?

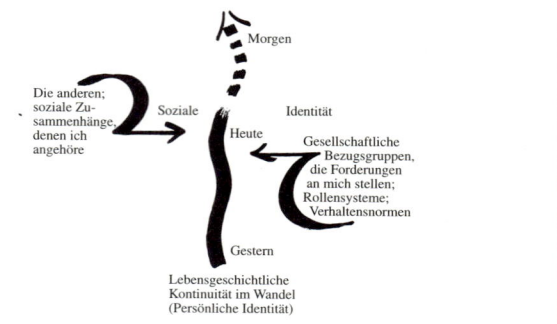

(Aus: Erhard Meueler, Wie aus Schwäche Stärke wird, Rowohlt, Reinbek 1991, S. 67)

Familie Ahrends:

Lesen Sie sich den folgenden Text aufmerksam (mehrmals) durch.
(Die Anrede „Du" bezieht sich auf einen ehemaligen Studienfreund.)

[...] „Wir hatten ja beide einen sehr guten Studienabschluss vor zwanzig Jahren. Du bist inzwischen Professor, ich bin arbeitslos. Ich könnte mir schon vorstellen, mehr Zeit für den Beruf zu haben und mehr Geld für die Familie. Wir sind beide weder dumm noch faul: Du bist ein gemachter Mann, und ich streite mich
5 mit der Arbeiterwohlfahrt um einen Urlaubszuschuss. Auf dem Klavier, dem einzigen Wertstück in unserem Haushalt, klebt der Kuckuck. Jetzt steh' ich sogar beim Sozialamt Schlange. Man deklassiert sich selbst, wenn man acht Kinder in die Welt setzt. Wir wollten viele Kinder haben, wir haben uns das zugetraut. Aber wir haben uns übernommen. Es wächst uns über den Kopf. Wir haben immer öfter das Gefühl, von der
10 Substanz zu leben, es kommt wenig Ermutigung von außen. Wir sind müde geworden, moralisch müde, wenn du weißt, was das meint. Wir haben uns abgestrampelt – mit dem Erfolg, dass wir jetzt auf der untersten sozialen Stufe angekommen sind. Aber diese soziale Deklassierung würde uns nicht stören, wenn sie nicht ein Zeichen der Nichtachtung wäre. Der Nichtachtung durch die anderen, die eigentlich eine Nichtachtung
15 ihrer selbst ist. Als Eltern von acht Kindern fallen wir aus der Leistungsgesellschaft, denn wir leisten nichts, was sich kurzfristig verwerten ließe. Kinder produzieren nicht und konsumieren wenig. Was wir tun, gilt nach den Gesetzen des Marktes als wertlos. Freilich gibt es andere Kriterien, wir können es selbst für wertvoll halten. Und genau in dieser Hinsicht geht uns die Luft aus: Unser Idealismus ist so ziemlich verbraucht, weil
20 wir uns damit allein gelassen finden. Die, mit denen ich das Land bewohne, haben sich daran gewöhnt, Menschen für den Aussatz der Welt zu halten. Sie hören deshalb nicht auf, sich als Weltzerstörer zu verhalten, und wahrscheinlich ist diese prinzipielle Selbstverachtung die Bedingung dafür, im gewohnten Lebensstil fortfahren zu können. Allerdings sind es immer die anderen, die die Welt zerstören, die Neuzugänge zumal.
25 Denen traut man nicht mehr zu als die eigene Verbrauchermentalität. Es ist das pervertierte schlechte Gewissen, unter dem meine Landsleute leiden. Sie mögen sich nicht – wie sollen sie ihre Kinder lieben? Aber ich gehöre ja zu ihnen, also: Wir mögen uns nicht, wir ermüden daran, unsere Kinder zu lieben. [...]
Wir fühlen uns ausgebeutet. Nicht im Sinne dieser Finanzfüchse, die jetzt hin und her
30 rechnen und herauskriegen, dass so ein geglücktes Familienleben eine so unbezahlbare wie unbezahlte Leistung für die Gemeinschaft ist. Ich meine, dass die Menschen, mit denen ich das Land bewohne, sich nicht als Gemeinschaft von Menschen mögen, die eine gemeinsame Vergangenheit und Zukunft haben. Ich vermeide bewusst Begriffe wie „Volk" oder „Nation", die sind so belastet, dass sie wohl noch hundert Jahre radio-
35 aktiv strahlen und Berührungsangst auslösen. Was nahe liegende Gründe hat, ich weiß. Aber diesen Schrecken der Deutschen vor sich selbst kriegen natürlich Leute zu spüren, die ausgerechnet Menschen in die Welt, genauer: in dieses Land setzen, und zwar ihrer Sorte.
Warum hält man sich hier so viele Hunde? Um Autorität zu sein, nicht wahr: Herrchen
40 und Frauchen, um den „Respekt" zu bekommen, den man von seinesgleichen nicht erwarten kann. Von seinen Hunden bezieht dieses Volk die Selbstachtung, die es so gründlich verspielt hat. [...]
Kinder sind liebe Gäste, heißt es in einem chinesischen Sprichwort. Also, mein kinderloser Freund: Ich bin für sie zuständig, weil ich sie in die Welt gesetzt habe. Aber ich
45 erwerbe keine Aktie an diesen Menschen, für die sie irgendwann, womit auch immer, „bezahlen" müssen. Das ist, wenn du so willst, alles rausgeschmissenes Geld und ver-

lorene Zeit. Nach den gültigen Maßstäben. Wer sich Kinder „anschaffen" will, um „Spaß zu haben", der sollte es lieber mit einem Dackel versuchen.

Aber ein paar Menschlein sollen doch auch nachwachsen, damit die vielen Herrchen und Frauchen später eine schöne Rente kriegen, nicht wahr? Wie oft hab' ich diesen Satz gehört: Schön, dass Sie so viele Kinder haben, einer muss ja später unsere Rente zahlen ... Das soll witzig klingen, ist aber blanker Zynismus. Der Satz sagt so ziemlich alles über das Verhältnis zu unserem Nachwuchs. [...] Eine Großfamilie braucht ein Umfeld von Freunden und Verwandten, die gern mal zu Besuch kommen und Zeit haben. Die einen davor bewahren, dass man verkommt in diesem tagtäglichen Dauerlauf. Familie braucht Familie als selbstverständliche Lebensform, sonst wird da was sehr Anstrengendes und sehr Angestrengtes daraus. Das braucht Formen, die wir nie selbst erfinden könnten. Das braucht die anderen auch als eine Kultur des Zusammenlebens. Die Teilhabe an dem, was aus ihnen wird, aus uns: Das ist der Genuss beim Kindergroßziehen. Der Ansporn, es gut zu machen, der von den anderen kommt. Ihre Anerkennung, die gelebte Zugehörigkeit. Ich muss in meinem Haus täglich eine Ordnung vertreten, die die Ordnung der anderen ist. Ich brauche dazu zumindest deren moralische Unterstützung. Wenn es die anderen nicht mehr interessiert, was ich mit meinen Kindern anstelle, wenn sie dahinleben, als gäbe es keine Zukunft, dann wird es allerdings schwer, die Kinder „zur Ordnung" zu erziehen. Zu einer Ordnung, die sich nicht mehr zutraut, das Leben neu zu erfinden, in der Kinder wirklich nur noch Privatvergnügen wären: nur privat, also kein Vergnügen.

Du denkst jetzt, ich spekuliere auf ein „Mutterkreuz" oder was Ähnliches. Irrtum. Die Sozialisten und die Nazis haben das Kinderkriegen zur Staatssache gemacht, jetzt gilt es als bloße Privatsache. Es ist aber keines von beiden, sondern eine gesellschaftliche Angelegenheit. Eine Verantwortung, die man für alle übernimmt und die zu tragen man den Zuspruch aller braucht. Versteh mich nicht falsch: Die anderen müssen nicht „Nation" heißen. Sie müssen überhaupt nicht heißen, aber da sein müssen sie. [...]

Dass wir uns nichts wert sind, darin liegt wohl auch der Grund für das schwindende Berufsethos der Lehrer. Ihre Materie ist nichts gesellschaftlich Wertvolles. Das würde so niemand aussprechen, aber alle verhalten sich so. Da sieht man nicht mehr den Kosmos ungeahnter Möglichkeiten, der in jedem Kind gesucht und geweckt wird. Nichts Heiliges, wenn du das Wort gestattest. Da sind nur noch private Rotznasen, künftige Verbraucher und Müllmacher. Aber ohne eine Vision unserer selbst lohnt es nicht, sich fortzupflanzen. Ohne Menschenbild lassen sich schwerlich Menschen bilden.

Die unausgesprochene Selbstverachtung macht uns zu feigen Erziehern. Sie produziert einen Mangel an Courage, da etwas richtig zu machen – und eine Flut von schwachsinnigen Erziehungsberatern. Die Verweigerung von Strenge ist eine Form von Gleichgültigkeit. Gleichgültigkeit der Eltern gegenüber den anderen, zu denen ihre Kinder heranwachsen. Um zu erziehen, müssten wir zu uns stehen.

Wir sind nicht Mutter und Vater, sondern Mamilein und Papilein. Wollen nicht erwachsen sein und verantwortlich für den ganzen Klumpatsch, der Geschichte und Zukunft heißt. Erziehung setzt ein Wozu voraus, das wir nicht kennen. Unsere Kinder werden so zur Last oder zum Luxus. Sie sind danach: vernachlässigt oder verzogen. Kein Wunder, dass man sie nicht mag. Wenn die Kinder lernen, mutig zu sein, hab' ich immer das Gefühl, sie lernen es für eine andere Zeit, auf Vorrat sozusagen.

Bist du katholisch?, fragen mich viele. Nein, bin ich nicht. Ich glaube nur, dass man von Menschen so ziemlich alles erwarten kann, vorausgesetzt, man erwartet es von ihnen. Menschen haben die Welt an den Rand gebracht, und Menschen könnten sie retten. Hoffnung ist irrational und zugleich von höherer Rationalität. Ich sehe was, was du nicht siehst, mein Guter: das Nichtvorhersehbare. Mir bleibt gar keine andere Wahl,

denn ich will nicht, dass meine Kinder vielleicht die Schar der Werbefachmänner vermehren und die anderen mit müdem Eifer für etwas ge-
100 winnen, von dem alle wissen, dass es für alle (die Profiteure mal ausgenommen) nur noch verderblich ist.
Ich setze Menschen in die Welt, und ich glaube daran, dass sie ihr nicht zum Übel sind. Ich wüsste nicht, warum ich ihnen sonst behilflich sein sollte, Tugenden auszubilden. Herrchen und Frauchen können getrost dem Weltuntergang entgegenleben, Eltern sind zum Optimismus genötigt."
(M. Ahrends, Wir wollten so viele, DIE ZEIT Nr. 22, 27.5.94, S. 85ff.)

1. Was erfahren Sie über den Autor?
2. Was erfahren Sie über seine Sicht von Gesellschaft und Politik?
3. Was erfahren Sie über sein Verständnis von Erziehung?
4. Wählen Sie sich drei für Sie interessante Textstellen aus und erörtern Sie diese.
5. Formulieren Sie drei Fragen an Herrn Ahrends.
   Diskutieren Sie mögliche Antworten.
6. Entwerfen Sie ein Schaubild, bei dem die Familie Ahrends im Mittelpunkt steht. Beschreiben Sie rings um diesen Mittelpunkt alle die Faktoren, die auf das Familienleben (und deren Vorstellung von Erziehung) einwirken.
   Diskutieren Sie die Wirkung dieser Einflussgrößen auf das Familienleben.

Anthropologische Aspekte: Muss Erziehung sein?

Als fächerübergreifende Wissenschaft untersucht Anthropologie sowohl mithilfe erfahrungswissenschaftlicher Methoden als auch mit geisteswissenschaftlichen Methoden das Wesen des Menschen mit seiner organischen und psychischen Eigenart und seiner besonderen Stellung in Natur und Geschichte. Gefragt wird nach den biologi-
5 schen Merkmalen des Menschen (biologische Anthropologie) wie Abstammung, Entwicklung, Vererbung, Rasse, nach seiner Kulturfähigkeit und -abhängigkeit (Kulturanthropologie) und nach den zwischenmenschlichen (sozialen) Beziehungen wie Geschlechterrollen, Arbeitsteilung, Machtverhältnisse, Unterschiede zwischen Stadt- und Landbevölkerung, Beziehungen zwischen Minderheit und Mehrheit, Probleme
10 hoch entwickelter Industriegesellschaften, z.B. Umweltverschmutzung (Sozialanthropologie).
(J.A. Keller/F. Novak, Kleines pädagogisches Wörterbuch, Freiburg 1993, S. 32)

Hinweise:

Zu dieser Thematik liegen neben literarischen Bearbeitungen auch Spielfilme vor:
- François Truffaut, „Der Wolfsjunge", Frankreich 1969
- Werner Herzog, „Jeder für sich und Gott gegen alle", Deutschland 1974
- Peter Sehr, „Kaspar Hauser", Deutschland 1994

Alle Filme sind im Film- bzw. Videoverleih erhältlich.

Exkurs — Filmanalyse

Filme sind im Pädagogikunterricht Arbeitsmittel und Quelle, nicht Selbstzweck. Sie sind daher in den Ziel- und Problemkontext des Unterrichts eingebunden.

Im Vergleich zu einem Text werden Inhalte und Aussagen durch einen Film auf vielfältige Art und Weise vermittelt: durch das bewegte Bild, Geräusche, Musik, Farben, Lichteffekte und dergleichen mehr. Dies hat den Vorteil, die vermeintlich reale Wirklichkeit visuell und akustisch abzubilden und somit erfahrbar zu machen. Zugleich bergen die Möglichkeiten des Films, Inhalte und Aussagen auf o.g. vielfältige Art zu vermitteln, eine erhöhte Gefahr der Manipulation. Dies sollte bei der Filmanalyse stets mitbedacht werden.

Die nachfolgenden Anregungen sollen Ihnen einen Orientierungsrahmen zur Analyse von Filmen im Pädagogikunterricht bieten, die sowohl zur Analyse von Spielfilmen als auch zur Analyse von Dokumentarfilmen herangezogen werden können.

1. Filme sind für den Pädagogikunterricht dann geeignet, wenn sie aktive Erarbeitungsmöglichkeiten zu pädagogischen Fragen ermöglichen. Daher ist es wichtig, vor der Sichtung des Films Beobachtungsaufträge zu formulieren.

2. Filme, vor allem Spielfilme, sprechen die Gefühle der Zuschauer an und lösen sehr unterschiedliche Verarbeitungsprozesse aus. Daher ist es oft sinnvoll, das emotionale Filmerleben unmittelbar nach Sichtung des Films im Kurs zu thematisieren. Hieraus lassen sich auch oft wichtige inhaltliche Fragen ableiten.

3. In einem systematischen Zugriff können dann, anknüpfend an den Beobachtungsaufträgen,
   – Handlungsablauf (Dramaturgie, Aufbau ...)
   – Handlungsträger (Personen)
   – Handlungsrahmen (historischer, kultureller, gesellschaftlicher Kontext ...)
   – Handlungsbotschaft (inhaltliche Aussagen)
   immer unter dem Blickwinkel der erzieherisch bedeutsamen Aussagen ermittelt werden.

4. Um dem Medium Film gerecht zu werden und um auch verdeckte Botschaften zu erfassen ist es notwendig, filmanalytische Kategorien heranzuziehen:
   – Bildgestaltung (Einstellung, Perspektive, Montage, Licht, Farbe, Bildinhalte ...)
   – Tongestaltung (Sprachinhalte, Sprechformen, Filmmusik, Geräusche, Off-Kommentare ...)

5. Die durch den Film gewonnenen Arbeitsergebnisse sollten schließlich wieder in den Kontext der Unterrichtsreihe eingegliedert werden, indem
   – inhaltliche Aussagen des Films mit Unterrichtsergebnissen verglichen werden,
   – wertende Aussagen des Films offen gelegt und diskutiert werden
   – und weiterführende Fragen festgehalten werden.

Der Fall Kaspar Hauser
Am Pfingstsonntag des Jahres 1828 beobachten Nürnberger Bürger in der Nähe eines der Stadttore einen merkwürdigen Menschen, ungefähr 16 Jahre alt, mit tapsigen Bewegungen, der einen Brief in der Hand hält und irgendwie hilflos erscheint. Zwei Schuster sprechen ihn an, und der junge Mensch wiederholt einzelne Worte der beiden in Verstümmelung und Verdoppelung: „Krig-Krig", „Wach-Wach". Außerdem äußert er: „hamweisen", „woiß nit" und „ä Reuter möcht ich wähn, wie mei Vottä wähn is". Der Brief, den er in der Hand hält, ist an einen Rittmeister adressiert; der ist nicht zu Hause. Man nimmt ihn im Wachhaus auf, aber weiß nichts mit ihm anzufangen, da er auf alle Gesprächsversuche immer nur mit den zitierten Äußerungen reagiert. Schließlich wird er in einem Erkerzimmer des Gefängnisturms der Stadt untergebracht. Der Gefängniswärter versorgt ihn, gibt ihm Papier und Stifte zum Zeichnen, spricht mit ihm. Bald bezeichnet er nicht mehr alle Tiere nur als „Ross", alle Menschen als „Bue", überwindet seinen Ekel vor Fleisch als Nahrung (in der ersten Zeit mochte er nur Wasser und Brot zu sich nehmen), hängt seine Zeichnungen an die Zimmerwand. Ein gleich zu Beginn des Nürnberger Aufenthaltes dieses Menschen hinzugezogener Arzt, Dr. Preu, hält ihn „weder für verrückt noch blödsinnig, aber offenbar auf die heilloseste Weise von aller menschlichen und gesellschaftlichen Bildung gewaltsam entfernt".
In dem Brief, den der Jüngling bei seiner Ankunft in Nürnberg bei sich hatte, hieß es unter anderem, ohne Angabe von Ort und Namen des Absenders:
„Ich schücke ihrer ein Knaben der möchte seinen König getreu dienen [...] Dieser Knabe ist mir gelegt worden 1812 den 7. October, und ich selber ein armer Tagelöhner, ich Habe auch selber 10 Kinder, ich habe selber genug zu thun dass ich mich fortbringe [...] ich habe ihm Christlichen Erzogen, und ich habe ihm Zeit 1812 Keinen Schritt weit aus dem Haus gelassen dass Kein Mensch nicht weiß da von wo Er auferzogen ist worden [...] Sie derfen ihm schon fragen er kan es aber nicht sagen [...] Wer er Eltern häte wir er keine hate wer er ein gelehrter bursche worden. Sie derfen im nur was zeigen so kan er es schon [...]"
Diesem Brief lag ein Zettel bei. Auf dem stand, in anderer Handschrift:
„Das Kind ist schon getauft. Sie Heist Kaspar in Schreib name misen sie im selber geben das Kind möchten Sie aufzihen [...] wen er ist 17 Jahre alt ist so schicken sie im nach Nirnberg [...] ich bitte um die erziuhung bis 17 Jahre gebohren ist er am 30 Aperil 1812 im Jaher ich bin ein armes Mägdlein ich kan das Kind nicht ernehren sein Vater ist gestorben."
Der Jüngling ist Kaspar Hauser. Der Arzt, Dr. Preu, hatte in seinem Gutachten festgestellt, der Knabe sei vermutlich „von aller menschlichen und gesellschaftlichen Bildung gewaltsam" ferngehalten worden. Die polizeilichen Ermittlungen nach den Urhebern dieses Verbrechens gegen ein Kind blieben erfolglos. Aber es bemühten sich zunächst Nürnberger, später Ansbacher Bürger, die Misshandlung wieder gutzumachen, die Kaspar angetan wurde. Er wurde in eine Familie aufgenommen, stand in fortwährendem Kontakt nicht nur mit den Mitgliedern dieser Familie, sondern auch mit vielen anderen Bürgern der Stadt, lernte nicht nur sprechen, sondern innerhalb eines Jahres lesen und flüssig schreiben, konnte gut zeichnen, sich gesellig verhalten; er schreibt seine Lebensgeschichte auf, und man weiß nun auch, dass er mindestens 13 Jahre lang in einem fensterlosen Stall, Verlies oder Abstellraum von ungefähr 2 qm Grundfläche gelebt hatte, in dem sich außer einem Holzpferd und Stroh nichts befand, jeden Tag nahezu sprachlos mit Wasser und Brot versorgt. Für den Oktober 1829 wird ein Mordanschlag auf Kaspar gemeldet, der aber unaufgeklärt bleibt. Danach muss er die Pflegefamilie – wegen einer Erkrankung des ersten Pflegevaters Daumer – wechseln. Der neue Pflegevater (Tucher) notiert: „[...] dass er jetzt in geistigen Fähigkeiten einem Knaben von 11–12 Jahren gleichsteht. Seine Begierde, zu lernen und sich zu entwickeln, ist ungemessen und wird von der grenzenlosesten

Beharrlichkeit, die selbst an Eigensinn grenzt, begleitet, sodass ich hierbei nur zur Sorge genötigt bin, allzu große Anstrengungen von ihm entfernt zu halten. Seine große Gutmütigkeit, sein natürliches, unbefangenes Gemüt und vor allem ein hohes moralisches Gefühl, welches zusammen durch die ungeschickteste und unverständigste Behandlungsweise, welche er zum Teil erfahren musste, nicht gemildert werden konnte, erhält ihm fortwährend die Liebe aller, die mit ihm zu tun haben. Hierbei kann ich aber auch nicht leugnen, dass jene unverständige Behandlungsweise ihm teils zu manchen Eitelkeiten, und selbst hin und wieder zu kleinen Lügen Veranlassung gegeben haben, jedoch kann ich pflichtgemäß versichern, dass, seit ich ihn unter geordnete Aufsicht gestellt habe, seine Aufführung durchaus tadellos ist; nur musste ich hierbei die Bemerkung machen, dass die große Weichheit seines Gemüts noch ebenso aller Eindrücke und Umbildungen fähig und dafür empfänglich ist." Und gegen Ende des Berichtes: „Es kann also sein Zustand nicht der einer Geistesschwäche, sondern nur einer Verwahrlosung sein." Im letzten Satz Tuchers deutet sich eine folgenreiche Unterscheidung an: Der Zustand Kaspars sei nicht einer „Geistesschwäche" geschuldet, einem organisch bedingten Zustand also, gegen den Erziehung nichts vermag, „sondern nur einer Verwahrlosung", d.h., wie Dr. Preu es ausdrückte, eine gewaltsame Entfernung „von aller menschlichen und gesellschaftlichen Bildung". Die pädagogischen Bemühungen der Pflegeeltern gaben der Diagnose Recht: Nach zwei Jahren hatte Kaspar, dank seiner ungeheuren Lernbereitschaft und der Anstrengungen seiner Erzieher, das gelernt, wofür im Regelfall den Kindern 14 Jahre zur Verfügung stehen: volle Sprachbeherrschung, Rechnen, Lesen, Schreiben; er machte Gedichte, konnte gut nach der Natur zeichnen, seinen Körper hatte er in der Gewalt, er liebte Musik, hatte sich die christliche Religion angeeignet, nahm an der städtischen Geselligkeit teil, verliebte sich – ein Triumph der Bildsamkeit.

(Klaus Mollenhauer, Vergessene Zusammenhänge, München 1986, S. 80ff.)

Welche Schlussfolgerungen für die Bedeutung von Erziehung können Sie aus solch einem Fall ziehen?

Der Autor Klaus Mollenhauer kommentiert den Fall Kaspar Hauser aus seiner Sicht:
Darauf jedenfalls läuft die zeitgenössische Interpretation des Falles hinaus, und sie bestätigt, was heute als Lehrbuchwissen zum Thema Bildsamkeit selbstverständlich ist:
- Das Kind des Menschen kommt zwar, wie alle Säugetiere, mit einer genetischen Ausstattung auf die Welt, ist aber wesentlich länger pflege- und schutzbedürftig.
- Diese Lücke zwischen physiologischem Repertoire und physischer Überlebensfähigkeit muss kompensiert werden.
- Dem Organmangel entspricht eine sonst in der Tierwelt ungewöhnliche Plastizität, d.h. Lern- und Erfahrungsfähigkeit.
- Die Kompensation geschieht gattungsgeschichtlich durch „Kultur" und individualgeschichtlich durch Erziehung und Bildung.
- Die Plastizität hat das Kind als organische Disposition. Seine Bildsamkeit ist dagegen nur beschreibbar als Reaktion auf die Herausforderung durch die Kultur. Sie wird „aktuell" im Bezug auf die Ordnung der Welt, in der es heranwächst.
- Insofern wird Bildsamkeit „gestiftet". Das Kind hat nicht „von Natur aus" eine Begabung, sondern wird „begabt".
- In diesem Prozess spielt die Sprache eine entscheidende Rolle, weil erst in ihr Intersubjektivität und damit Teilnahmemöglichkeit an menschlichen Gemeinschaften hergestellt wird.

(Klaus Mollenhauer, Vergessene Zusammenhänge, München 1986, S. 83)

Ein Arzt, Jean Itard, der sich um 1800 um einen „wilden" Jungen kümmerte (Victor von Aveyron, dessen Schicksal François Truffaut verfilmte), formulierte folgende Schlussfolgerung:

„Der Mensch, ohne Körperkräfte und ohne eingeborene Ideen auf diesen Erdball geworfen, und außerstande, aus eigener Kraft den in ihm angelegten Gesetzen seiner Organisation zu gehorchen, die ihn dazu berufen, im System der Schöpfung den ersten Platz einzunehmen, kann nur im Schoße der Gesellschaft den hervorragenden Platz finden, der ihm von der Natur zugedacht ist, und wäre ohne die Zivilisation eines der schwächsten und unverständigsten Tiere."

(Zit. in: Rudolf Schmid, Wolfskinder. Menschen im Naturzustand; in: Psychologie heute 1/1980, S. 40)

> Diskutieren Sie die These des Arztes Jean Itard in Bezug auf Victors Lebensgeschichte im Vergleich zu anderen im Film geäußerten Meinungen zu diesem Fall.

Der Erziehungswissenschaftler Werner Loch bezeichnet den Menschen als „homo educandus",

„... weil er zur sinnvollen Entwicklung seiner Anlagen notwendig auf Erziehung angewiesen ist, wenn er im Säuglingsalter nicht sterben, im Kindesalter nicht verwildern, in der Reifezeit nicht verrohen, im Jugendalter nicht verwahrlosen, im Erwachsenenalter nicht verkümmern und im Greisenalter nicht den Glauben verlieren soll, dass sein Leben Sinn gehabt hat."

(Werner Loch, Lebenslauf und Erziehung, Essen 1979, S. 32)

> 1. Schreiben Sie einen erläuternden Text zu den Stellungnahmen von Klaus Mollenhauer, Jean Itard und Werner Loch.
> 2. Ist der Mensch von der Wiege bis zur Bahre auf Erziehung angewiesen?
> 3. Formulieren Sie auf der Basis des bisher Erarbeiteten eine Definition von Erziehung.

Stellen Sie sich vor, ein solches „wildes" Kind würde heute auf dem Markt in Recklinghausen auftauchen.
Was würde passieren?
Wie würden die Menschen reagieren?
Wie würde die Presse berichten?
Was würde ein Erzieher/eine Erzieherin, was ein Erziehungswissenschaftler/eine Erziehungswissenschaftlerin tun?
Welche Rolle würde das Thema „Erziehung" hierbei spielen?
Setzen Sie sich in Gruppen zusammen, diskutieren Sie über die o.g. Fragen oder andere, die Sie in diesem Zusammenhang interessieren, und wählen Sie eine Bearbeitungs- und Präsentationsform aus.
- Rollenspiel
- Pressebericht (Boulevardzeitung, Nachrichtenmagazin, Fachzeitung ...) mit Kommentar oder Leserbrief
- Rede (des Bürgermeisters/der Bürgermeisterin, eines Pädagogen/einer Pädagogin, eines Erziehungswissenschaftlers/einer Erziehungswissenschaftlerin)
- eine Podiumsdiskussion (mit Vertretern/Vertreterinnen aus dem Bereich der Politik, Polizei, Pädagogik, Presse u.a.)
- oder andere Formen.

 Erziehung – was ist das?

An-Sichten

(Herbert Gudjons, Pädagogisches Grundwissen, Heilbrunn 1994, S. 172, Abb. 21)

Legen Sie Ihr Journal bereit.

1. Was sehe ich?
   Beschreiben Sie stichpunktartig das Bild in allen Einzelheiten.

2. Was fällt mir zu dem Bild ein?
   Notieren Sie alles, was Ihnen zu dem Bild assoziativ im Kopf umhergeht.

3. Gehen Sie Ihre Assoziationen durch und markieren Sie das Ihnen Wichtige.
   Schreiben Sie ein 11-Worte-Gedicht, bei dem das erste und das letzte Wort gleich sind.

Was ist eigentlich ‚Erziehung'? Nur mit Mühe und Not lässt sich eine Einigung auf die folgende Definition herstellen: Erziehung ist die soziale Interaktion zwischen Menschen, bei der ein Erwachsener planvoll und zielgerichtet versucht, bei einem Kind unter Berücksichtigung der
5 Bedürfnisse und der persönlichen Eigenart des Kindes erwünschtes Verhalten zu entfalten oder zu stärken. Erziehung ist ein Bestandteil des umfassenden Sozialisationsprozesses; der Bestandteil nämlich, bei dem von Erwachsenen versucht wird, bewusst in den Prozess der Persönlichkeitsentwicklung von Kindern einzugreifen – mit dem Ziel, sie zu selbstständigen, leistungsfähigen und verantwor-
10 tungsvollen Menschen zu bilden.

(Klaus Hurrelmann, Mut zur demokratischen Erziehung, in: Pädagogik 7–8/94, S. 13)

1. Was ist nach dieser Definition keine Erziehung?
2. Vergleichen Sie Ihre Definition mit der des Erziehungswissenschaftlers Klaus Hurrelmann.
3. Klaus Hurrelmanns Definition enthält wertende Elemente, die den Anspruch einer demokratischen Erziehung verdeutlichen.
   Versuchen Sie eine neutrale, wertfreie Definition von Erziehung zu erstellen.

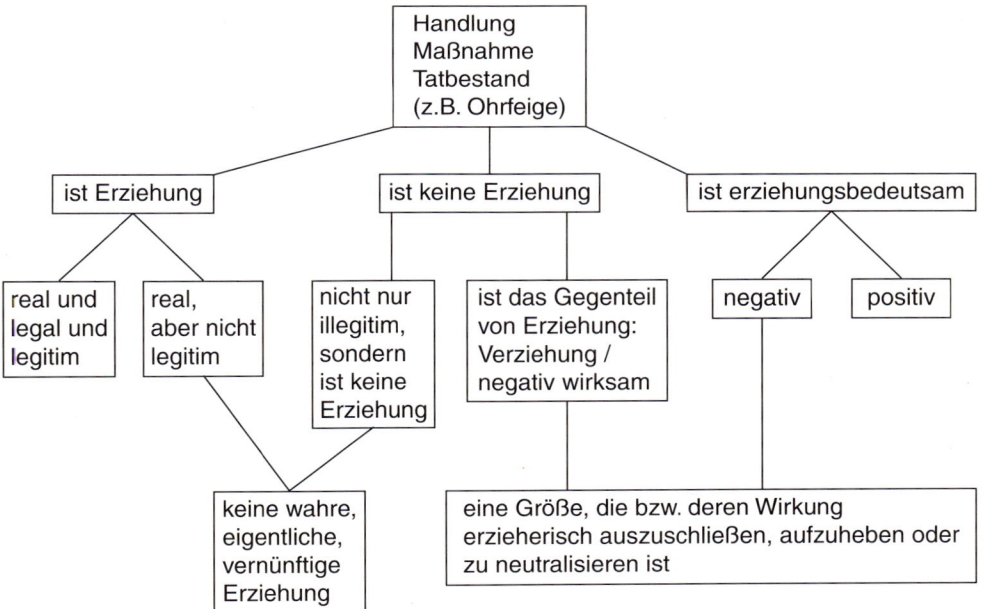

(Helmut Heid, Erziehung, in: Dieter Lenzen [Hrsg.], Erziehungswissenschaft, Reinbek 1994, S. 50)

Die obige Grafik verdeutlicht die Komplexität des Erziehungsbegriffs.
Suchen und formulieren Sie Beispiele zu den einzelnen Verzweigungsmöglichkeiten.

Der Erziehungswissenschaftler Otto Speck betont bei seiner Definition von Erziehung einen anderen Aspekt:

Das Kind macht sein autonomes Selbst geltend, seine Eigeninteressen, seine eigene Sicht der Dinge. So gesehen ist Erziehung Angebot. Kinder werden (passiv!) nicht erzogen, werden nicht ge-fördert, werden nicht be-handelt, werden nicht therapiert, sondern gehen aus dem Prozess der Erziehung gemäß dem eigenen Ansatz, der ontogenetischen [Ontogenese: Entwicklung eines einzelnen Organismus] Eigengesetzlichkeit mit einem eigenen Resultat hervor. Erziehung ganz allgemein gesehen ist eine Auseinandersetzung zwischen dem autonomen System des Erwachsenen und dem autonomen System des Kindes. Dabei werden auf beiden Seiten gemäß dem je eigenen Ansatz (System) Interessen ins Spiel gebracht: Aufseiten des Erziehenden u.a. ‚erzieherische' – was auch immer darunter verstanden werden mag – und aufseiten des Edukanden als eines Menschen, der sein Selbst unter „erzieherischem" Einfluss zu entfalten und seine Autonomie zu bewahren hat.

(Otto Speck, Chaos und Autonomie in der Erziehung, München 1991, S. 112f.)

1. Arbeiten Sie Gemeinsamkeiten und Unterschiede zu der Definition von K. Hurrelmann heraus.
2. Erläutern Sie die Gedanken des Autors mit praktischen Beispielen.
3. Versuchen Sie eine Definition von „Autonomie" zu formulieren.
4. Nehmen Sie zu der Position des Autors Stellung.

Ein-Spruch

elternbefragung

frage:
warum ersparen sie sich
in diesen düsteren zeiten
nicht einfach das großziehen
von kindern

antwort:
wer am licht spart
schafft raum
für mehr dunkelheit

(Manfred Sestendrup, Kinder Kinder die Welt, Dülmen 1994, S. 46)

Wer sagt
    was
        mit welchen Mitteln
            und welcher Absicht
                zu wem ???

Ist das Gegenteil auch richtig?

Mein Kommentar:

Projektvorschlag zum selbstständigen Weiterarbeiten

Führen Sie Interviews durch, d.h., fragen Sie professionell im Erziehungsbereich tätige Personen (Erzieher/Erzieherinnen, Lehrer/Lehrerinnen, Mitarbeiter/Mitarbeiterinnen in einer Erziehungsberatungsstelle und im Jugendamt, ...) nach ihren Vorstellungen von Erziehung (vgl. Sie dazu den Exkurs: Expertenbefragung).

Überlegen Sie sich dazu geeignete Fragen, z.B.
- Nennen Sie drei Wörter, die Ihnen zu dem Wort ‚Erziehung' einfallen.
- Wozu brauchen Kinder Erziehung?
- Sollten Wissenschaftler/Wissenschaftlerinnen sich professionell mit Erziehungsfragen beschäftigen?
  Sind deren Einsichten ‚nützlich' und ‚verwendbar'?

2 Das Wabenmodell

Erläuternde Hinweise

Wir haben uns bis jetzt einen Überblick darüber verschafft, in welchen Bereichen und wie uns ganz persönlich Erziehung begegnet ist, wie komplex Erziehungsprozesse sind und in welcher Situation sich heute Eltern befinden, und wir haben uns am Beispiel der ‚Wolfskinder‘ einen ‚erziehungslosen‘ Zustand vorgestellt. Dabei sind wir auf unterschiedlichste Formen, Verständnisse und Ziele von Erziehung gestoßen.
Erziehung kann also sehr unterschiedlich aussehen: auf Selbstständigkeit und Demokratie ausgerichtet oder auf Unterwerfung und Anpassung. Zwischen diesen Extrempolen sind vielfältige Varianten vorstellbar.
Erziehung ist zudem nie der einzige Faktor, der auf Menschen einwirkt.
Immer muss Erziehung im Kontext von Kultur, Politik und Gesellschaft gesehen werden.

Für welche Wabe entscheiden wir uns?

In diesem Auswahlteil – wir nennen ihn auch ‚Wabenteil‘ – können Sie im Kurs gemeinsam mit dem Lehrer/der Lehrerin festlegen, welchen vertiefenden Fragen Sie nachgehen wollen (siehe Vorwort).

Ihr Fachlehrer/Ihre Fachlehrerin wird Sie darüber informieren, welche Wahl bzw. Kombination von Waben den Vorgaben der Richtlinien entspricht.

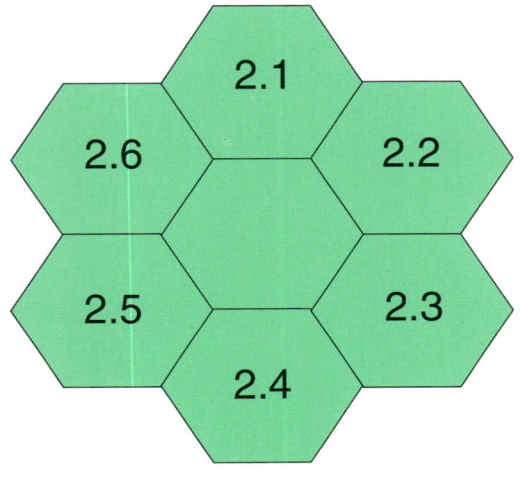

2.1 Erzieherverhalten und Erziehungsstile als Grundmuster pädagogischen Handelns

2.2 Familie und familiale Erziehung

2.3 Der Kindergarten – die erste pädagogische Institution im Leben der meisten Kinder

2.4 Erziehung in und durch Gruppen

2.5 Kulturspezifische Aspekte von Erziehung

2.6 „Als ich in deinem Alter war...!" – Erziehung in den 50er-Jahren

Um Ihnen den Entscheidungsprozess zu erleichtern möchten wir Ihnen folgendes Verfahren vorschlagen:

➡ **Bilden Sie 2er-Gruppen.**
Arbeitsauftrag:
Was interessiert Sie an den einzelnen Themen bzw. Waben,
zu welchem Thema möchten Sie am liebsten arbeiten?
Schauen Sie sich dazu vor allem die Aufmacherseiten und die Inhaltsverzeichnisse der einzelnen Waben an.
Die Gruppenmitglieder tauschen sich aus und diskutieren ihre Vorstellungen und Erwartungen.

➡ **Je zwei 2er-Gruppen bilden eine 4er-Gruppe.**
Arbeitsauftrag:
Was interessiert Sie an den einzelnen Themen bzw. Waben,
zu welchem Thema möchten Sie am liebsten arbeiten?
Die Gruppenmitglieder tauschen sich aus und diskutieren ihre Vorstellungen und Erwartungen.

➡ **Je zwei 4er-Gruppen bilden eine 8er-Gruppe.**
- Die Gruppe wählt einen Gruppensprecher/eine Gruppensprecherin.
- Die Gruppenmitglieder tauschen ihre Vorstellungen und Erwartungen aus.
- Die Gruppe einigt sich auf zwei Themenvorschläge.

➡ Die Gruppensprecher/Gruppensprecherinnen beraten sich mit dem Fachlehrer/der Fachlehrerin und einigen sich auf ein Thema bzw. auf hintereinander zu bearbeitende Themen.

➡ Dieser Vorschlag wird in der gesamten Gruppe zur Diskussion gestellt.

➡ Eine tragfähige Entscheidung wird getroffen (was dies bedeutet, sollten Sie rechtzeitig vereinbaren!).

Viel Erfolg!

2.1 Erzieherverhalten und Erziehungsstile als Grundmuster pädagogischen Handelns

(Manfred Bofinger, „Der tapfere Daumenlutscher", aus: HEINRICH HOFFMANN, DER STRUWWELPETER, © VERLAG RÜTTEN & LOENING 1994)

Jede Emotion, die uns in ihrer Gewalt hat, formt uns [...], daher erhält sie ein Potenzial zum Guten oder Bösen.

(Aus: Bruno Bettelheim, Ein Leben für Kinder, München 1990, S. 128)

Autoritäre/antiautoritäre Erziehung, demokratisch orientierte Erziehung, laissez-faire-Stil, ... – Begriffe, die immer wieder in pädagogisch orientierten Diskussionen vorkommen.

In diesem Kapitel wird versucht diese Begriffe inhaltlich zu füllen.

Dabei werden auch die Folgen für den zwischenmenschlichen Bereich betrachtet, die ein bestimmter Verhaltensstil verursacht.

Grundsätzliche Überlegungen zur Kommunikation und sich daraus ergebende Konsequenzen für das Miteinander in Erziehungssituationen bilden den Abschluss dieses Kapitels.

Einführung

‚Erziehungsverhältnisse'

Die Geschichte vom Daumen-Lutscher

„Konrad", sprach die Frau Mama,
ich geh aus, und du bleibst da.
Sei hübsch ordentlich und fromm,
bis nach Haus ich wieder komm.
Und vor allem, Konrad, hör!
Lutsche nicht am Daumen mehr,
denn der Schneider mit der Scher'
kommt sonst ganz geschwind daher,
und die Daumen schneidet er
ab, als ob Papier es wär."

Fort geht nun die Mutter und
wupp! den Daumen in den Mund.

(Manfred Bofinger, „Der tapfere Daumenlutscher", aus: HEINRICH HOFFMANN, DER STRUWWELPETER, © VERLAG RÜTTEN & LOENING 1994)

1. Das Buch vom Struwwelpeter, aus dem diese Geschichte entnommen ist, erschien zum ersten Mal 1844 und erscheint seitdem unverändert in der 540sten Auflage.
   Wie erklären Sie sich die überaus große Popularität dieses Buches?
2. In dem Struwwelpeter-Buch gibt es noch andere Geschichten.
   Diskutieren Sie die Auswahl der einzelnen Themen.
   Gibt es ein Thema, welches für die heutige Zeit ergänzt werden müsste?
   Versuchen Sie gegebenenfalls eine solche Geschichte im Stil des Struwwelpeters zu schreiben (und zu zeichnen) – Sie könnten auch einen neuen Konrad erfinden!

‚Ein ganz normaler Tag in einer ganz normalen Familie ...'

Es ist ein Morgen wie jeder andere, viertel nach sieben. Vincent, dreieinhalb Jahre alt, sitzt am Frühstückstisch, fuchtelt mit dem Messer in der Luft herum und blitzt mich unternehmungslustig an.

„Leg das sofort hin!", ermahne ich meinen jüngsten Sohn. Er grinst verschmitzt, dann senkt er das Besteck. Doch schon leuchtet in seinem Gesicht eine neue Idee auf. „Säge, säge, säge", singt er und raspelt dabei mit dem Messer an der Tischkante. Ich springe auf, um ihm das Werkzeug zu entreißen. Darauf hat er nur gewartet, hüpft mit einem Juchzer vom Stuhl und rennt davon. An der Tür erwische ich ihn, entwinde ihm das Messer und bin froh, dass er sich dabei nicht schneidet.

Inzwischen ist Jo, mit zehn Jahren unser Ältester, zum Frühstück erschienen – schlaftrunken und mit ungekämmten Haaren. „Guten Morgen!", begrüßt ihn Bärbel, meine Frau. Statt einer Antwort grapscht er nach einer Scheibe Brot und beschmiert sie mit Margarine.

„Milch!", kommandiert er.

„Wie heißt das?", fragt seine Mutter.

„Gib mir die Milch – BITTE!"

„Das war nicht der richtige Tonfall", sagt sie und rührt keinen Finger. Genervt erhebt er sich und holt die Milch selber.

Dann ertönt ein Verzweiflungsschrei aus der oberen Etage: „Wo ist meine Hose?", ruft Ingmar, der Achtjährige. Jetzt wühlt er wieder in der Schublade: Die eine Buxe ist zu groß, die andere zu klein, die dritte zu kratzig und die vierte zu doof. Gleich wird er die Wand anstarren, warten, bis wir nach ihm rufen, und dann klagen: „Aber ich hab' keine Hose!" Bis er schließlich doch eines der ungeliebten Kleidungsstücke übergestreift hat, ist es nach halb acht, und wir müssen die Kinder antreiben, damit sie noch rechtzeitig zur Schule kommen.

Debatten gibt es schon am Frühstückstisch
(Foto: VISUM/Rolf Nobel)

Ein ganz normaler Morgen in einer ganz normalen Familie: drei Söhne, drei Methoden, ein harmonisches Familienfrühstück zu verhindern. Muss Erziehung eigentlich zwangsläufig ein Durchwursteln mit vielen Rückschlägen bleiben – oder machen wir irgendwas falsch?

Früher, als autoritäre Erziehung die Regel war, erschien alles einfacher: Die Eltern bestimmten, die Kinder gehorchten. Heute, erläutert Stefan Schmidtchen, Kinderpsychologe an der Universität Hamburg, suchen die meisten Eltern ihren Weg zwischen einem demokratischen und einem egozentrischen Erziehungsstil.

Demokratie heißt: Jeder hat Rechte und Pflichten, über die im Familienrat beschlossen wird. Zwar entscheiden Eltern etwa bei wichtigen Fragen wie der Sicherheit oder Gesundheit weitgehend allein. Aber sonst muss verhandelt werden. Und auch wer überstimmt worden ist, hat einen Kompromiss mitzutragen.

Eltern mit einem egozentrischen Erziehungsstil hingegen scheuen den Aufwand und die Konflikte, die eine Diskussion über kindliche Pflichten mit sich bringt. Sie lassen einfach alles durchgehen. „Das vermittelt das Bild: ‚Jeder ist sich selbst der Nächste'", klagt Schmidtchen: „Diese Haltung führt in die Anspruchsgesellschaft, den Ego-Staat, in dem jeder nur Rechte, aber keine Pflichten mehr kennt."

Dieser Stil sei jedoch keine antiautoritäre Erziehung, betont der Psychologe. Die sogenannten 68er wollten ihre Kinder ja ursprünglich aktiv gegen jede Form von Autorität wappnen und so zu freien Menschen formen. „Eltern mit einem egozentrischen Erziehungsstil haben das total missverstanden. Sie bleiben passiv und spüren keine erzieherische Verantwortung mehr."

Wenigstens in den Frühjahrsferien an der Ostsee hofften wir, von Konflikten verschont zu bleiben: vier erholsame Tage an der frischen Seeluft, freie Essenswahl im Restaurant und Besuche im Erlebnis-Hallenbad mit Wasserfällen, Gegenstromanlage und Riesenrutsche als Bonbon für die Kinder. Am ersten Tag gehen wir Pizza und Spaghetti essen, dann ins Schwimmbad, am nächsten Vormittag wieder ins Schwimmbad. Es scheint tatsächlich eine friedliche Ferienstimmung aufzukommen – bis wir am Nachmittag einen Strandspaziergang vorschlagen.

„Wir wollen aber nicht an den Strand", brummt Ingmar. Die Eltern werben um Entgegenkommen: „Aber heute Vormittag, da waren wir ja auch mit euch im Schwimmbad, da hattet ihr euer Vergnügen. Nun könnt ihr uns mal einen Gefallen tun und mit an den Strand gehen, auch wenn es euch nicht gefällt."

Magie des Bildschirms: ohne Drohung kein Ende
(Foto: VISUM/Rolf Nobel)

„Wieso?", entgegnet Jo, „ins Schwimmbad zu gehen, das war doch euer eigenes Vergnügen, das hat euch doch selbst Spaß gemacht."

„Na ja", brummele ich, von der Argumentation meines Sohnes in Verlegenheit gebracht, „das hat uns Spaß gemacht, weil wir es mit euch zusammen gemacht haben, weil es für euch ein Vergnügen war."

„Aber wir wollen trotzdem nicht an den Strand", beharrt Ingmar. „Der Strand ist doof. Und außerdem wollt ihr da immer nur wandern."

„Wir müssen ja nicht herumlaufen, wir können auch an einer Stelle bleiben."

„Aber was soll man am Strand schon machen?"

„Da kann man Steine ins Wasser schnippen, Muscheln sammeln, tote Krebse oder Seesterne finden. Oder im Sand etwas bauen. Man braucht nur etwas Fantasie."

„Wir gehen aber nicht mit", versteift sich Ingmar, und auch Jo räkelt sich auf dem Sofa, ohne die geringsten Anstalten zum Aufstehen zu machen. Als letzten Ausweg sehe ich nur die nackte Drohung und brülle: „Ich zähle jetzt bis drei, wenn ihr dann nicht fertig seid, gibt es ein gewaltiges Donnerwetter!"

Nun endlich raffen sie sich auf und ziehen protestierend Jacken und Schuhe an. Doch die Stimmung ist hin, und Schuldgefühle plagen den autoritären Vater. Eine Drohung, womöglich in Gewalt ausartend – eine Bankrotterklärung des elterlichen Wirkens.

Gibt es überhaupt eine „Erziehung"? Bewirkt sie etwas? Oder ist das, was wir so nennen, nur der mehr oder weniger geglückte Versuch, irgendwie miteinander zurechtzukommen? Stärker von der Tagesform geprägt als von ehernen Prinzipien? [...]

Ohnehin formt die Kinder nicht so sehr, was die Erwachsenen sagen. „Entscheidend ist, wie Eltern sich im Alltag verhalten", sagt der Hamburger Erziehungspsychologe Reinhard Tausch. „Kinder sehen zum Beispiel, wie ihre Eltern Schwierigkeiten bewältigen und ahmen das – bewusst oder unbewusst – nach." Auch Stefan Schmidtchen betont die Vorbildfunktion der Erzieher: „Wenn die Kinder erwachsen sind, imitieren sie das Verhalten der eigenen Eltern, auch wenn sie sich als Kinder anders verhielten."

Ohnehin haben die lieben Kleinen im Augenblick eine ganz andere Sicht der Dinge: „Völliger Quatsch, also irgendwie völliger Quatsch, was du da geschrieben hast", kommentieren sie meinen Bericht. „Zum Beispiel stimmt das gar nicht, dass wir im Schwimmbad waren, bevor wir zum Strand gegangen sind. Wir haben gefrühstückt, dann wollten wir unsere Ruhe haben, und es war ganz gemütlich, und dann heißt es hopp, hopp, jetzt müsst ihr an die frische Luft. Außerdem meckern die Erwachsenen viel öfter, als hier drinsteht. Und bei einem Streit, da haben eigentlich beide Schuld, nicht nur die Kinder. Aber den Ärger kriegen nur die Kinder – wir haben halt nicht so viel Macht."

Eher selten: Momente der Ruhe und Nähe
(Foto: VISUM/Rolf Nobel)

(Henning Engeln, Spiel mit Grenzen, in: GEO-Wissen/Nr. 2 v. September 1993, S. 58–61)

---

1. Am Ende des Urlaubs an der Ostsee soll ein Foto gemacht werden, bei dem alle Familienmitglieder abgebildet werden.
Wie sieht dieses Familienfoto aus, an welchen Plätzen stehen die einzelnen Familienmitglieder, welche Haltung und Mimik haben sie, ...? Stellen Sie die Situation nach.
2. In dem Text werden mehrere Erziehungsstile angesprochen.
Suchen Sie in einem pädagogischen Lexikon nach weiteren Informationen über Erziehungsstile.
Welchen Erziehungsstil praktiziert der Vater in diesem Text?
3. Nehmen Sie Stellung: Machen die Eltern ‚irgendetwas falsch'?
Betrachten Sie dazu auch die Fotos zum Text und überlegen Sie gegebenenfalls Alternativen.

Kurze Anmerkung zur ‚antiautoritären Erziehung':

Von den Vertretern der antiautoritären Erziehung, die nicht mit der laissez-faire- (bzw. permissiven) Erziehung zu verwechseln ist, wurden folgende Forderungen aufgestellt:

– Jede Unterdrückung kindlicher Bedürfnisse ist zu vermeiden;
– kindliche Sexualität darf nicht tabuisiert werden;
– Kindern soll Selbstregulierung ermöglicht werden.

Es ergaben sich große Schwierigkeiten, weil die Erwachsenen oft nicht wussten, wie sie sich verhalten sollten, um diesen Forderungen gerecht zu werden. Ihr Verhalten schwankte zwischen Gewährenlassen und autoritärem Eingreifen. [...]
Die antiautoritäre Bewegung darf nicht als direkter Angriff auf die Autorität von Personen missverstanden werden. Antiautoritär bedeutet Ablehnung von Unterdrückung, Zwängen und Machtausübung [...]

(Josef A. Keller/Felix Novak, Kleines Pädagogisches Wörterbuch, Freiburg 1993, S. 34f.)

Grundbegriffe und Grundthesen
Erziehungsstile

Permissive, autoritäre und demokratische Erziehung

Ich möchte im Folgenden den Versuch machen, die Diskussion über Erziehungsstile noch einmal von ihren Zielen her aufzurollen, indem ich mich auf die Suche nach wissenschaftlich abgesicherten Erkenntnissen darüber begebe, welche Art und welche Form des Erwachsenenverhaltens angetan ist, Kinder zu selbstständigen, leistungsfähigen und gesellschaftlich verantwortungsbereiten Persönlichkeiten werden zu lassen. Die meisten Eltern und Erzieher stimmen in den zentralen Zielvorstellungen überein: Sie alle wollen starke kindliche Persönlichkeiten, wollen Kinder, die selbstständig, selbstbewusst und entscheidungsfähig für ihre eigenen Belange eintreten können, die entscheidungsfähig und belastbar sind, im Leistungsbereich eine gute Motivation, hohe Selbstdisziplin und großen Fleiß zeigen sowie schließlich im sozialen Bereich Kooperationsfähigkeit, Hilfsbereitschaft und Verantwortungsgefühl zeigen. Es stellt sich deshalb die Frage, welcher Erziehungsstil der geeignete ist, um dieses Ziel zu erreichen.

Argumente gegen die permissive und die autoritäre Erziehung

In seinem Buch „Die neue Familienkonferenz" hat Thomas Gordon (1993) die verfügbare internationale Fachliteratur ausgewertet, um eine Bilanz der bisherigen Forschungen zu ziehen. Sein Ergebnis ist eindeutig: Erziehungsprozesse, die überwiegend oder ausschließlich mit Bestrafung arbeiten, sind nicht nur schwer zu handhaben, sondern sie sind meist auch ziemlich ineffektiv im Blick auf die Ziele Selbstständigkeit, Leistungsfähigkeit und Verantwortungshaltung. Und auch der permissive Stil ist nicht zielführend.

Gehen wir als Beispiel noch einmal auf das Thema „Aggression und Gewalt" ein. Die vorliegende Fachliteratur belegt, dass Aggression und Gewalt bei Kindern und Jugendlichen auftreten kann, wenn keine klaren Regeln für das Miteinander existieren, Eltern und Kinder also keine Vereinbarungen über Spielregeln des Zusammenlebens getroffen haben, die von beiden eingehalten werden. Ein Zusammenleben ohne verbindliche Setzungen und Normen nach permissivem Muster kann demnach zu Irritierungen und Verwirrungen führen, gerade aufseiten der Kinder. Das ist besonders dann der Fall, wenn Regellosigkeit auch als Lieblosigkeit empfunden wird, wenn also die Erwachsenen sich erzieherisch so weit zurückziehen, dass sie vonseiten der Kinder überhaupt nicht mehr spürbar und greifbar sind. Aggression vor allem von kleinen Kindern kann hier ihre Ursache haben, kann ein Warnsignal an die Erwachsenen sein, wahrgenommen und ernst genommen zu werden, stellt also so etwas wie einen Notruf dar: „Kümmert euch um mich, ich habe Probleme." Ein zurückgezogenes laissez-faire-Verhalten der Eltern, das „Aus-dem-Felde-gehen", ist eine Verhaltensweise, mit der man seine Kinder in ihrer Entwicklung nur in den seltensten Fällen stärken und zur Selbstständigkeit führen kann. Aggression und Gewalt können Reaktionen auf diesen Verunsicherungsstatus sein. Das gilt ebenso für den schulischen Bereich.

Noch deutlicher sind die Belege gegen autoritäres Verhalten. Ein überwiegend strafendes Erwachsenenverhalten bringt keine selbstdisziplinierten Kinder hervor, sondern kann sie zur Disziplinlosigkeit, Aggression und Gewalt stimulieren. Die Ursache ist, dass das Kind sich in seinen Bedürfnissen verletzt fühlt oder dass die Bedürfnisse des Kindes überhaupt nicht beachtet werden. Wenn aber Bedürfnisse nicht befriedigt werden, dann führt das bei jedem Menschen zu Frustrationen, und eine der verbreitetsten Reaktionen ist Aggression. Die Forschungsergebnisse in diesem Bereich sind ganz eindeutig: Familien, in denen die Eltern oft strafen, erzeugen viel eher hyperaktive, aggressive und gewalttätige Kinder als andere Familien. Auf strenge, in autoritärer Weise vorgebrachte Strafen reagieren Kinder mit Widerstand und Trotz, Rebellion und Ungehorsam, Vergeltung, Regelbruch und Wutanfällen. Eine zweite Reaktionsform auf autoritäre Strafen ist Flucht, also Ausreißen von zu Hause, das Meiden des Kontaktes zu den Eltern, der Abbruch der Schule und ähnliche Reaktionen, wozu auch Drogenkonsum und gestörtes Essverhalten gehören können. Schließlich kann eine dritte Form der Reaktion auf autoritäres Strafen die der Unterwerfung sein. Kinder schmeicheln sich ein, wollen immer gut dastehen, sie fügen sich angepasst ein, wenden ihre Frustration gegen Schwächere. Auch diese Beobachtungen lassen sich analog auf die Schule übertragen.

Demokratische Erziehung – zur Erziehung gehört die Beziehung

Die vorliegende Forschung zeigt damit, wie wenig hilfreich die beiden Extreme des permissiven und des autoritären Erziehungsstils sind. [...]
In einer Gesellschaft, die sich der Staatsform „Demokratie" verschrieben hat, sollte auch der erzieherische Umgangsstil demokratisch sein. Ich möchte diesen Stil in Anlehnung an Thomas Gordon wie folgt beschreiben:
Der demokratische Erziehungsstil ist den Zielen Selbstständigkeit, Leistungsfähigkeit und Verantwortungsfähigkeit des Kindes verpflichtet. Im demokratischen Stil wird versucht, diese Ziele durch einen offenen und unverkrampften Gebrauch von persönlicher, immer erneut zu rechtfertigender Autorität zu erreichen – weder durch heimliches Verstecken von Autorität wie im permissiven Stil noch durch künstliches Aufblähen von Autorität wie im autoritären Stil. Der demokratische Erziehungsstil betont die partnerschaftliche und kooperative Komponente des Erziehungsprozesses: Im Unterschied zum permissiven Stil sollen nicht die Kinder die Beziehung bestimmen, im Unterschied zum autoritären Stil nicht die Erwachsenen die Beziehung dominieren – beide sollen sich offen abstimmen und austauschen, auf ihre gegenseitigen Bedürfnisse eingehen und sie zur Basis des Miteinanderumgehens machen. Der demokratische Erziehungsstil geht von der Erkenntnis aus, dass Erziehung ohne eine gute Beziehung nicht möglich ist. Die Beziehung muss eine Interaktion auf Gegenseitigkeit sein, auch in den Bereichen, wo sie der Natur der Sache nach nicht gleichberechtigt sein kann. Demokratische Erziehung ist die ständige gemeinsame Absprache, ja das Aushandeln von Umgangsformen und Regeln mit Begründung und Erläuterung, angemessen für jede Entwicklungsstufe. Ohne ein festes Familienritual oder Spielregeln in der Schule ist kein demokratisches Zusammenleben möglich. Wer die Gruppenregeln verletzt, der muss auch Folgen spüren. Demokratisch ist es nicht, wenn heute viele Lehrer aus Bequemlichkeit und Unsicherheit viele Regelverletzungen der Kinder einfach so durchgehen lassen und sich nicht trauen, auf Konfliktkurs zu gehen und Regelverletzungen konsequent anzusprechen. Zum demokratischen Stil gehört es, darauf hinzuweisen, dass ihre eigenen Bedürfnisse als Erwachsene durch das Verhalten des Kindes verletzt worden sind. Nur durch diese Rückmeldung kann das Kind eine Beziehung zum Erwachsenen aufbauen und wird nicht in einem sozialen Beziehungsvakuum belassen – also dem oben schon angesprochenen Risiko der permissiven Erziehung ausgesetzt.
Demokratische Erziehung ist ein Balanceprozess, der versuchen muss, allen Beziehungsbedürfnissen gerecht zu werden. Die meisten Eltern und Lehrer bemühen sich heute, den Vorstellungen einer demokratischen Erziehung gerecht zu werden. Die Un-

tersuchungen über die Erziehungsziele von Eltern und Pädagogen zeigen: Gehorsam und Unterordnung, noch bis zu den 60er-Jahren eindeutig an der Spitze aller Nennungen, sind heute nicht mehr die wichtigsten Erziehungsziele. Statt dessen sind die Ziele Selbstständigkeit und freie Entfaltung des Kindes an die oberste Position gerückt, gefolgt von den leistungsbezogenen Zielen Fleiß und Selbstdisziplin.

Die Mehrzahl der Eltern und Lehrer ist heute weder permissiv noch autoritär, sondern demokratisch eingestellt. Aber es fällt ihnen schwer, einen demokratischen Stil konsequent umzusetzen. Besonders schwierig ist es für Eltern und Lehrer, Autorität aufzubauen. Autorität gewinnen sie nur, wenn sie authentisch sind, wenn sie sich selbst als eine Persönlichkeit verhalten und ihren Kindern gegenüber erkennbar machen. Sie müssen sich vorbildlich verhalten, ein soziales Modell sein. Sie müssen zugleich ständig ein offenes Ohr für die Sorgen der Kinder haben und ihnen Hilfestellung bei der Selbstentwicklung geben. Sie müssen mitdenken und mitfühlen und doch auch Distanz halten. Dies sind die Voraussetzungen, um als Vater oder Mutter, als Lehrerin oder Lehrer Autorität zu erwerben. Ein sehr anspruchsvoller Prozess! Hier liegt wohl auch der Grund dafür, weshalb die Erzieher in Familien und die Schulen so häufig versagen. Autorität können wir Erwachsenen nur gewinnen, wenn wir uns auf eine Beziehung mit unseren Kindern einlassen. Wir gewinnen Autorität nicht, wenn wir so tun, als ob wir alle Antworten für alle Fährnisse des Lebens in der Schublade hätten. Es gibt ihn nicht, den fertigen Plan, den Eltern für den Weg ihrer Kinder bereithalten könnten. Autorität in einer demokratischen Gesellschaft gewinne ich nur, wenn ich als Älterer mit den Jüngeren zusammen an deren Lebensplan arbeite. Wenn ich deutlich mache, dass ich meinen eigenen Plan habe, den ich allerdings auch immer wieder revidieren muss. Das ist wohl das Entscheidendste: sich für die Pläne der Kinder und Jugendlichen interessieren, ihnen Anregungen geben, sie kontinuierlich bei der Umsetzung begleiten. So kann ich im Verhalten zu den Kindern Autorität gewinnen. Sie ist Bestandteil der demokratischen Erziehung, die auf einer sozialen Beziehung basiert und die nicht Züchtigung und autoritäres Eingreifen und auch nicht einfaches Gewährenlassen und Zurückziehen ist. [...]

Da der demokratische Erziehungsstil von seiner Konzeption her am Modell der gleichberechtigten, spiegelbildlichen Beziehung orientiert ist, stellt er auch sehr stark auf die Achtung des Kindes ab, die nachweislich die Selbstachtung fördert. Selbstachtung wiederum ist die absolute Voraussetzung für den Aufbau eines Selbstwertgefühls, der positiven Wertschätzung der eigenen Person; sie schützt vor solchen abweichenden und ausweichenden Bewältigungsmechanismen wie Aggressivität, Selbstaggressivität und Depressivität.

(Klaus Hurrelmann, Mut zur demokratischen Erziehung!, in: PÄDAGOGIK 7–8/94, S. 13ff.)

Vgl. Sie zum Aspekt der ‚Autorität' auch die Ausführungen von E. Fromm, S. 62, 63.

1. Erläutern Sie den Begründungszusammenhang des Autors für sein Plädoyer eines demokratischen Erziehungsstils.
2. Überlegen Sie sich ein Rollenspiel, durch welches die unterschiedlichen Stile deutlich werden. Versuchen Sie durch Befragen der Rollenspielteilnehmer und -teilnehmerinnen und durch eine Diskussion die folgenden Fragen zu beantworten:
Wie fühlen sich die Personen, die einen bestimmten Erziehungsstil praktizieren?
Welche Wirkungen auf die Beteiligten gehen von den unterschiedlichen Stilen aus?
Vergleichen Sie die Auswertungsergebnisse des Rollenspiels mit Ihren bisherigen Erkenntnissen.

3. Teilen Sie sich in drei Gruppen auf:
Die erste Gruppe sucht Argumente für die These, dass ein autoritärer Erziehungsstil Kinder zu Selbstständigkeit, Selbstbewusstsein und Entscheidungsfähigkeit führt (Kinder müssen direktiv zu diesen Zielen hingeführt werden ...), die zweite Gruppe behauptet dies für den permissiven Stil (man muss Kinder nur lassen, sie erreichen dann ‚von sich aus' die oben genannten Ziele ...), die dritte Gruppe strukturiert das Plädoyer von K. Hurrelmann für einen demokratischen Erziehungsstil.
Jede Gruppe wählt einen Gruppensprecher bzw. eine Gruppensprecherin, die dann anschließend ein Streitgespräch führen.

Verhaltensweisen von Erziehern, in der Einführung durch ‚Erziehungsstile' charakterisiert, sind nur ein Teilaspekt von zwischenmenschlichen Beziehungen. In dem täglichen Miteinander von Menschen, also auch im Verhältnis zwischen ‚Erzieher' und ‚zu Erziehendem', spielt ebenso die Art und Weise, wie miteinander kommuniziert wird, eine wichtige Rolle.
Zu diesem Aspekt werden im nächsten Abschnitt einige Grundsatzüberlegungen angestellt.

Kommunikative Aspekte des ‚pädagogischen Verhältnisses'

„Die Anatomie einer Nachricht" / „Mit vier Ohren empfangen"

Beispiel für eine Nachricht aus dem Alltag: Die Frau sitzt am Steuer, der Mann (Beifahrer) ist Sender der Nachricht.

Schauen wir uns die „Nachricht" genauer an. Für mich selbst war es eine faszinierende „Entdeckung", die ich in ihrer Tragweite erst nach und nach erkannt habe, dass ein und dieselbe Nachricht stets viele Botschaften gleichzeitig enthält. [...]
Der Mann (= Sender) sagt zu seiner am Steuer sitzenden Frau (= Empfänger): „Du, da
5 vorne ist grün!" – Was steckt alles drin in dieser Nachricht, was hat der Sender (bewusst oder unbewusst) hineingesteckt, und was kann der Empfänger ihr entnehmen?
1. Sachinhalt (oder: Worüber ich informiere)
Zunächst enthält die Nachricht eine Sachinformation. Im Beispiel erfahren wir etwas über den Zustand der Ampel – sie steht auf grün.
10 Immer wenn es „um die Sache" geht, steht diese Seite der Nachricht im Vordergrund – oder sollte es zumindest. [...]

2. Selbstoffenbarung (oder: Was ich von mir selbst kundgebe)
In jeder Nachricht stecken nicht nur Informationen über die mitgeteilten Sachinhalte, sondern auch Informationen über die Person des Senders. Dem Beispiel können wir entnehmen, dass der Sender offenbar deutschsprachig und vermutlich farbtüchtig ist, überhaupt, dass er wach und innerlich dabei ist. Ferner: dass er es vielleicht eilig hat usw. Allgemein gesagt: In jeder Nachricht steckt ein Stück Selbstoffenbarung des Senders. Ich wähle den Begriff der Selbstoffenbarung, um damit sowohl die gewollte Selbstdarstellung als auch die unfreiwillige Selbstenthüllung einzuschließen. [...]

3. Beziehung (oder: Was ich von dir halte und wie wir zueinander stehen)
Aus der Nachricht geht ferner hervor, wie der Sender zum Empfänger steht, was er von ihm hält. Oft zeigt sich dies in der gewählten Formulierung, im Tonfall und anderen nichtsprachlichen Begleitsignalen. Für diese Seite der Nachricht hat der Empfänger ein besonders empfindliches Ohr; denn hier fühlt er sich als Person in bestimmter Weise behandelt (oder misshandelt). In unserem Beispiel gibt der Mann durch seinen Hinweis zu erkennen, dass er seiner Frau nicht recht zutraut, ohne seine Hilfe den Wagen optimal zu fahren. Möglicherweise wehrt sich die Frau gegen diese „Bevormundung" und antwortet barsch: „Fährst du oder fahre ich?" – wohlgemerkt: Ihre Ablehnung richtet sich in diesem Fall nicht gegen den Sachinhalt (dem wird sie zustimmen!). Sondern ihre Ablehnung richtet sich gegen die empfangene Beziehungsbotschaft.
Allgemein gesprochen: Eine Nachricht senden heißt auch immer, zu dem Angesprochenen eine bestimmte Art von Beziehung auszudrücken. Streng genommen ist dies natürlich ein spezieller Teil der Selbstoffenbarung. Jedoch wollen wir diesen Beziehungsaspekt als davon unterschiedlich behandeln, weil die psychologische Situation des Empfängers verschieden ist: Beim Empfang der Selbstoffenbarung ist er ein nicht selbst betroffener Diagnostiker („Was sagt mir deine Äußerung über dich aus?"), beim Empfangen der Beziehungsseite ist er selbst „betroffen" (oft im doppelten Sinn dieses Wortes).
Genau genommen sind auf der Beziehungsseite der Nachricht zwei Arten von Botschaften versammelt. Zum einen solche, aus denen hervorgeht, was der Sender vom Empfänger hält, wie er ihn sieht. In dem Beispiel gibt der Mann zu erkennen, dass er seine Frau für hilfsbedürftig hält. – Zum anderen enthält die Beziehungsseite aber auch eine Botschaft darüber, wie der Sender die Beziehung zwischen sich und dem Empfänger sieht („so stehen wir zueinander"). [...]

4. Appell (oder: Wozu ich dich veranlassen möchte)
Kaum etwas wird „nur so" gesagt – fast alle Nachrichten haben die Funktion, auf den Empfänger Einfluss zu nehmen. In unserem Beispiel lautet der Appell vielleicht: „Gib ein bisschen Gas, dann schaffen wir es noch bei grün!"
Die Nachricht dient also (auch) dazu, den Empfänger zu veranlassen, bestimmte Dinge zu tun oder zu unterlassen, zu denken oder zu fühlen. Dieser Versuch, Einfluss zu nehmen, kann mehr oder minder offen oder versteckt sein – im letzteren Falle sprechen wir von Manipulation. Der manipulierte Sender scheut sich nicht, auch die anderen drei Seiten der Nachricht in den Dienst der Appellwirkung zu stellen. Die Berichterstattung auf der Sachseite ist dann einseitig und tendenziös, die Selbstdarstellung ist darauf ausgerichtet, beim Empfänger bestimmte Wirkung zu erzielen (z.B. Gefühle der Bewunderung oder Hilfsbereitschaft); und auch die Botschaften auf der Beziehungsseite mögen von dem heimlichen Ziel bestimmt sein, den anderen „bei Laune zu halten" (etwa durch unterwürfiges Verhalten oder durch Komplimente). Wenn Sach-, Selbstoffenbarungs- und Beziehungsseite auf die Wirkungsverbesserung der Appellseite ausgerichtet werden, werden sie funktionalisiert, d.h. spiegeln nicht wider, was ist, sondern werden zum Mittel der Zielerreichung. [...]

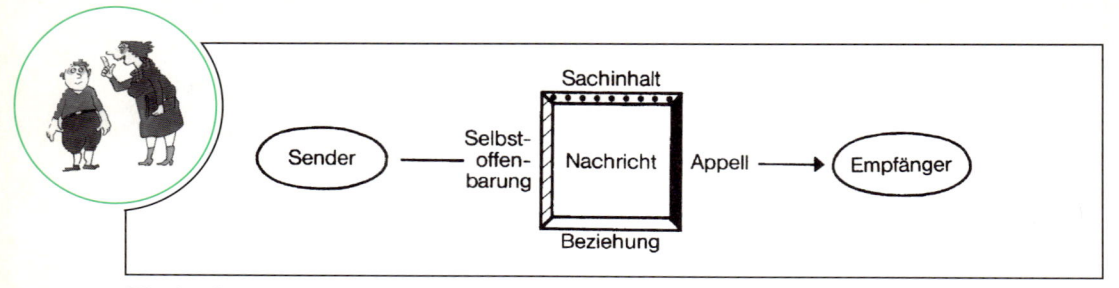

Die vier Seiten (Aspekte) einer Nachricht – ein psychologisches Modell der zwischenmenschlichen Kommunikation

[...] Die Vielfalt der Botschaften lässt sich mithilfe des Quadrates ordnen. Dieses „Drumherum" der Botschaften bestimmt die psychologische Qualität einer Nachricht. Zur Verdeutlichung dieser kommunikationspsychologischen Arbeitsweise nehmen wir noch einmal die Nachricht des Beifahrers: „Du, da vorne ist grün!" unter die kommunikationspsychologische Lupe:

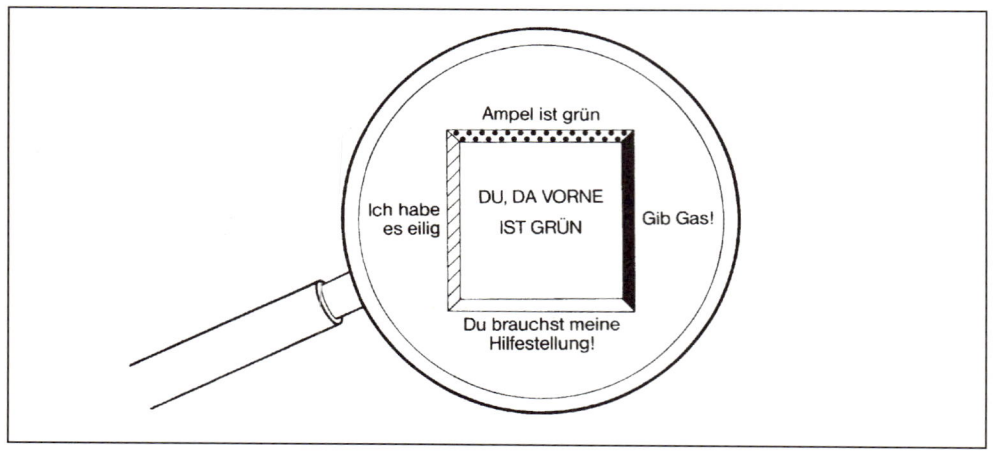

Das Botschaftsgeflecht einer Nachricht, wie es unter der kommunikationspsychologischen Lupe sichtbar wird

[...] **Übungen**

Legen Sie die folgenden Nachrichten unter die kommunikationspsychologische Lupe:
a) Ehepaar sitzt abends beim Fernsehen. Sagt der Mann: „Erna, das Bier ist alle!"
b) Lehrer geht den Flur entlang, um in seiner Klasse Unterricht zu halten. Da kommt ihm die zehnjährige Astrid entgegen und sagt aufgebracht: „Herr Meier, die Resi hat ihren Atlas einfach in die Ecke gepfeffert!"
c) Welches Gespräch, das Sie kürzlich mit jemandem geführt haben, kommt Ihnen in den Sinn? Besinnen Sie sich auf je eine Äußerung, die Ihr Gesprächspartner und Sie selbst getan haben, und analysieren Sie sie kommunikationspsychologisch! [...]

(Friedemann Schulz von Thun, Miteinander Reden I, Sachbuch 7489, Reinbek b. Hamburg 1992, S. 25–32; © für die Abb.: 1981 by Rowohlt Taschenbuch Verlag GmbH, Reinbek)

Wenden Sie die ‚kommunikationspsychologische Lupe' auch auf ein Beispiel aus den vorherigen Texten an.

Auch auf ‚nicht-verbale Nachrichten' oder ‚Schweigen' lässt sich das Modell anwenden:

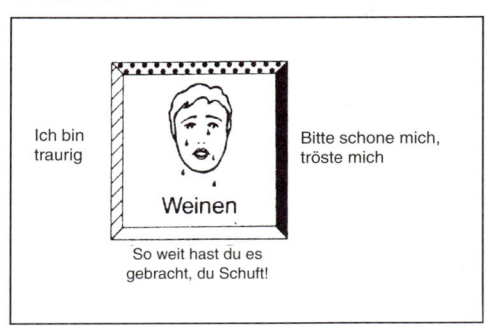

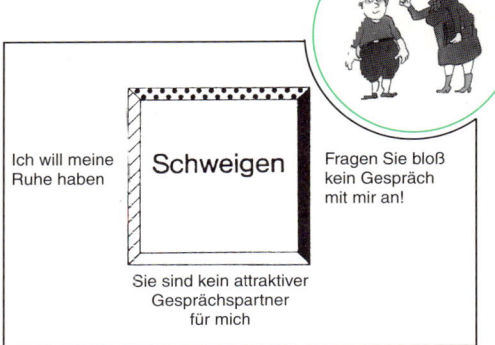

Ich bin traurig	**Weinen**	Bitte schone mich, tröste mich
	So weit hast du es gebracht, du Schuft!	

Drei Seiten einer nicht-verbalen Nachricht

Ich will meine Ruhe haben	**Schweigen**	Fragen Sie bloß kein Gespräch mit mir an!
	Sie sind kein attraktiver Gesprächspartner für mich	

Jedes Verhalten hat Mitteilungscharakter, hier: das Schweigen im Zugabteil

(Friedemann Schulz von Thun, Miteinander Reden I, Sachbuch 7489, Reinbek b. Hamburg 1992, S. 34 f.; © für die Abb.: 1981 by Rowohlt Taschenbuch Verlag GmbH, Reinbek)

> Diskutieren Sie mehrere Interpretationsmöglichkeiten.

[...] Betrachten wir das Quadrat aus der Sicht des Empfängers. Je nachdem, auf welche Seite er besonders hört, ist seine Empfangstätigkeit eine andere: Den Sachinhalt sucht er zu verstehen. Sobald er die Nachricht auf die Selbstoffenbarungsseite hin „abklopft", ist er personaldiagnostisch tätig („Was ist das für eine(r)?" bzw. „Was ist im Augenblick los
5 mit ihm/ihr?"). Durch die Beziehungsseite ist der Empfänger persönlich besonders betroffen („Wie steht der Sender zu mir, was hält er von mir, wen glaubt er vor sich zu haben, wie fühle ich mich behandelt?"). Die Auswertung der Appellseite schließlich geschieht unter der Fragestellung „Wo will er mich hinhaben?" bzw. in Hinblick auf die Informationsnutzung („Was sollte ich am besten tun, nachdem ich dies nun weiß?").
10 Der Empfänger ist mit seinen zwei Ohren biologisch schlecht ausgerüstet: Im Grunde braucht er „vier Ohren" – ein Ohr für jede Seite.
Je nachdem, welches seiner vier Ohren der Empfänger gerade vorrangig auf Empfang geschaltet hat, nimmt das Gespräch einen sehr unterschiedlichen Verlauf. Oft ist dem Empfänger gar nicht bewusst, dass er einige seiner Ohren abgeschaltet hat und dadurch
15 die Weichen für das zwischenmenschliche Geschehen stellt. [...]

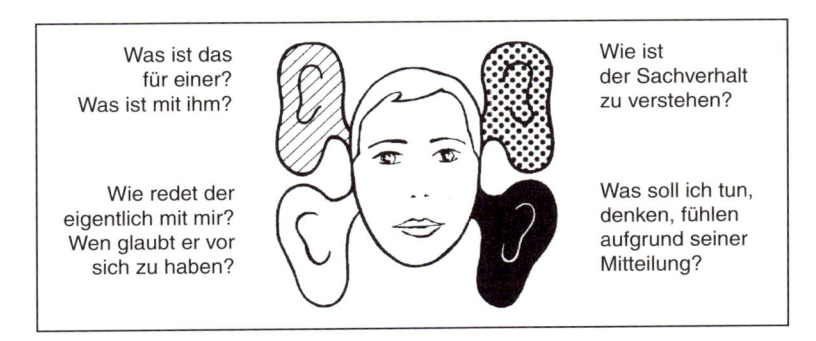

Der „vierohrige Empfänger"

- Was ist das für einer? Was ist mit ihm?
- Wie ist der Sachverhalt zu verstehen?
- Wie redet der eigentlich mit mir? Wen glaubt er vor sich zu haben?
- Was soll ich tun, denken, fühlen aufgrund seiner Mitteilung?

Was zwischenmenschliche Kommunikation so kompliziert macht, ist: Der Empfänger hat prinzipiell die freie Auswahl, auf welche Seite der Nachricht er reagieren will. [...]

Diese freie Auswahl des Empfängers führt zu manchen Störungen – etwa dann, wenn der Empfänger auf eine Seite Bezug nimmt, auf die der Sender das Gewicht nicht legen wollte, oder wenn der Empfänger überwiegend nur mit einem Ohr hört und damit taub ist (oder sich taub stellt) für alle Botschaften, die sonst noch ankommen. Die ausgewogene „Vierohrigkeit" sollte zur kommunikationspsychologischen Grundausrüstung des Empfängers gehören. Von Situation zu Situation ist dann zu entscheiden, auf welche Seite(n) zu reagieren ist. [...]

25 [...] Missverständnisse sind das Natürlichste von der Welt, sie ergeben sich fast zwangsläufig schon aus der Quadratur der Nach-
30 richt. Sender und Empfänger sollten daher beim Aufdecken und Besprechen von Missverständnissen nicht davon ausge-
35 hen, dass sich eine peinliche Panne ereignet hat, für die man den Nachweis der eigenen Schuldlosigkeit erbringen sollte. Wer
40 „Recht hat", ist weder eine entscheidbare noch eine wichtige Frage. Es stimmt eben beides: Der eine hat dieses gesagt, der andere jenes gehört.

(Friedemann Schulz von Thun, Miteinander Reden I, Sachbuch 7489, Reinbek b. Hamburg 1992, S. 44ff., 55, 63; © für die Abb.: 1981 by Rowohlt Taschenbuch Verlag GmbH, Reinbek)

Nach den Ausführungen von Schulz von Thun gibt es vier Sendemöglichkeiten und vier Empfangsohren. Teilen Sie sich in zwei Gruppen auf:

a) die ‚Sender'-Gruppe, b) die ‚Empfänger'-Gruppe.

zu a) Die ‚Sender'-Gruppe baut aus DIN A3-Tonpapier vier verschiedene ‚Sendertröten' entsprechend den Informationen des Textes und beschriftet/gestaltet diese Tröten entsprechend, sodass die Charakteristik eines jeweiligen Senders deutlich wird (arbeitsteilige Gruppenarbeit für die vier Sender).

zu b) Die Empfängergruppe baut aus DIN A3-Karton vier große Ohren entsprechend den vorhergehenden Informationen und gestaltet diese Ohren so aus, dass die spezifische Empfangscharakteristik deutlich wird (arbeitsteilige Gruppenarbeit für die vier Empfangsohren).
- Der Satz: „Hallo, wie geht es dir?" wird der Charakteristik einer jeweiligen Sendertröte entsprechend (unter Benutzung der Tröte) ausgesprochen.
 Die ‚Sender'-Gruppe erklärt die Bedeutung und Charakteristik der vier Sender.
- Der Satz: „Hallo, wie geht es dir?" wird an einen Empfänger mit ‚vier Ohren' (die gebastelten Ohren werden symbolisch an den Kopf einer Person gehalten) gerichtet. Jedes Ohr erläutert sein spezifisches Verständnis des Satzes.
- Diskutieren Sie das Spektrum von Sende- und Empfangsmöglichkeiten.
- Wenden Sie diese Übung auf Kommunikationssituationen aus dem Text von H. Engeln an (s. S. 40) oder wählen Sie andere typische Sätze aus dem Erziehungsalltag aus.
- Stellen Sie Forderungen für eine gelungene Kommunikation auf.
- Welche Ratschläge würden Sie aufgrund ihrer bisherigen Diskussion einer Erzieherin/einem Erzieher geben?

(Die Aktionspassage auf S. 50 unten lässt sich in erweiterter Form, z.B. im Rahmen einer Zukunftswerkstatt, auch an einem Projekttag/an Projekttagen durchführen.)

„Kommunikationsstile zwischen Persönlichkeits- und Beziehungsdynamik"

Aufgrund seiner kommunikationstheoretischen Überlegungen kommt F. Schulz v. Thun zu einer Charakterisierung von Kommunikationsstilen ähnlich den vorher besprochenen Erziehungsstilen, wobei auch hier für die Einteilung das Augenmerk auf den ‚Sender' gelegt wird. Aus den sechs von Schulz v. Thun charakterisierten Stilen, dem helfenden, dem selbstlosen, dem aggressiv-entwertenden, dem sich beweisenden, dem bestimmend-kontrollierenden, dem sich distanzierenden Stil, haben wir den ersten, fünften und sechsten Stil ausgewählt.

Den bestimmend-kontrollierenden Stil und den sich distanzierenden Stil können Sie auch arbeitsteilig bearbeiten. Verdeutlichen Sie den anderen Gruppen den von Ihnen bearbeiteten Stil durch eine entsprechende Darstellung (Posen einnehmen, Dialoge führen, ...).

Versuchen Sie ähnlich wie beim helfenden Stil herauszufinden, aus welchen Gründen der jeweilige Stil als Verhaltensmuster bevorzugt wird (‚seelisches Axiom').

Beachten Sie bei der Bearbeitung auch, welche Auswirkungen der jeweilige Stil auf die vier Ohren des Empfängers hat. Welche ‚Empfangseinstellungen' sind möglich und welche Auswirkungen ergeben sich für die weitere Kommunikation? Wie würden Sie jeweils die entsprechende Atmosphäre im zwischenmenschlichen Kontakt charakterisieren?

Der helfende Stil

[...] Als geduldige Zuhörer und Ratgeber sind sie allzeit bereit, sich für die Schwachen, Beladenen und Hilflosen
5 einzusetzen, sich um sie zu kümmern und ihnen in der Not mit Rat und Tat beizustehen – nicht selten über die eigene Erschöpfungsgrenze hinaus. Sie strahlen eine souveräne Stärke aus, die
10 zu sagen scheint: „Ich brauche niemanden" – und „Ich bin ganz für dich da!"

Von der helfenden Strömung können wir um so leichter erfasst werden, je
15 mehr wir mit unseren eigenen schwachen und hilfsbedürftigen Anteilen auf dem Kriegsfuß stehen. [...]

Schmidbauers tiefenpsychologische Studie über die „Hilflosen Helfer"
20 (1977) hat unter dem Schlagwort „Helfersyndrom" besonders unter Angehörigen der sozialen Berufe betroffene Beachtung gefunden. Denn wir

Grundpose des helfenden Stils

Grundbotschaft des helfenden Stils

Psychologen und Sozialarbeiter, Ärzte, Psychotherapeuten, Krankenschwestern und Pädagogen haben uns beruflich eine zwischenmenschliche Grundsituation gewählt, in der die Weichen für den Kontakt zu unseren Gunsten gestellt sind. – Wieso zu unseren „Gunsten"? Müssen wir uns nicht ziemlich abrackern, oft bis in die Nachtstunden hinein, um die Ratlosen, Kranken und Bedürftigen zu stützen, etwas von ihrem Elend mitzutragen? Ganz gewiss – und doch liegt nach Schmidbauer der innerseelische „Vorteil" des souveränen und altruistischen Verhaltens darin, dass der Helfer sich auf diese Weise etwas vom Halse halten kann, wovor er große Angst hat: sein eigenes Anlehnungsbedürfnis, seine schwachen Anteile. Das seelische Axiom scheint bei diesem Stil zu lauten:

Für mich ist es eine Katastrophe, schwach (ratlos, traurig, verzweifelt) und bedürftig zu sein!

Der bestimmende-kontrollierende Stil

Wahrscheinlich liegt in der Übertragung innerseelischer Anliegen auf zwischenmenschliche Zielsetzungen einer der Schlüssel für jene direktive Einstellung, die den Mitmenschen als einen Risikopatienten ansieht, den man dringend heilen, formen, „in den Griff kriegen" muss. Vielleicht hat der Bestimmende Anlass, *sich selbst mit aller Macht in den Griff kriegen zu müssen?* All seine Prinzipien und Reglementierungen, all seine Anstandsregeln und Dogmatismen mögen ein gewaltiges Bollwerk sein, errichtet gegen jene unberechenbaren Größen seiner Innenwelt, die – tief in die Unterwelt verstoßen – nur darauf warten, ein Schlupfloch im Bollwerk zu finden, um ihr sündiges, gieriges, maßloses, bestialisches, chaotisches Wesen mit unberechenbarer Wucht zu entfalten und die Oberwelt damit zu überfluten... – Das seelische Axiom könnte so lauten:

„Ich bin voll von chaotischen, sündhaften, unvernünftigen Impulsen – nur wenn ich mich an strenge Regeln halte, kann ich mich in der Gewalt haben und ein anständiger Mensch bleiben."

Der sich distanzierende Stil

Wenn wir von der distanzierenden Strömung erfasst sind, dürfen uns die Mitmenschen nicht zu nahe kommen. Die Grenzen des eigenen Hoheitsgebietes sind vorverlegt, eine unsichtbare Wand sorgt dafür, dass der gebührende Abstand erhalten bleibt. [...]

(Friedemann Schulz von Thun, Miteinander Reden II, Sachbuch 8496, Reinbek b. Hamburg 1992, S. 76ff., 170ff., 191ff; © für die Abb.: 1989 by Rowohlt Taschenbuch Verlag GmbH, Reinbek)

Ich weiß, was richtig ist!
Das macht man so und so! Es gehört sich nicht, dass:
Du bist ein Risikofaktor, man muss dich anleiten!

Grundbotschaft des bestimmenden-kontrollierenden Stils

Es zählen die Fakten
Was in mir vorgeht, tut nichts zur Sache – außerdem geht nichts in mir vor!
Komm mir nicht zu nahe!
Du bist viel zu anhänglich und zu emotional!

Grundbotschaft des sich distanzierenden Stils

Vergleichen Sie die Kommunikationsstile von F. Schulz v. Thun mit den klassischen Erziehungsstilen, die zu Anfang des Kapitels vorgestellt wurden.

(Zeichnung: Katharina Joanowitsch)

1. Entwerfen Sie einen Ihrer Meinung nach idealen Erziehungsstil (indem Sie z.B. das Kästchen rechts unten ausfüllen) und diskutieren Sie die Möglichkeiten einer Umsetzung.
2. Wie stellen Sie sich den ‚idealen Lehrer' bzw. die ‚ideale Lehrerin' vor?

Vertiefung

‚Verhandlungshaushalt'

„Früher war das vielleicht ganz offenkundig, da wurde das gesagt, da hatte der Vater das Machtwort und damit war die Sache entschieden. Und gerade bei mir war das sehr stark, dass mein Vater immer gesagt hat, na ich müsse ja wissen, was ich zu tun habe. Und damit war schon gesagt, was ich zu tun hatte. Denn dies war immer meine freie Entscheidung und ich hab' das gehasst. Weil dann konnte ich mich ja nie gegen die Vernunft entscheiden. Und die Vernunft war ja so und so das, was meine Eltern gesagt haben... Meine Eltern sagten nie, das dürfe ich nicht."

Statt elterliche Anordnung und Gehorsamserwartung bei Androhung von Strafe (machtbezogene, äußere Kontrolle) besteht jetzt eine Konformitätserwartung aufgrund begründeter Empfehlungen seitens der Eltern, wobei subtilere Formen der Gewaltausübung bzw. Machtanwendung eingesetzt werden: Aus Angst vor offener Bloßstellung, vor sozialer Geringschätzung oder gar Degradierung (z.B. bei Lehrer-Schüler-Beziehungen), aber auch weil der drohende offene Nachweis der eigenen Unterlegenheit Peinlichkeitsgefühle erzeugt, die es zu vermeiden gilt, tun sich Kinder und Jugendliche gegenüber Erwachsenen – trotz entgegenstehender Neigungen – Zwang an. Sie bilden in zunehmendem Maße Selbstzwangsmechanismen aus, indem sie lernen, aktuelle, spontane Neigungen und Affekte quasi selbstverständlich dem übergeordneten Prinzip der Vernunft zu unterwerfen. [...]

Damit ist eine viel diskutierte Entwicklungstendenz angesprochen, die auf den zunehmend „freieren" Umgang zwischen Älteren und Jüngeren und insbesondere die Veränderung der Eltern-Kind-Beziehungen verweist. Gehorsamsbereitschaft allein und Vertrauen in die Richtigkeit und Berechtigung von Anordnungen und Vorschriften sind nicht mehr selbstverständlich. Die Autoritätsperson gerät unter Rechtfertigungsdruck. Kinder und Jugendliche haben dadurch offensichtlich heute einen größeren Handlungsspielraum als noch vor 30 Jahren. Sie können sich ohne unmittelbare Angst vor Bestrafung größere Freiheiten herausnehmen, auch wenn dies oft bedeutet, dass Eltern mehr Rücksicht nehmen müssen: Von ihnen werden Einfühlungsvermögen, Sich-Hinein-Versetzen in kindliche Rollen und partnerschaftliche Umgangsformen erwartet. Die Machtbalance scheint sich damit zugunsten der Kinder verschoben zu haben. Sie sind weniger ausdrücklichen und formellen Zwängen unterworfen. [...]

Es wird keineswegs mehr ein autoritärer Erziehungsstil praktiziert, sondern es dominieren partnerschaftliche Umgangsformen, wobei sich die Kommunikation als „Aushandeln zwischen Erwachsenenbedürfnissen und Kinderbedürfnissen" beschreiben ließe. Besonders wichtig ist den Eltern die Vermittlung von Energien zur Verteidigung des eigenen Selbstwertes gegenüber einer Gesellschaft, die einem nichts schenkt. Sie wollen, dass ihre Kinder Selbstvertrauen haben, einen eigenen Standpunkt verteidigen können, selbstständig sind, ausgeglichen sind, Rückschläge ertragen können, immer wissen, wie man sich zu verhalten hat. [...]

Die beschriebene, oft als Befreiung interpretierte Lockerung bzw. größere Toleranzbreite der Verhaltensformen und der vermeintlich größere Bewegungsspielraum im Umgang z.B. zwischen Eltern und Kindern, zwischen Vorgesetzten und Untergebenen, zwischen Fremden oder zwischen den Geschlechtern erweist sich also bei näherer Betrachtung als ambivalent. Es handelt sich – bezogen auf den Affekt- und Verhaltenshaushalt des Menschen – um *„eine Verschiebung von einem Befehlshaushalt zu einem Verhandlungshaushalt"*, d.h., die Lockerung des Verhaltens auf der einen Ebene (Gebote, Gewissen) wird durch Beschränkungen neuer Art ersetzt, „die Menschen nicht so sehr vorschreiben, welche Beziehungen zwischen ihnen erlaubt oder nicht erlaubt sind, sondern wie sie diese Beziehungen zu regeln haben". Wer in seinem Verhaltensrepertoire über einen Verhandlungshaushalt verfügen kann, hat sich also die Fähigkeit angeeignet, seine Beziehungen zu Höherstehenden, Gleichrangigen oder Untergebenen weniger über Mechanismen von Befehl und Gehorsam, sondern eher über Appelle an die Einsichtsfähigkeit und mit Hilfe eines entsprechenden Diskussionsvermögens zu regeln.

Die Verschiebung vom Befehlshaushalt zum Verhandlungshaushalt beinhaltet für einige eine größere Lockerung als für andere. „Kinder können sich heute ihren Eltern gegenüber mehr erlauben. Eltern halten sich ihren Kindern gegenüber mehr zurück; man denke an Züchtigungen und andere Strafen. Frauen haben sich Männern gegenüber größere Bewegungsfreiheit erworben, Männer [...] können sich weniger Freiheiten erlauben. [...] Bürgerinitiativen haben das Recht, in Verwaltungsfragen mitzusprechen. Machthaber haben mehr Mühe, ihre Angelegenheiten unter sich zu regeln, und müssen sich dem Verhandlungsverfahren fügen. Abermals: Der Schein trügt zwar, aber nur zum Teil. Genauso werden in Organisationen Niedrigergestellte mehr angehört, finden mehr Verständnis, und manchmal werden ihre Forderungen sogar angenommen, das bedeutet auch, dass Höhergestellte klein beigeben mussten. Aber alles das bedeutet nicht, dass damit auch im Allgemeinen die Gleichheit unter den Menschen zugenommen hätte. Dort, wo sich ein Verhandlungshaushalt bildet, im Freundeskreis, zwischen Geliebten, in Familien, zwischen Vorgesetzten und Mitarbeitern, zwischen Sozialhelfern und Klienten, zwischen Bürgergruppen und örtlichen Ortsverwaltungen, wird das Abhängigkeitsverhältnis weniger asymmetrisch. Aber daneben tritt auch eine andere Entwicklung auf: Institutionen haben sich ausgebreitet, umfassen, bedienen und beherrschen mehr Menschen; die hierarchische Stufenleiter ist länger geworden, die Zahl der Stufen ist gestiegen."

Die Gewaltausübung wird in diesem Sinne immer unpersönlicher, d.h., sie realisiert sich nicht über den persönlichen Zugriff, sondern ist genauen Regeln und Gesetzen unterworfen, die sich in vorgegebenen Verfahren und Handlungsabläufen vollzieht („strukturelle Gewalt'). Unter dem Druck der Gefahren, die sich für den Einzelnen erfahrungsgemäß bei bestimmten Verhaltensweisen auftun bzw. die beim Handeln ‚automatisch' auftretende Angst lassen bestimmte Handlungsweisen erst gar nicht aufkommen, selbst wenn eine entsprechende Neigung (bzw. ein ‚Lustverlangen') besteht. Es muss reiflich abgewogen werden, welche Kosten ein Zuwiderhandeln gegen entsprechende Verhaltensstandards und Umgangsnormen verursachen, welchen Aufwand ein möglicher Widerstand mit sich bringt.

Der moderne Sozialcharakter zeichnet sich also durch die Fähigkeit aus, die möglich gewordenen Lockerungen des Verhaltens durch eine strengere, kalkulierte Selbstkontrolle wieder aufzufangen.

(Peter Büchner, Vom Befehlen und Gehorchen zum Verhandeln, in: Ulf Preuss-Lausitz u.a., Kriegskinder, Konsumkinder, Krisenkinder, Weinheim 1983, S. 199-202)

1. Suchen Sie Beispiele für eine ‚Selbstkontrolle' des ‚modernen Sozialcharakters'.
2. Diskutieren Sie die Ambivalenz der „Verschiebung von einem Befehlshaushalt zu einem Verhandlungshaushalt".
3. Überlegen Sie in Kleingruppen Möglichkeiten, die von dem Autor genannten ‚Beschränkungen' eines ‚Verhandlungshaushaltes' zu vermeiden.

Ein ‚Verhandlungshaushalt', der eine partnerschaftliche Umgangsform im Sinne eines demokratischen Erziehungsstils bevorzugt, erfordert eine erhebliche kommunikative Kompetenz.
Dazu sollen im Folgenden einige Überlegungen angestellt werden:

Kommunikative Kompetenz

Double-bind-Situationen und wie sie sich vermeiden lassen

Bereits im letzten Abschnitt haben Sie gelernt, wie „leicht" es ist, Missverständnisse ‚herzustellen'. Da Erziehungssituationen auch Kommunikationssituationen sind und die Folgen einer misslungenen Kommunikation für die am Kommunikationsprozess Beteiligten, insbesondere für Kinder/Jugendliche, weitreichend sein können, soll hier eine besonders wichtige Kommunikationsstörung vorgestellt werden.

Mary Poppins, ein englisches Kindermädchen, besucht mit ihren beiden Schützlingen, Jane und Michael, Frau Corrys Lebkuchenladen. Frau Corry, eine kleine, verhutzelte, hexenhafte Alte, hat zwei riesenhafte, freudlose Töchter namens Fannie und Annie, die als Ladenmädchen arbeiten, während sie selbst sich meist in einem Stübchen hinter
5 dem Ladenraum aufhält. Als sie Mary Poppins und die Kinder hört, kommt sie heraus:
„Ich nehme an, meine Liebe –", sie wandte sich an Mary Poppins, die eine alte Bekannte zu sein schien –, „ihr seid wegen Pfefferkuchen gekommen?"
„Erraten, Missis Corry", antwortete Mary Poppins sehr höflich.
„Sehr gut! Haben euch Fannie und Annie noch keine gegeben?" Bei dieser Frage
10 sah sie Jane und Michael an.
Jane schüttelte den Kopf. Zwei schüchterne Stimmen kamen hinter dem Ladentisch hervor.
„Nein, Mutter", sagte Miss Fannie betreten.
„Wir waren dabei, Mutter –", flüsterte Miss Annie verschüchtert.
15 Missis Corry richtete sich auf, so hoch sie konnte, und betrachtete ihre riesigen Töchter voll Zorn. Sie sagte leise, aber verärgert und höhnisch:
„Eben dabei? Wirklich? Das ist ja höchst interessant. Und wer, darf ich fragen, Annie, gab dir die Erlaubnis, meine Pfefferkuchen fortzugeben –?"
„Niemand, Mutter. Und ich hab' sie auch nicht fortgegeben. Ich dachte nur –"
20 „Du dachtest nur. Das ist sehr gütig von dir. Aber ich wäre dir dankbar, wenn du es bleiben ließest. Was es hier zu denken gibt, besorge ich!", erklärte Missis Corry mit ihrer leisen, schrecklichen Stimme. Dann brach sie in ein grelles, gackerndes Gelächter aus.
„Schaut sie an! Schaut sie nur an! Angsthase! Heulsuse!", kreischte sie und zeigte
25 mit ihrem knotigen Finger auf die Tochter.
Jane und Michael drehten sich um und sahen, wie eine große Träne über Miss Annies trauriges Gesicht kollerte; aber sie wagten nichts zu sagen, denn so winzig Missis Corry war, sie fühlten sich vor ihr verlegen und eingeschüchtert.
In weniger als einer halben Minute gelingt es Frau Corry also, die arme Annie in allen
30 drei Bereichen menschlichen Lebens und Erlebens zu blockieren, nämlich in ihrem Handeln, Denken und Fühlen. Durch die Form ihrer ersten Frage deutet sie an, dass sie es von ihren Töchtern als selbstverständlich erwartet, den Kindern Lebkuchen zu geben. Sobald sich ihre Töchter aber dafür entschuldigen, dies noch nicht getan zu haben, spricht sie ihnen plötzlich das Recht zum selbstständigen *Handeln* ab. Annie versucht daraufhin, sich
35 damit zu verteidigen, dass sie es ja nicht wirklich getan, sondern nur zu tun beabsichtigt habe – offensichtlich in der immerhin vernünftigen Annahme, dass ihre Mutter bei ihr zu-

mindest selbstständiges *Denken* voraussetzt. Doch auch dies trägt ihr kein mütterliches Lob ein, denn Frau Corry lässt sie prompt wissen, dass sie kein Recht hat, derlei oder überhaupt zu denken. Und die Art und Weise, in der die Mutter ihr Missfallen zum Ausdruck bringt, lässt schließlich keinen Zweifel darüber, dass die Angelegenheit keine Kleinigkeit ist, sondern dass sie sich von ihren Töchtern Reue erwartet. Kaum hat sie Annie damit in Tränen versetzt, verhöhnt sie als Nächstes die *Gefühle* ihrer Tochter.
(P. Watzlawick, Wie wirklich ist die Wirklichkeit, München 1978, S. 26, 28)

In etwas abgeänderter und erweiterter Form können die Bestandteile einer Doppelbindung wie folgt beschrieben werden:
1. Zwei oder mehrere Personen stehen zueinander in einer engen Beziehung, die für einen oder auch alle von ihnen einen hohen Grad von physischer und/oder psychischer Lebenswichtigkeit hat. Derartige Situationen ergeben sich u.a. in Familien (besonders zwischen Eltern und Kindern), in Krankheit, Gefangenschaft, materieller Abhängigkeit, Freundschaft, Liebe, Treue zu einem Glauben, einer Sache oder einer Ideologie, in durch gesellschaftliche Normen oder Traditionen bedingten Lagen, der psychotherapeutischen Situation usw.
2. In diesem Kontext wird eine Mitteilung gegeben, die a) etwas aussagt, b) etwas über ihre eigene Aussage aussagt und c) so zusammengesetzt ist, dass diese beiden Aussagen einander negieren bzw. unvereinbar sind. Wenn also die Mitteilung eine Handlungsaufforderung ist, so wird sie durch Befolgung missachtet und durch Missachtung befolgt; handelt es sich um eine Ich- oder Du-Definition, so ist die damit definierte Person es nur, wenn sie es nicht ist, und ist es nicht, wenn sie es ist. Die Bedeutung der Mitteilung ist also unentscheidbar. [...]
3. Der Empfänger dieser Mitteilung kann der durch sie hergestellten Beziehungsstruktur nicht dadurch entgehen, dass er entweder über sie metakommuniziert (sie kommentiert) oder sich aus der Beziehung zurückzieht. Obwohl also die Mitteilung logisch sinnlos ist, ist sie eine pragmatische Realität: Man kann nicht *nicht* auf sie reagieren, andererseits aber kann man sich ihr gegenüber auch nicht in einer angebrachten (nichtparadoxen) Weise verhalten, denn die Mitteilung selbst ist paradox. Diese Situation kann für den Empfänger oft noch weiter durch das mehr oder weniger ausgesprochene Verbot erschwert sein, des Widerspruchs oder der tatsächlichen Zusammenhänge gewahr zu werden. Eine in einer Doppelbindung gefangene Person läuft also Gefahr, für richtige Wahrnehmungen bestraft und darüber hinaus als böswillig oder verrückt bezeichnet zu werden, wenn sie es wagen sollte zu behaupten, dass zwischen ihren tatsächlichen Wahrnehmungen und dem, was sie wahrnehmen „sollte", ein wesentlicher Unterschied besteht. Dies ist das Wesen der Doppelbindung.
(Paul Watzlawick/John H. Beavin/Don D. Jackson, Menschliche Kommunikation, Bern 1969, S. 195f.)

1. Überprüfen Sie, inwieweit die Kriterien einer Doppelbindung auf den Dialog zwischen Miss Corry und Annie zutreffen.
2. Suchen Sie weitere Beispiele für Doppelbindungen. Versuchen Sie zu protokollieren, wie viele ‚double-bind'-Situationen Ihnen in einer Woche begegnen.
3. Diskutieren Sie die (langfristigen) Auswirkungen auf zwischenmenschliche Beziehungen (z.B. zwischen Eltern und Kind), welche durch ‚double-bind'-Situationen geprägt sind.
4. Welche Folgen für die Persönlichkeitsentwicklung eines Kindes, das sehr häufig double-bind-Situationen ausgesetzt ist, lassen sich vermuten?

Je nach der Stärke des ihnen zugrunde liegenden Bedürfnisses können sich diese sogenannten „Sei spontan!"-Paradoxien von harmlosen Reibungen bis zu tragischen Verwicklungen erstrecken. Es ist eine der vielen Merkwürdigkeiten menschlicher Kommunikation, dass es unmöglich ist, einen anderen Menschen zur spontanen Erfüllung eines Wunsches oder eines Bedürfnisses zu veranlassen. Geforderte Spontaneität führt vielmehr unweigerlich in die paradoxe Situation, in der die Forderung ihre eigene Erfüllung unmöglich macht. Dieses Kommunikationsmuster liegt zum Beispiel dann vor, wenn eine Ehefrau es ihrem Mann nahe legt, ihr doch gelegentlich Blumen mitzubringen. Da sie sich vermutlich seit langem nach diesem kleinen Liebesbeweis gesehnt hat, ist ihr Wunsch menschlich durchaus verständlich. Weniger offensichtlich dagegen ist die Tatsache, dass sie sich damit nun die Erfüllung ihrer Sehnsucht endgültig verbaut hat: Wenn er nämlich ihren Wunsch ignoriert, wird sie sich noch weniger geliebt fühlen; kommt er ihm aber nach, so wird sie dennoch unzufrieden sein, denn er bringt ihr die Blumen ja nicht spontan, von sich aus, sondern nur, weil sie sie verlangte. Ganz ähnlich kann es Eltern ergehen, die ihren Sohn für zu weich und nachgiebig halten und ihm daher irgendeine Variation des Themas „Sei nicht so nachgiebig!" einzubläuen versuchen. Doch auch hier sind nur zwei Ergebnisse möglich, und beide sind unannehmbar. Entweder der Junge bleibt passiv (in welchem Falle die Eltern unzufrieden sein werden, da er ihrem Wunsch nach festerem Auftreten nicht gehorcht), oder sein Verhalten ändert sich in der gewünschten Weise, doch werden sie in diesem Falle trotzdem unzufrieden sein, weil er sich aus dem falschen Grunde (nämlich eben doch wieder aus Nachgiebigkeit ihnen gegenüber) richtig verhält. In solchen zwischenmenschlichen Zwickmühlen sind alle Partner gleichermaßen gefangen, wenn auch die Schuld daran erfahrungsgemäß jeweils dem oder den anderen zugeschrieben wird.

(Paul Watzlawick, Wie wirklich ist die Wirklichkeit, München 1978, S. 30–32)

(© R. Piper & Co. Verlag, München 1978)

Auf dem Button, den die Bedienung an der Bluse trägt, steht die Aufschrift „We're glad you're here" (Wir freuen uns, dass Sie unser Gast sind).

1. Suchen Sie weitere Beispiele für ‚Sei spontan-Paradoxien' und diskutieren Sie Konsequenzen für zwischenmenschliche Beziehungen, insbesondere für das Verhältnis zwischen Erziehern/Erzieherinnen und Kindern/Jugendlichen.
2. Diskutieren Sie Möglichkeiten zur Verhinderung von Doppelbindungen/‚Sei spontan-Paradoxien'.
Welche Ratschläge würden Sie Erziehern/Erzieherinnen geben?
Welche Hilfen würden Sie Kindern/Jugendlichen geben, die diesen Situationen oft ausgesetzt sind? (Vgl. auch Annie aus dem Text von P. Watzlawick, S. 56.)

Ich-Botschaften

Bereits in den Ausführungen von F. Schulz von Thun waren einige Anregungen enthalten, schwierige Kommunikationssituationen (Missverständnisse) zu bewältigen; auch das Vermeiden von ‚double-bind'-Situationen kann diesbezüglich wichtige Hinweise geben.

Thomas Gordon macht einen weiteren Vorschlag:

Eine konfrontative Ich-Botschaft ist eine nicht-vorwurfsvolle, urteilslose Botschaft, die dem Kind mitteilt, was der Erwachsene als Reaktion auf ein inakzeptables Verhalten des Kindes erlebt, wie bei den folgenden Botschaften:
„Wenn das Fernsehen so laut ist, kann ich mich nicht mit deiner Mutter unterhalten."
„Ich werde wohl nicht viel Spaß an den Blumen haben, die ich hier gepflanzt habe, wenn darauf herumgetrampelt wird."
„Wenn in der Klasse ein solcher Lärm herrscht, kann ich nicht hören, was ihr sagt."
[...] Du-Botschaften aktivieren schwere Geschütze voll Schuld, Urteil, Einschätzung, Kritik und Zwang. Es sind Formulierungen von Erwachsenen, die bei Kindern „schlechtes Benehmen" anprangern, wie in den folgenden Beispielen:
„Du müsstest es aber besser wissen."
„Hör mit dem Krach auf, sonst kannst du nach draußen gehen."
„Du solltest dich schämen."
„Du machst mich verrückt."
„Wenn du deine Sachen nicht forthängst, kriegst du eine Ohrfeige."
„Du isst wie ein Schwein."
„Jetzt habe ich durch dich wieder Kopfschmerzen."
Ich-Botschaften belassen die Verantwortung beim Erwachsenen (denn es ist ja der Erwachsene, der das Problem „besitzt"), und sie veranlassen Kinder mit größter Wahrscheinlichkeit dazu, ihr Verhalten aus Rücksicht zu ändern. Wenn Kinder nicht aufgrund ihres Verhaltens beschuldigt oder herabgesetzt werden, sondern hören, dass jemand ein Problem mit ihnen hat, dann sind sie viel eher bereit zu helfen und ihr Verhalten selbst zu ändern.
Ganz anders bei den Du-Botschaften. Kinder werden trotzig und sperren sich gegen eine Veränderung, wenn sie beschuldigt und herabgesetzt werden. Du-Botschaften schädigen die Selbstachtung des Kindes. [...]
Ich-Botschaften bewegen Kinder nicht nur dazu, sich zu ändern, sondern lassen sie auch wissen, dass Eltern und Lehrer „auch nur" Menschen sind: auch sie haben Gefühle, Bedürfnisse, Wünsche und Grenzen der Belastbarkeit. Ich-Botschaften bedeuten, dass zwischen Erwachsenem und Kind eine annähernde Gleichheit besteht. Wir wissen auch, dass die auffällige Wirksamkeit von Ich-Botschaften daher rührt, dass sie bei Kindern wie ein Appell wirken – als Bitte um Hilfe. Die dahinter liegende Botschaft ist: „Ich habe ein Problem mit deinem Verhalten und brauche deine Hilfe. [...]
Man könnte Ich-Botschaften auch „Verantwortungs-Botschaften" nennen, und zwar aus zwei Gründen. (1) Ein Erwachsener, der eine Ich-Botschaft sendet, übernimmt Verantwortung für seinen eigenen inneren Zustand (lauscht in sich hinein, was er hört), und er zeigt Verantwortung, indem er diese Selbsteinschätzung dem Kind offen mitteilt; (2) Ich-Botschaften belassen die Verantwortung, das inakzeptable Verhalten zu ändern, beim Kind – im Gegensatz zum Kind, das sich vom Erwachsenen dazu gezwungen fühlt. Gleichzeitig vermeiden Ich-Botschaften negative Urteile, die Du-Botschaften begleiten, und stärken beim Kind den Willen zur Rücksichtnahme und Hilfsbereitschaft, statt es vorwurfsvoll, wütend und rachsüchtig zu machen. [...]

Wenn Eltern oder Lehrer ein Bedürfnis darlegen, dessen Erfüllung weitere Unterstützung, Kooperation oder direkte Aktivität von Kindern oder Schülern verlangt, nennen wir das eine präventive Ich-Botschaft.

Im Gegensatz zur konfrontativen Ich-Botschaft, deren Sinn es ist, Kinder zu beeinflussen, inakzeptables Verhalten abzuändern, das bereits geschehen ist, sollen präventive Ich-Botschaften Kinder beeinflussen, in Zukunft ein bestimmtes Verhalten zu zeigen, um so den Missmut des Erwachsenen (sein Nichtakzeptieren) zu vermeiden. Es ist also eine Botschaft, die andere frühzeitig wissen lässt, was man vielleicht braucht oder wünscht.

Wenn man anderen seine Bedürfnisse mitteilt, fördert das Nähe und signalisiert die Einbeziehung des Gegenübers in das, was man plant. Es verhindert, dass Kinder später überrascht sind, und bereitet sie auf mögliche Veränderungen vor, die Sie vielleicht von ihnen erwarten. Hier einige Beispiele für deutliche, präventive Ich-Botschaften:

„Mir wäre es lieb, wenn du mir rechtzeitig sagen würdest, dass du nicht gleich von der Schule nach Hause kommst, damit ich mir keine Sorgen mache, wenn du nicht auftauchst."

„Ich möchte gern, dass wir klären, was noch getan werden muss, bevor wir ins Wochenende fahren, damit wir auch Zeit genug haben, alles zu erledigen."

(Thomas Gordon, Die neue Familienkonferenz, Hamburg 1993, S. 161ff.)

1. Tragen Sie in Form einer Tabelle die Wirkungen von Ich- und Du-Botschaften zusammen.
2. Überprüfen Sie anhand eines Rollenspiels die Wirkung von Ich- und Du-Botschaften.
3. Lässt sich mit den hier gemachten Vorschlägen die Selbstkontrolle des ‚modernen Sozialcharakters' umgehen (vgl. auch den Text von P. Büchner, S. 54)?
4. Diskutieren Sie, welche Bedeutung ‚Metakommunikation' und ‚feed-back' für eine gelungene Kommunikation haben. (Sie finden z.B. im Jugendlexikon „Erziehung" unter dem Stichwort ‚Kommunikation' diese beiden Begriffe erklärt.)

Erzieherpersönlichkeit

Die folgende Ausführung von Horst E. Richter und die nachfolgende von Erich Fromm können Sie auch arbeitsteilig in Gruppen bearbeiten.

Erwachsenenrolle/Kinderrolle

Warum wollen die Erwachsenen, dass Kinder so oder so werden? Weil sie selber so geworden und damit zufrieden sind? Oder weil sie gern so geworden wären, aber es nicht geschafft haben und sich nun quasi durch die Kinder für ihren Misserfolg entschädigen wollen? Oder verleugnen sie ihr eigenes Gescheitertsein und können aus Ressentiment ihren Kindern keine bessere Entwicklung gönnen?

Wollen wir definieren, was unsere Kinder lernen sollen, dann können wir diese Aufgabe also keineswegs abtrennen von einer selbstkritischen Überprüfung unserer jeweiligen persönlichen Verfassung bzw. des Zustandes unserer Erwachsenengesellschaft schlechthin. Denn die Kinder registrieren viel genauer, als uns lieb sein mag, ob wir

selber damit identifiziert sind, was wir von ihnen fordern und ob wir, wenn das zutrifft, damit unsere Probleme gut lösen können.
Ob sie es nun sollen oder nicht, Kinder reagieren also in einem gerade von der Pädagogik oft unterschätzten Maße darauf, wie ihre Umwelt tatsächlich beschaffen ist, und weniger darauf, was ihnen gesagt und was mit ihnen gemacht wird.
Der effektivste Erziehungseinfluss ist die Wirklichkeit selbst, welche die Kinder vorfinden. [...]
Viele Fertigkeiten und Kenntnisse gibt es, über die wir Älteren verfügen und die wir den Kindern beizubringen haben. Aber das Bild vom Menschen bzw. von einem sinnvollen menschlichen Zusammenleben in dieser Welt ist kein solcher Besitz, den die Kinder einfach von uns entgegennehmen könnten.
[...] Wir müssen unseren Kindern unsere eigene Unsicherheit zugestehen und den Mut aufbringen, sie frühzeitig mit den offenen Fragen zu konfrontieren, auf die wir gemeinsam mit ihnen neue Antworten finden müssen.
Da gibt es eine zentrale Frage, zu deren Lösung wir die Kinder auf jeden Fall in gleichem Maße nötig haben wie diese uns. Nämlich wie wir Menschen uns überhaupt noch als Menschen miteinander wohl und sinnvoll fühlen können in einem gesellschaftlichen Betrieb, der sich wie eine zunehmend komplizierte und anfälligere Maschine darstellt, die zu steuern jener hochgezüchteten Superexperten-Elite zunehmend misslingt, an die wir die Verantwortung für die Garantie unseres Weiterbestandes zu delegieren gewöhnt sind. Legitim ist zur Zeit die Angst, ob unser Überleben gesichert ist. Aber ebenso legitim ist die Angst, ob wir nicht als Menschen bereits vorher verloren gehen, bevor jene mit Vorrang beschworenen ökologischen und ökonomischen Risiken überhand nehmen.
Es ist diese Angst, die allenthalben vernehmbar ist in der Sorge um die Menschlichkeit, die man in den Schulen, den Fabriken, den Verwaltungen und in der Wohnwelt mehr und mehr entschwinden sieht. Man redet davon, dass man Plätze, Stadtteile, Institutionen humanisieren müsse. Aber eigentlich hätte man zu fordern, dass sich die Menschen selbst vermenschlichen müssten; denn sie sind es ja doch, die diese ihnen selbst dienenden Einrichtungen so verunstalten, dass sie darin psychisch verkümmern. In der Tat ist dies das groteske Problem, dass wir uns gewissermaßen selbst dehumanisieren und dass man heute nach Experten Ausschau halten muss, die uns die Maßstäbe lehren sollen, wie wir als Menschen menschlicher leben können.
Dieser erschreckende Umstand beweist, dass wir Älteren gar nicht imstande sind, Lernziele für unsere Kinder zu definieren, ohne unsere eigenen Defizite und Veränderungsbedürfnisse mitzureflektieren. Wir können nicht mit gutem Gewissen wünschen, dass die Kinder so werden, wie wir sind, weil wir insgeheim oder offen an unserem Zustand leiden und kaum wissen, wie wir unsere eigene Lage befriedigender gestalten können. Indem wir unsere Gesellschaft zuwenig nach den Maßstäben des menschlichen Befindens und zu sehr nach dem Prinzip ökonomisch technischer Perfektionierung eingerichtet haben, fühlen wir uns mehr und mehr fremd in unserer eigenen Welt. [...]
Wir müssen also den Kindern helfen, dass sie nicht erst so viel von Menschlichkeit preisgeben, wie wir Älteren bereits verlernt haben. Aber wir können sie darin nur unterstützen, wenn wir den Mut finden, unsere eigene Fehleinstellung zu revidieren und umzulernen. Und was Menschlichkeit anbetrifft, sind wir es, die in der Kommunikation mit den Kindern an diesen registrieren können, was wir im Übermaß in uns unterdrückt haben. Nämlich Spontanität, Direktheit, Echtheit, Offenheit, Fantasie. [...]
Es ist auf der einen Seite unerlässlich, sich klar darüber zu verständigen, welches Menschenbild für die kindliche Entwicklung und die Pädagogik maßstäblich zu sein hat. Aber so überzeugend sich das Resultat dieser Überlegungen auch anhören mag – ent-

scheidend ist, was davon in unserer politischen Wirklichkeit umgesetzt werden kann. Denn letztlich wird auf dieser Ebene der Rahmen abgesteckt, innerhalb dessen Pädagogik nur experimentieren kann. So führte die Frage danach, was für die Kinder gut sei, zunächst zu der Frage nach dem Zustand der Erzieherpersonen. Denn diese können in der Erziehung nie mehr bewirken, als was sie selbst sind.

(Horst E. Richter, Wir leben die Zukunft unserer Kinder; in: PädExtra 10/1979, S. 36ff.)

1. Charakterisieren Sie das von H. E. Richter beschriebene Verhältnis zwischen Erwachsenen und Kindern.
2. Nehmen Sie Stellung zu den am Anfang des Textes gestellten Fragen.
3. Was versteht H. E. Richter unter dem ‚Zustand der Erzieherpersonen'?
4. Betrachten Sie vor dem Hintergrund des folgenden Zitates die fachwissenschaftliche Diskussion über Erziehungsstile:

    „Das erste Wirkende ist das Sein des Erziehers, das zweite, was er tut, und das dritte erst, was er redet." (Romano Guardini)

‚Seinsautorität'

Der springende Punkt ist, ob man Autorität hat oder eine Autorität ist. Fast jeder übt in irgendeiner Phase seines Lebens Autorität aus. Wer Kinder erzieht, muss, ob er will oder nicht, Autorität ausüben, um das Kind vor Gefahren zu bewahren und ihm zumindest ein Minimum an Verhaltensratschlägen für bestimmte Situationen zu geben. In
5 einer patriarchalischen Gesellschaft sind für die meisten Männer auch Frauen Objekte der Autoritätsausübung. In einer bürokratischen, hierarchisch organisierten Gesellschaft wie der unseren üben die meisten Mitglieder Autorität aus, mit Ausnahme der untersten Gesellschaftsschicht, die nur Objekt der Autorität ist.
Um zu verstehen, was Autorität in den beiden Existenzweisen bedeutet, müssen wir uns
10 vor Augen halten, dass dieser Begriff sehr weit ist und zwei völlig verschiedene Bedeutungen hat: „rationale" und „irrationale" Autorität. Rationale Autorität fördert das Wachstum des Menschen, der sich ihr anvertraut, und beruht auf Kompetenz. Irrationale Autorität stützt sich auf Macht und dient zur Ausbeutung der ihr Unterworfenen.
In den primitivsten Gesellschaften, bei den Jägern und Sammlern, übt derjenige Autorität
15 aus, dessen Kompetenz für die jeweilige Aufgabe allgemein anerkannt ist. Auf welchen Qualitäten diese Kompetenz beruht, hängt weitgehend von den Umständen ab: Im Allgemeinen zählen in erster Linie Erfahrung, Weisheit, Großzügigkeit, Geschicklichkeit, Persönlichkeit und Mut. In vielen dieser Stämme gibt es keine permanente Autorität, sondern nur eine für den Bedarfsfall, oder es gibt verschiedene Autoritäten für verschiedene
20 Anlässe wie Krieg, religiöse Riten, Streitschlichtung. Mit dem Verschwinden oder der Abnahme der Eigenschaften, auf welchen die Autorität beruht, endet diese. [...]
Autorität, die im Sein gründet, basiert nicht auf der Fähigkeit, bestimmte gesellschaftliche Funktionen zu erfüllen, sondern gleichermaßen auf der Persönlichkeit eines Menschen, der ein hohes Maß an Selbstverwirklichung und Integration erreicht hat. Ein
25 solcher Mensch strahlt Autorität aus, ohne drohen, bestechen oder Befehle erteilen zu müssen; es handelt sich einfach um ein hoch entwickeltes Individuum, das durch das, was es ist – und nicht nur, was es tut oder sagt –, demonstriert, was der Mensch sein kann. Die großen Meister des Lebens waren solche Autoritäten, und in geringerer Vollkommenheit sind sie unter Menschen aller Bildungsgrade und der verschiedensten

Kulturen zu finden. Das Problem der Erziehung dreht sich um diese Frage. Wären die Eltern selbst entwickelter und ruhten sie in ihrer eigenen Mitte, gäbe es kaum den Streit um autoritäre oder laissez-faire-Erziehung. Das Kind reagiert sehr willig auf diese Seinsautorität, da es sie braucht; es rebelliert dagegen, von Leuten gezwungen oder vernachlässigt zu werden, die erkennen lassen, dass sie selbst nicht geleistet haben, was sie vom heranwachsenden Kind verlangen.
(Erich Fromm, Haben oder Sein, Stuttgart 1978, S. 45f.)

1. Charakterisieren Sie Personen, die in ihrer ‚eigenen Mitte' ruhen. Wie wird sich in diesem Fall das Verhältnis zwischen Erwachsenen und Kindern gestalten?
2. Vergleichen Sie die Ausführungen E. Fromms mit denen von H. E. Richter.

Pädagogische Anwendung

Was ist ein ‚guter Erzieher' / eine ‚gute Erzieherin' ?

Wie man ein Kind fesseln kann

Liebe Freundin,
Sie bitten um meinen Rat, wie die Erziehung Ihres Kindes im Schoße der Familie glücklich gelingen kann.
Gern will ich Ihnen dazu raten, doch bevor wir uns den Einzelheiten zuwenden, zunächst etwas über die Voraussetzungen jeder Familienerziehung. Die erste Voraussetzung lautet: Das Kind sollte, wenn irgend möglich, kein Wunschkind sein. Günstig ist es auch, wenn durch die Geburt Ihres Kindes liebevoll gehegte Pläne zerstört werden. Es lässt sich natürlich nicht ausschließen, dass Sie und Ihr Mann es nicht übers Herz bringen, das Kind die Vernichtung solcher Lebensvorstellungen – wie etwa den Bau eines Hauses – wirklich ausbaden zu lassen. Aber zumindest mündet so etwas in die zweite Voraussetzung: das Klima Ihrer Ehe. Häufige und heftige Ehekräche, vor allem, wenn sie aus Gründen entstehen, die für das Kind gar nicht erkennbar sind, sind ebenfalls hervorragend geeignet, die nötige spannungsgeladene, gereizte Atmosphäre zu schaffen. Wenn Sie es dann noch verstehen, dem Ganzen einen Hintergrund von viel und harter Arbeit, aber auch so etwas wie stillem Leiden zu geben, dann können wir eigentlich schon anfangen. [...]
Was den Ausdruck unangenehmer Gefühle angeht, so empfehle ich Ihnen differenzierte Reaktionen, um so etwas zu verhindern. Ihre letzte Waffe ist natürlich das Niederschreien, vielleicht verbunden mit Gewaltandrohung und Empörung über die Frechheit, die sich das Kind herausnimmt. Aber es hilft auch schon, wenn Sie ihm nur deutlich und wiederholt vor Augen führen, wie unberechtigt – und ungerecht gegen Sie! – die Äußerung von Unzufriedenheit, Ärger und auch Trauer ist. Nicht, dass Sie diese Gefühle bei Ihrem Kind ganz abstellen könnten, doch kommt es darauf an zu verhindern, dass Ihr Kind seine Gefühle ausdrückt und so eine Möglichkeit hat, Probleme und Konflikte überhaupt erst einmal anpacken zu lernen: Denn wenn das Kind schon seine Gefühle artikulieren kann, dann besteht leider die Gefahr, dass es auch noch dahinter kommt, wie man Konflikte und Probleme auf eine rationale Weise lösen könnte! Deshalb wehren Sie den Anfängen!

Wenn Ihr Kind also unzufrieden ist, werden Sie sicherlich leicht zahlreiche Beispiele finden, die ihm klarmachen, dass es vielen anderen Kindern noch viel schlechter geht.
Oder sie werden dem Kind, dauernd und unterschwellig, deutlich machen, dass bestimmte Ansprüche einfach Ihre finanziellen Möglichkeiten übersteigen. Wie aber, so werden Sie fragen, kann ich verhindern, dass mein Kind vor Kummer weint oder auch wütend wird? [...] Hier halte ich es für hilfreich, möglichst drohend und bestimmt zu erklären: „Wenn du jetzt nicht gleich aufhörst, kriegst eine Watschen, damit du wenigstens weißt, warum du weinst!" Ich versichere Ihnen, nach ein paar Jahren werden Sie nicht mehr erkennen können, dass das Kind auf diese Drohung hin vor hilfloser Wut beinahe platzt. (Falls Sie das überhaupt interessieren sollte.) Es kann sein, dass sich bei Ihrem Kind eine Art gleichmäßige Mürrischkeit einstellt. Wenn Sie sich dadurch gestört fühlen, können Sie ja verlangen, dass es nicht so ein Gesicht machen soll. [...]
Im Bereich der Hausarbeit messen Sie dem Kind einen seinem Alter und ihrer eigenen (Über)belastung entsprechenden Anteil zu. Achten Sie aber darauf, dass Sie die Leistungen des Kindes höchstens dadurch honorieren, dass Sie nicht schimpfen oder vorwurfsvoll sind. Pflicht ist Pflicht, ihre Erfüllung muss eine Selbstverständlichkeit sein. Versucht das Kind, sich vor so angenehmen Tätigkeiten wie Wäschewaschen, Geschirrabwaschen, Erdäpfelschälen, Zwiebelschneiden etc. zu drücken, so ist es eine sehr effektive Kombination, wenn Sie erschöpft sind und Ihr Mann den Kindern wütend erklärt, was für eine Schande es sei, zwei Töchter im Haus zu haben und dennoch müsse die Mutter alle Arbeit allein machen.
Richtig gewonnen haben Sie, wenn das Kind eine leichte Monomanie – z.B. Lesewut – entwickelt. Erreichen können Sie das am ehesten durch seine möglichst vollständige Isolierung von der Welt außerhalb der Wohnung. Ist eine solche Monomanie erst einmal entstanden, können Sie ziemlich sicher sein, dass dem Kind alle Ihre Anforderungen an seine Zeit lästig sein werden. Das wiederum gibt Ihnen die Möglichkeit, bei jeder Gelegenheit – auch mehrmals am Tage – mit steigender Gereiztheit zu verlangen, dass das Kind nun endlich zu lesen aufhören und endlich gehorchen solle, wo es doch schon zweimal gerufen wurde, dass es endlich dieses oder jenes oder auch nur irgendetwas tue usw. usw. Auf diese Weise können Sie dem Kind eine Grundstimmung, ein Lebensgefühl verschaffen, das hauptsächlich darin besteht, ständig nicht zu genügen, gar nicht genügen zu wollen, ständig darauf zu achten, sich bei der untersagten Beschäftigung Lesen nicht erwischen zu lassen. Reagieren Sie auf jede Arbeitsverweigerung mit Schimpfen: Trödel nicht so! Faule Suse! Langsame Liese! Bei aller Gereiztheit gegen Ihr Schimpfen und vor allem gegen Ihre Ausdrücke wird das Kind das doch in sein Selbstbild aufnehmen, wenn Sie nur ausdauernd genug sind.
Ich brauche wohl kaum mehr zu erwähnen, was – bildlich gesprochen – der Schlussfaden ist, der all diese Kettfäden erst richtig zusammenwebt zu einem brauchbaren Gewebe: Verlangen Sie von Anfang an und immer unbedingte Folgsamkeit. Gehorsam ist das A und O, mit dem Sie einerseits die Verbote und Gebote durchsetzen, andererseits aber auch Heimlichkeiten, Unsicherheit, Schuldgefühle und Trotz bei Ihrem Kind erzeugen können, wenn es die Gebote und Verbote hin und wieder unterlaufen sollte. Vor allem im berüchtigten Trotzalter aber müssen Sie aufpassen; Sie müssen sich auf jeden Fall und immer durchsetzen: „Wer ist hier der Herr im Haus!" [...]
Ja, meine liebe Freundin, vielleicht habe ich den einen oder anderen nützlichen Wink noch vergessen. Aber im Prinzip ist die Sache klar, denke ich. Im Übrigen vertrauen Sie ruhig auf Ihre spontanen Eingebungen. Und würzen Sie das Ganze mit wirkungsvollem Tadel oder Spott vor Verwandten oder Bekannten. Geben Sie ruhig Ihrer Laune nach, dem Kind seine totale Hilflosigkeit und Machtlosigkeit vor Augen zu führen, und erzählen Sie – im-

mer wieder, das ist wichtig! – irgendwelche kleineren Missgeschicke des Kindes im Beisein anderer Leute, lachen Sie schadenfroh dabei oder bringen Sie es als köstliche Anekdote. Ich versichere Ihnen, noch nach zehn oder fünfzehn Jahren wird das Kind, weil es diese hänselnden, ihm so peinlichen Erzählungen nicht verhindern kann, vor hilfloser Wut beinahe zerspringen – und wahrscheinlich werden Sie das gar nicht bemerken. Das aber nenne ich dann schon einen Erfolg. Und nehmen Sie es sich nicht zu sehr zu Herzen, sollte das Kind trotz all Ihrer Anstrengungen doch noch ein halbwegs lebensfähiger Mensch werden. Erstens ist diese Sorte ungemein zäh. Und zweitens: Nobody is perfect...
In der Hoffnung, von Ihnen und Ihrem Kind bald einmal zu hören, grüße ich Sie ganz herzlich!
Ihre Freundin Toni
(Mathilde Trappe/Philipp Steller, „Wie man ein Kind fesseln kann", in: Die Gewalt-tätige Familie, Berlin 1982, S. 154ff.)

1. Welche Umgangsformen und Erziehungsmethoden werden von der Autorin des Briefes vorgeschlagen um ein Kind ‚zu fesseln'?
2. Schreiben Sie im Stil des Briefes noch eine weitere Episode zu diesem Thema.
3. Entwickeln Sie in Anlehnung an diesen Bericht Ihre Vorstellungen über eine ‚geglückte Erziehung'.
   Schreiben Sie ebenfalls einen Brief an eine Freundin, einen Freund...

Projektvorschlag zum selbstständigen Weiterarbeiten

A Untersuchen Sie populäre ‚Fernsehfamilien'.
Welcher Erziehungsstil/Kommunikationsstil wird dort praktiziert?

B Erforschen Sie Möglichkeiten und Schwierigkeiten der Umsetzung eines demokratischen bzw. eines von Ihnen als ‚ideal' erarbeiteten Erziehungsstils.
- Diskutieren Sie mit Lehrern/Lehrerinnen zu diesem Thema.
- Organisieren Sie eine Podiumsdiskussion zu der These:
  ‚Ohne demokratische Erziehung keine Demokratie in der Schule!'
- Besuchen Sie einen Kindergarten und erörtern Sie dort diese Problematik mit den Erzieherinnen/Erziehern.

Hinweise

Josef A. Keller/Felix Nowak, Kleines pädagogisches Wörterbuch, Herder, Freiburg 1993

Dorothea u. Jobst Kraus/Christel u. Christoph Th. Scheilke, Jugendlexikon Erziehung, Rowohlt, Reinbek 1976

2.2 Familie und familiale Erziehung

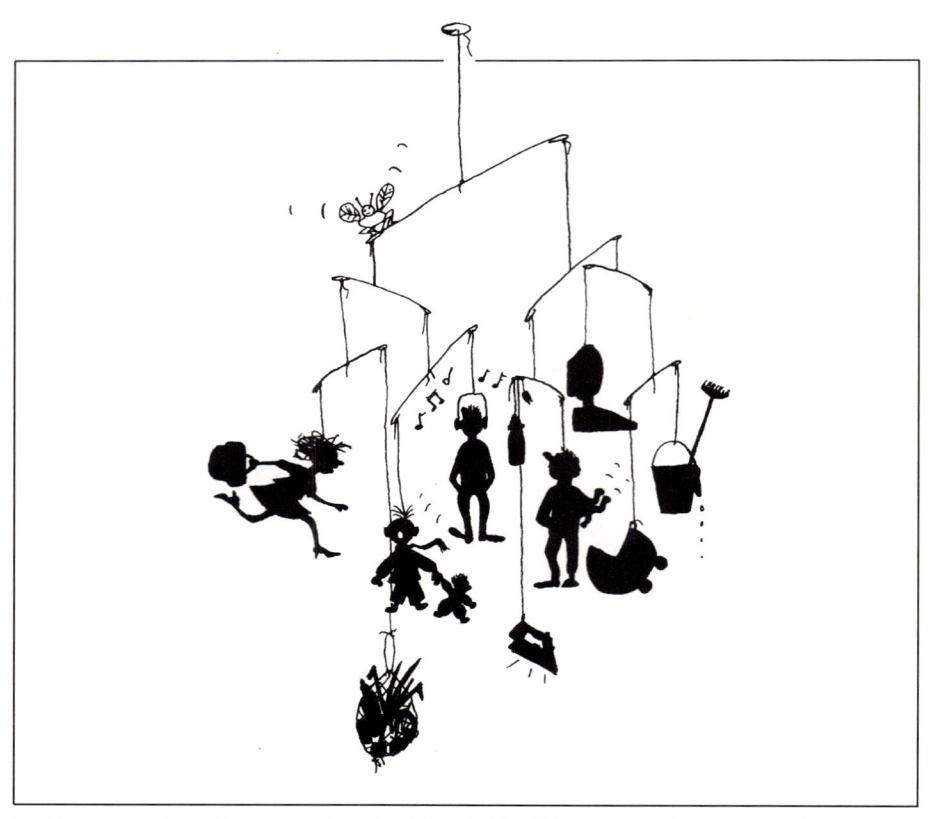

(Zeichnung: Claudia de Weck, aus: Brigitte Legatis/Ruth Schnelli-Näf, Familienleben so und anders; © Verlag pro juventute, Zürich 1993, S. 57)

Setzen Sie sich mit einem Partner/einer Partnerin Ihrer Wahl zusammen an einen Tisch und legen Sie sich jeder einen verschiedenfarbigen Stift bereit.
Schreiben Sie zu diesem Bild auf, was Ihnen gerade einfällt! Sie sollen dabei nicht sprechen, können aber die schriftlichen Beiträge Ihres Partners/Ihrer Partnerin kommentieren, wiederum antworten, ...

Einführung

Umgang und Ansprüche innerhalb der Familie

Auseinandersetzung mit *‚Familienmobiles'*

> 1. Zeichnen Sie ein anderes ‚Familienmobile'.
> 2. Wie sieht das Mobile Ihrer Familie aus? Benutzen Sie Ihr Journal.

Fallbeispiel

„Mit Mann war ich einsamer"

CAROLINE (23), ledig, Anwaltsgehilfin, David (4), Stuttgart

[...] Als ich mit David schwanger wurde, war ich achtzehn. Thomas, mein Freund, hatte Angst, wegen des Geldes und überhaupt vor der Zukunft. Er wollte, dass ich abtreibe. Aber ich wollte das Kind behalten und habe gesagt: „Das wird schon irgendwie gehen." Ist dann aber doch schief gegangen.

Thomas und ich, wir waren damals schon seit drei Jahren ein Paar. Wir wohnten auch zusammen. Natürlich nahm ich Verhütungsmittel, aber offenbar zu nachlässig. Erst im sechsten Monat traute ich mich zum Arzt. Mein Chef – ich arbeitete damals noch bei einer Messebaufirma – und auch meine Eltern haben erst etwas erfahren, als ich schon im Mutterschutz war. Ich hatte Angst, dass niemand mir das alles zutraut und dass man mich überredet.

Mein Vater fiel tatsächlich aus allen Wolken. Meine Mutter versuchte wenigstens, sich mit meinem Zustand abzufinden. Mein Vater nicht. Dabei haben die mich auch vor ihrer Heirat zur Welt gebracht. Und auch ich blieb ein Einzelkind.

Die Schwangerschaft lief sehr gut. Auch das erste Jahr nach der Geburt habe ich mich mit Thomas super verstanden. Aber dann wollte er mehr seine Freiheit. Ich hielt ihn wohl zu sehr. Wir wohnten damals in einer winzigen und schrecklich lauten Wohnung. Ich wollte nicht allein sein, mich hat das wahnsinnig deprimiert – immer zwischen den selben vier Wänden, Kind machen, einkaufen, waschen, Essen kochen. Wenigstens abends sollte Thomas zu Hause bleiben. [...]

David war zwei Jahre alt, als Thomas und ich uns trennten. Dass so etwas passieren könnte, hätte ich nie gedacht. Ich hatte schwer damit zu kämpfen. Thomas war mein erster Mann. Ich hatte mir mein Leben immer zu dritt vorgestellt, nur mit einer größeren Wohnung. Mehrere Kinder wollte ich nie. Wir hatten auch eine größere Wohnung beim Sozialamt beantragt, aber die hatten abgelehnt, weil ich als Alleinstehende galt und dafür der Wohnraum von 22 Quadratmeter genügend sei. Wir hätten heiraten müssen. Das wollten wir aber nicht. Dazu war es zu früh. Vielleicht heirate ich später einmal, in ein paar Jahren.

Ich bin dann aus unserer Wohnung ausgezogen, bin zu Thomas' bestem Freund gegangen. Der hat mich getröstet. Das ist vielleicht nicht ganz sauber von mir gewesen. Ich hasste Thomas. Es wäre nicht passiert, wenn Thomas nicht selbst zuvor mit einer anderen Frau etwas gehabt hätte. Er sagte: „Zieh du aus!" Ich wusste aber erst nicht wohin, bis dann dieser Freund von ihm kam, der nett zu mir war, mit mir wegging, und dann ist daraus eben mehr geworden. Ein Jahr wohnte ich bei ihm. Damals fing ich an, David meinen Eltern zu überlassen. David und mein neuer Freund mochten sich nicht sehr.

Thomas und ich, wir haben es dann später noch zweimal kurz miteinander versucht. Es ging nicht. Er hat unheimliche Probleme, finanzieller Art, mit sich, mit Alkohol und mit der Polizei. Er war mit seinen Gedanken immer woanders. Alles andere, ich, das Kind, Ehrlichkeit, Anständigkeit, einfach alles schien ihm zweitrangig zu sein.

Er ruft mich öfters an, wenn er kein Geld hat – manchmal gebe ich ihm etwas, er tut mir unheimlich Leid. Er hängt unheimlich durch. Ich würde ihm so gern richtig helfen, aber ich glaube, ich kann es nicht, niemand kann es. Dabei habe ich den gleichen Hang wie Thomas, nur mit dem winzigen Unterschied, dass mich alles nicht gleich so fertig macht.

Seit Beginn meiner Lehre als Anwaltsgehilfin wird David die ganze Woche über von meinen Eltern betreut, er schläft auch bei ihnen. Am Wochenende und wenn ich Urlaub habe, ist David bei mir. Das ging zunächst gar nicht gut, David wollte nicht zu seinen Großeltern, er hat grauenhaft geschrien. Heute geht er gerne zu ihnen. Tagsüber ist er im Kindergarten, abends holen ihn meine Eltern ab – manchmal auch ich, dann ist er kurz ganz verwundert und verlegen, aber schon nach zehn Minuten überfällt er mich mit tausend durcheinander erzählten Geschichten.

Zwischen mir und meinen Eltern ging es früher ziemlich schlecht. Ich durfte nie ausgehen, musste immer zu Hause bleiben. Deshalb bin ich auch so früh schon ausgezogen. Das Verhältnis wurde erst anders, als mich meine Mutter, nachdem David auf der Welt war, öfters besuchte und sie mir schließlich anbot, ihn zu versorgen, wenn ich eine Lehre machen möchte.

Zu meinem Vater habe ich weiterhin ein schlechtes Verhältnis, obwohl er den David inzwischen mag. Er kann es aber nicht lassen, mich über alles auszuquetschen. Das war früher schon so. Er weiß immer alles besser, lässt ständig irgendwelche blöden Sprüche los. Ich werde dann ziemlich verschlossen und sage keinen Ton mehr. Er macht mich klein, lässt nichts gelten, will sogar besser wissen, wann ich dem Kind die Flasche geben soll, was es essen soll und so weiter. Es ist schrecklich. Wenn ich David schimpfe, ergreift mein Vater für ihn Partei. David verliert den Respekt vor mir. Mein Vater – ausgerechnet er – fragt mich, warum ich den David anschreie. Dabei ist das doch meine Sache!

Meine Mutter hält sich aus diesem Streit heraus. Sie hat mich nie unterstützt. Nur ein einziges Mal war das anders. Ist ungefähr vier Jahre her – mein Vater drehte plötzlich durch, und meine Mutter griff ein. Er schien die Welt nicht mehr zu verstehen, er warf Sachen an die Wand, und dann ist er in die Kneipe gegangen. Seitdem hat sich das meine Mutter nie wieder erlaubt. Früher, wenn mein Vater mich watschte, das tat er oft, hat meine Mutter gesagt, er soll mir nicht immer auf den Kopf hauen, davon würde ich nur blöd werden. Nie hab ich von ihr gehört, dass mein Vater Unrecht hat.

Mein Vater ist Feuerwehrmann. Meine Mutter war immer zu Hause, ganz früher war sie Verkäuferin, aber mein Vater wollte nicht, dass sie weiter arbeiten geht. Jetzt endlich hat sie ihre große Aufgabe: David.

Seit fast zwei Jahren lebe ich allein, das heißt ohne Mann. Das geht besser, ich habe meine Ruhe, keine Streitereien mehr. Auch für David ist das besser. Er hat ganz schön gelitten, als ich mit dem Freund von Thomas zusammen war.

Abends bleibe ich fast immer zu Hause. Manchmal treffe ich eine Freundin. Die eine hat auch ein kleines Kind. Mit Frauen fühl ich mich wohler, sicherer. Viel reden tue ich da auch nicht, ich hab das irgendwie nie gelernt. Einen Mann kennen zu lernen, darauf bin ich jetzt jedenfalls nicht scharf, vielleicht später mal.

Meine Arbeit ist zwar nicht spannend, aber ich bin lieber in der Arbeit als zu Hause. In der Arbeit kann ich meine Gedanken abschalten, da ist Ordnung, das kann ich alles

blind machen. Zu Hause kommen zu viel Gefühle. David ist ja wochentags meist nicht da. Wenn ich von der Arbeit komme, lege ich mich erst einmal auf die Couch oder in die Badewanne, döse, schaue Fernsehen, lese noch ein wenig und dann schlafe ich ein. Das ist alles nicht so toll. Aber mit jemand anderem möchte ich auch nicht zusammenwohnen. Ich möchte meine Sachen irgendwo hinwerfen können, wenn ich nach Hause komme, und kochen, wann ich will. In der Beziehung fühlte ich mich einsamer als jetzt. Früher habe ich viel an die Zukunft gedacht, ich fragte mich, ob ich meine Lehre schaffen würde, ob ich mal verheiratet sein, ein Haus und ein Auto haben würde und was ich im Urlaub machen würde. Das ist jetzt anders. Das Einzige, worüber ich manchmal noch nachdenke, ist, wie es David haben wird, in zehn oder fünfzehn Jahren. Mehr nicht. Es ist alles so schnell gegangen. Eigentlich hatte ich gar nichts von meiner Jugend.
In meiner Freizeit bin ich vorwiegend mit David zusammen. Ich gehe mit ihm viel spazieren, in ein Einkaufszentrum beispielsweise. Manchmal nervt er mich. Zum Beispiel, wenn ich ausschlafen möchte. Das geht dann nicht. David ist sehr lebhaft, ganz anders als ich. Wenn David nicht wäre, würde ich wahrscheinlich wieder bei meinen Eltern wohnen.
Thomas kommt David in letzter Zeit reichlich unregelmäßig besuchen. Wir verabreden die Besuche meist telefonisch. Thomas bleibt dann mit David in meiner Wohnung. Ich mag es nicht, wenn er David mitnimmt. David freut sich, wenn sein Vater kommt. Manchmal übernachtet Thomas bei mir. Unser Verhältnis ist ganz anders geworden. Schon wegen seinem Durchhängen. Aber auch, weil ich gemerkt habe, dass es auch alleine geht. Ich bin plötzlich die Stärkere. Er braucht mich so. Und manchmal denke ich auch, so könnte es vielleicht doch wieder mit uns klappen.
(Maria Frise/Jürgen Stahlberg, „Allein mit Kind" – Alleinerziehende Mütter und Väter; München 1992, S. 80ff.)

1. Entwickeln Sie zu dem vorgestellten Fall eine ‚Familienchronik' und suchen Sie nach geeigneten Bezeichnungen für die unterschiedlichen Formen des Zusammenlebens.
2. Diskutieren Sie die Aussage Carolines: „In der Beziehung fühlte ich mich einsamer als jetzt." (Zeile 92).
3. In welchen Situationen hätte Caroline welche Hilfe gebrauchen können, wie hätte sich dann möglicherweise ihr Leben verändert?
4. Erzählen Sie die Geschichte aus der Sicht der anderen Betroffenen (David, ...).

Die manchmal verwirrenden Möglichkeiten menschlichen Zusammenlebens
(vgl. den vorigen Text) werden durch die folgende Anmerkung deutlich:

Gesellschaftliche Veränderungen vervielfältigen die Formen des familiären Zusammenlebens immer mehr und weichen die dafür verwendeten Begriffe auf. Die biologische Elternschaft ist zwar in unseren Breiten im Regelfall auch die soziale: Die leiblichen Eltern geben ihren Kindern einen Platz in der Gemeinschaft und in der Gesellschaft und sorgen für ihre frühe Sozialisation. So ist es zumindest noch idealtypisch. In Wirklichkeit wird es jedoch immer schwieriger, von Familie zu reden, wenn damit eine einheitliche Größe primärer Gruppierungen gemeint sein soll. Die Zunahme von „zusammengesetzten" Familien, Stieffamilien, „Fortsetzungsfamilien", wie ein neuerer Ausdruck heißt, und „faktischer Elternschaft" bedeutet, dass in der gleichen Familie Mutter und/oder Vater für die einen Kinder leibliche und soziale, für die andern soziale Eltern sind oder für alle ausschließlich die soziale Elternschaft verwirklichen.
(Josef Duss-von Werdt/Helm Stierlin, Einleitung zu dem Heft ‚Soziale Elternschaft', Familiendynamik 2/April 1990)

(Zeichnung: Claudia de Weck, aus: B. Legatis/R. Schnelli-Näf, Familienleben so und anders, © Verlag pro juventute, Zürich 1993, S. 50)

Nicht ohne Grund kommt der Vizepräsident des Deutschen Kinderschutzbundes, Heinz Hilgers, zu der Aussage: „Familie ist, wo Kinder sind."

(Zit. n.: Heinz Hilgers, Grundsatzreferat, in: Hans Bertram/Wassilios E. Fthenakis/Klaus Hurrelmann u.a. [Hrsg.], Familien: Lebensformen für Kinder, Weinheim 1993, S. 96)

Grundbegriffe und Grundthesen
Bedeutung der Familie und Familienstruktur

Um die innere Struktur einer Familie fachgerecht zu erfassen wird von Salvador Minuchin die folgende Symbolik vorgeschlagen:

Prozessdiagnostik in der Familie

Minuchin hat ein pragmatisches Instrument zur Erfassung von Familienstrukturen geliefert. Von Anfang an beobachtet der Therapeut die Familie im Prozess der Gespräche und stellt Hypothesen über das Funktionieren des Systems auf. Seine Systemhypothese enthält meist Annahmen über die Rolle und Macht jedes Familienmitgliedes innerhalb der Familie, über die Grenzen der Subsysteme, über Konflikte und deren Umleitung sowie über Koalitionen. Koalition ist ein Bündnis von zwei Familienmitgliedern gegen ein drittes. Außerdem bildet er ständig Hypothesen über in der Familie gültige Regeln, die das Verhalten der einzelnen Familienmitglieder innerhalb der Familie fest-

legen. Diese können einmal Regeln über das beobachtbare Verhalten
sein: Immer wenn die Eltern beginnen, sich auseinander zu setzen, macht eins der beiden Kinder Blödsinn, und die Eltern wenden sich ihm zu. Schwieriger ist es, Regeln zu erfassen, die den Bereich möglicher Verhaltensweisen beschreiben, den die Familie nicht wahrnimmt. Sie lassen sich häufig durch die Frage erfassen, was in der Familie fehlt: In dieser Familie wird nicht gelacht, oder: Über Gefühle wird nicht gesprochen, usw. Erweist sich eine Hypothese als falsch, formuliert der Therapeut für sich sofort eine neue, die er überprüft. [...]

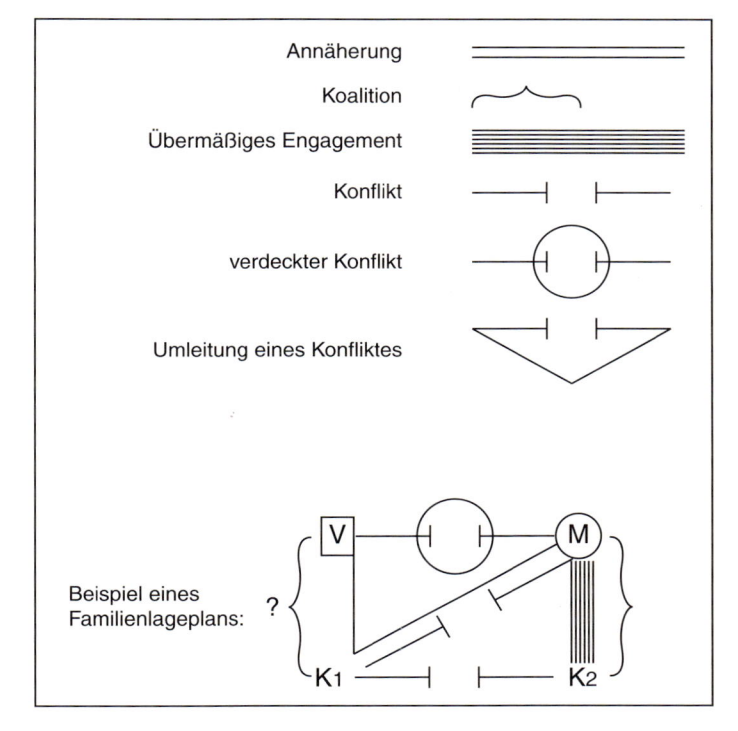

Die Symbole der Prozessdiagnostik

- Annäherung
- Koalition
- Übermäßiges Engagement
- Konflikt
- verdeckter Konflikt
- Umleitung eines Konfliktes

Beispiel eines Familienlageplans:

(Eine solche „Landkarte" hat stets nur hypothetischen Charakter und ist keine Festlegung).
Aus dem Lageplan ergeben sich Strategien, und zwar:
für die intrapersonalen Subsysteme
für die interpersonalen Subsysteme
fürs Gesamtsystem
fürs System im Kontext (Großeltern, wirtschaftliche Situation, soziales Netzwerk etc.).
(Arist v. Schlippe, Familientherapie, Paderborn 1989, S. 54ff.)

---

1. Analysieren Sie das Beispiel für einen ‚Familienlageplan'. Welche ‚Strategien' könnten sich daraus ergeben?
2. Erstellen Sie nach dieser Methode einen Familienlageplan für die im Fallbeispiel (S. 67ff.) dargestellte Situation und für die ‚Familie Drescher' (vgl. S. 20ff.).
3. Diskutieren Sie die Vor- und Nachteile solcher Pläne für die pädagogische Praxis.

Die Bedeutung der Familie für ihre Mitglieder

Hort des Vertrauens

Frage: „Wie sehr vertrauen Sie Ihrer Familie?" (Zahlen in Prozent)

1990	Deutschland West	Deutschland Ost	Großbritannien	Frankreich	Spanien	Italien
Voll und ganz	79	85	92	57	90	74
Ein wenig	13	11	6	36	7	22
Nicht so sehr	2	1	x	3	1	1
Überhaupt nicht	1	x	x	1	x	x
Weder noch	2	1	1	2	2	3
Unentschieden	3	2	1	1	x	x
Summe	100	100	100	100	100	100

(Allensbacher Jahrbuch der Demoskopie, Bd. 9, Allensbach/München 1993, S. 91)

1. Diskutieren Sie die Ergebnisse der Umfrage.
2. Suchen Sie gemeinsam im Kurs nach Wörtern, in denen der Wortstamm „trauen" vorkommt. Setzen Sie sich mindestens 10 Minuten allein hin und schreiben Sie unter Verwendung möglichst vieler dieser Wörter ein Gedicht
oder
erstellen Sie unter Verwendung möglichst vieler dieser Wörter eine grafische Darstellung, durch welche die inhaltliche Beziehung zwischen diesen Wörtern deutlich wird.

Diskutieren Sie vor dem Hintergrund der vorigen Aufgaben die Bedeutung der Überschrift des nachfolgenden Textes, bevor Sie den Text lesen und bearbeiten.

Der familiäre Schutzschild

Das erste soziale Netzwerk, in das ein Mensch eingebunden wird, ist die Familie. Ob Familienbande uns stärken und helfen, oder ob sie uns fesseln und niederdrücken – die lebenslangen Erfahrungen mit und in der Familie prägen natürlich auch Persönlichkeit, Weltsicht und Verhalten: Die Familie beeinflusst direkt und indirekt die Gesundheit,
5 indem sie uns ein bestimmtes Gesundheitsbewusstsein mitgibt und „gesunde" oder „riskante" Verhaltensweisen einübt. In vielen Fällen ist sie allerdings nicht mehr eine Oase gesunden und heilen Lebens, sondern nur zu oft die Quelle von Kränkungen und Kranksein. Nicht ohne Grund hat sich in den letzten Jahrzehnten eine Schule der Psychotherapie, nämlich die Familientherapie, herausgebildet, um der großen Bedeutung
10 der familiären Dynamik für Gesundheit und Krankheit gerecht zu werden. Aber welche positiven Einflüsse kann die Familie auf die Entwicklung von Lebenskraft und Gesundheit haben? Im Wesentlichen sind es sechs Mechanismen, die im Familienleben wirksam werden:

1. Die Familie ist der erste Vermittler von Weltwissen: In ihr lernen wir, wie die Welt
15 „da draußen" funktioniert, welche Rolle wir darin spielen können, welche Möglichkei-

ten sie für uns bereithält. Diese Wissens-Vermittlung leisten vorwiegend die Eltern, aber auch sie lernen wichtige Dinge über die Welt durch ihre Kinder, die neue Informationen und Trends „zurückbringen".

2. Die Familie ist ein „Testgelände", auf dem Meinungen und Verhaltensweisen erprobt werden können. Der Einzelne erhält Rückmeldungen, die ihm Selbsteinschätzungen und Korrektur ermöglichen.

3. Die Familie vermittelt Werte, Einstellungen und Ideologien. Und sie bildet eine Bezugs- und Kontrollgruppe, wenn wir „draußen" mit anderen Werten und Ideen konfrontiert werden.

4. Die Familie ist die erste Instanz für praktische und konkrete Hilfe: Wo suchen wir zuerst, wenn wir einen Babysitter brauchen, wenn wir uns Geld pumpen wollen?

5. Die Familie ist der Ort, wo wir in Zeiten von Krisen und Krankheiten ausruhen und uns erholen können. Dort können wir mit Pflege, moralischer Unterstützung und Schonung rechnen.

6. Die Familie stabilisiert die Identität: Nach Niederlagen und Konflikten bauen uns Familienangehörige wieder auf, geben uns unser Selbstvertrauen wieder und helfen uns über Verluste und Frustrationen hinweg.

Wenn diese familiären Mechanismen gut funktionieren, sind sie eine mächtige Barriere gegen die Krisen und Probleme des Lebens. Widerstandskraft und innere Stärke sind eine „Mitgift", die nicht zu überschätzen ist.

„Wenn ich auf unsere Familiengeschichte zurückschaue, da gab es ganz sicher eine ‚dunkle Phase'. Die Kinder waren gerade aus dem Gröbsten heraus, wir hatten nach unserem Umzug hier am neuen Wohnort erste Wurzeln geschlagen, die berufliche Situation meines Mannes war gefestigt. In dieser Situation haben zwei Ereignisse unsere Familie durcheinander gewürfelt. Noch heute höre ich das Telefon klingeln. Mein Mann war auf dem Weg zur Arbeit schwer verunglückt. Und damit begann für uns alle eine mehr als einjährige Lebensetappe des Hoffens und Bangens, des gefühlsmäßigen Auf und Ab und der mühsamen kleinen Fortschritte im Heilungsprozess meines Mannes. Und dann der zweite Schlag: meine eigene Tumorerkrankung... Aber trotz aller Belastungen, Ängste und Ungewissheiten: Wir alle, die Kinder eingeschlossen, sind in dieser Zeit sehr eng zueinander gerückt und haben eine Art emotionale Notgemeinschaft gebildet."

So stellt sich eine Familie dar, deren psychische „Unverwundbarkeit" Norbert Herriger im Rahmen eines Forschungsprojektes untersuchte. Könnte es sein, dass sich die Widerstandskraft gegen Stress und Krankheit nicht nur bei Individuen, sondern auch in einem „sozialen Organismus" finden lässt? Ist diese Widerstandskraft, etwa in der Familie, möglicherweise sogar stärker als die individuelle, weil sie „vernetzt" ist? Wie eine Familie mit Problemen, Schicksalsschlägen und Krisen umgeht, wird von ihrer „Familienkultur" bestimmt. So wie der Einzelne die auf ihn einstürmenden Stressfaktoren wertet, interpretiert und im positiven Falle auch bewältigt, so hilft der gemeinsame Vorrat an Überzeugungen und Bewältigungsstrategien in der Familie, mit solchen Herausforderungen fertig zu werden. Die Familien von 14 tumorerkrankten Frauen wurden im Anschluss an die medizinische Behandlung in der Klinik betreut und beobachtet. Eingeschlossen in diese Untersuchung waren Familien von ehemaligen Patientinnen, die von ihren Ärzten und Psychologen als besonders „widerstandsfähig" eingestuft worden waren. In den Interviews mit den betroffenen Familien kristallisierten sich deutlich vier Merkmale der „Unverwundbarkeit" heraus.

1. Wichtig ist ein gemeinsames Problemverständnis: Die Krise oder die Krankheit eines Familienmitgliedes trifft alle anderen, und alle fühlen sich auch für den Gesundungsprozess verantwortlich. Die Familie erweist sich als fähig, in der Krise zu wachsen, sich auf eine neue, bedrohliche Situation einzustellen.

2. Kraft und Hoffnung schöpft die Familie aus ihrer emotionalen Verbundenheit. Liebe, Vertrauen und Verlässlichkeit helfen besonders dann, wenn sich Gefühle von Angst, Ohnmacht und Wut unvermeidlich für den von der Krankheit Betroffenen bilden. Die Erfahrung, von den anderen nicht vernachlässigt oder aufgegeben zu werden, schafft eine neue Gemeinsamkeit, eine neue Qualität des Familienklimas.

3. Die Familie ist davon überzeugt, dass auch ein so einschneidendes Erlebnis wie die Krebserkrankung der Mutter sie nicht „aus der Bahn werfen wird". Sie ist überzeugt davon, die Krise in eigener Regie erfolgreich bewältigen zu können, mit der Dauerbelastung fertig zu werden – wobei sie auf frühere, erfolgreiche Problembewältigung zurückblicken kann. So entstand ein „optimistischer Zukunftsentwurf der Familie" (Herriger), ein gemeinsamer Glaube an die eigene Stärke, den inneren Zusammenhalt.

4. Familien, die sich von Krisen und Krankheiten nicht unterkriegen lassen, zeichnen sich durch die Bereitschaft aus, mit ihren Problemen „an die Öffentlichkeit" zu gehen und sie nicht nur „in den eigenen vier Wänden" lösen zu wollen. So können sie zusätzliche Hilfen von außen mobilisieren. Sie empfinden keine falsche Scham dafür, dass es ein Problem gibt, und sie müssen deshalb auch keine Fassade errichten, um nach außen den Schein der problemfreien, glücklichen Familie zu wahren.

(Heiko Ernst, Der familiäre Schutzschild; in: Psychologie heute, März 1993, S. 25)

---

1. Suchen Sie Beispiele für die einzelnen ‚Mechanismen' und diskutieren Sie deren Bedeutung (arbeitsteilige Gruppenarbeit).
2. Sind die sechs wirksamen Mechanismen des Familienlebens Ihrer Meinung nach vollständig? (Diskutieren Sie die Folgen, falls einer dieser Mechanismen wegfällt.)
3. Diskutieren Sie, ob sich die vier ‚Merkmale der psychischen Unverwundbarkeit' auch auf andere Beispiele übertragen lassen.

Die ideale Familie

Frage: „Hier auf diesen Karten ist einmal aufgeschrieben, wie eine Familie sein kann. Was wäre für Sie die ideale Familie, was müsste da zutreffen? Legen Sie einfach die entsprechenden Karten heraus." (Zahlen in Prozent)

„Wenn Sie bitte noch einmal diese Karten anschauen. Legen Sie bitte einmal alle Karten heraus, bei denen Sie sagen würden, das trifft auf meine Familie zu, so ist es auch bei uns." (Zahlen in Prozent)

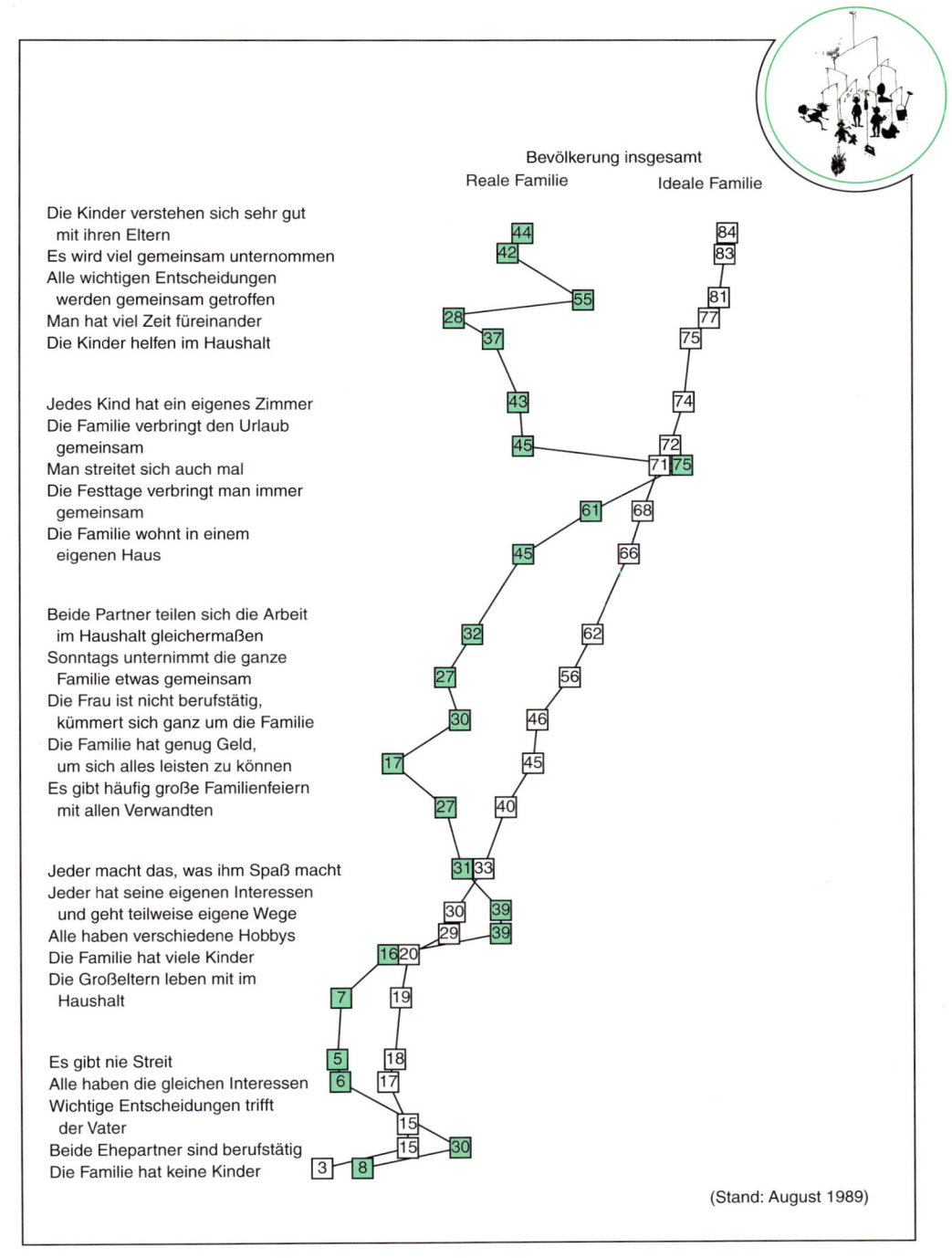

Bevölkerung insgesamt
Reale Familie   Ideale Familie

Aussage	Reale Familie	Ideale Familie
Die Kinder verstehen sich sehr gut mit ihren Eltern	44	84
Es wird viel gemeinsam unternommen	42	83
Alle wichtigen Entscheidungen werden gemeinsam getroffen	55	81
Man hat viel Zeit füreinander	28	77
Die Kinder helfen im Haushalt	37	75
Jedes Kind hat ein eigenes Zimmer	43	74
Die Familie verbringt den Urlaub gemeinsam	45	72
Man streitet sich auch mal	71	75
Die Festtage verbringt man immer gemeinsam	61	68
Die Familie wohnt in einem eigenen Haus	45	66
Beide Partner teilen sich die Arbeit im Haushalt gleichermaßen	32	62
Sonntags unternimmt die ganze Familie etwas gemeinsam	27	56
Die Frau ist nicht berufstätig, kümmert sich ganz um die Familie	30	46
Die Familie hat genug Geld, um sich alles leisten zu können	17	45
Es gibt häufig große Familienfeiern mit allen Verwandten	27	40
Jeder macht das, was ihm Spaß macht	31	33
Jeder hat seine eigenen Interessen und geht teilweise eigene Wege	30	39
Alle haben verschiedene Hobbys	29	39
Die Familie hat viele Kinder	16	20
Die Großeltern leben mit im Haushalt	7	19
Es gibt nie Streit	5	18
Alle haben die gleichen Interessen	6	17
Wichtige Entscheidungen trifft der Vater	15	15
Beide Ehepartner sind berufstätig	8	30
Die Familie hat keine Kinder	3	

(Stand: August 1989)

(Allensbacher Jahrbuch der Demoskopie, Bd. 9, Allensbach/München 1993, S. 89)

Charakterisieren Sie die ‚reale Familie' und die ‚ideale Familie' in möglichst wenigen Sätzen. Was vermisst die ‚reale Familie' besonders?

Familie heute – Familiale Erziehung heute

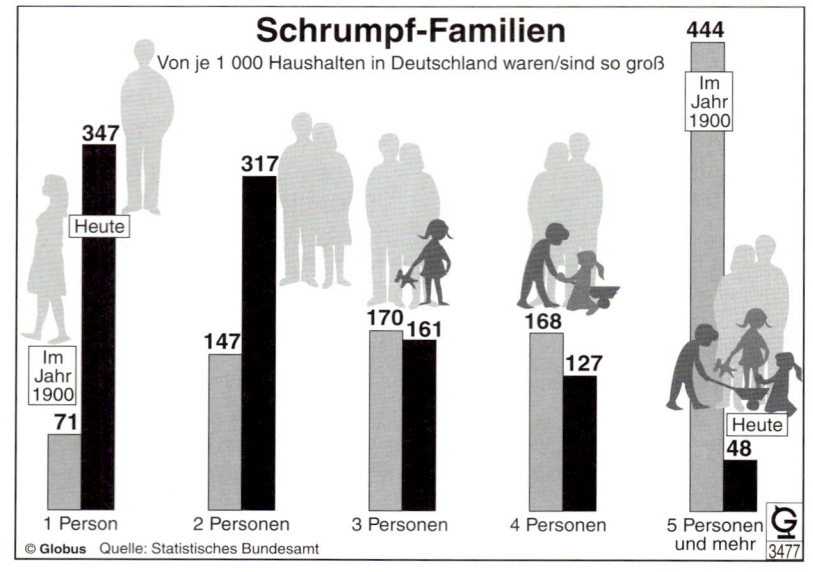

Schrumpf-Familien
Von je 1 000 Haushalten in Deutschland waren/sind so groß

Haushaltsgröße	Im Jahr 1900	Heute
1 Person	71	347
2 Personen	147	317
3 Personen	170	161
4 Personen	168	127
5 Personen und mehr	444	48

© Globus Quelle: Statistisches Bundesamt

(Stand: Juni 1996)

Datenbasis der folgenden Statistik ist eine Sonderauswertung des Mikrozensus von 1991, die von der Arbeitsgruppe „Bildungsplanung / Bildungsforschung" (Klaus Klemm) an der Universität Gesamthochschule Essen vorgenommen wurde.
Der Mikrozensus ist eine Repräsentativerhebung auf der Grundlage einer 1%-Stichprobe, die jährlich erhoben wird.

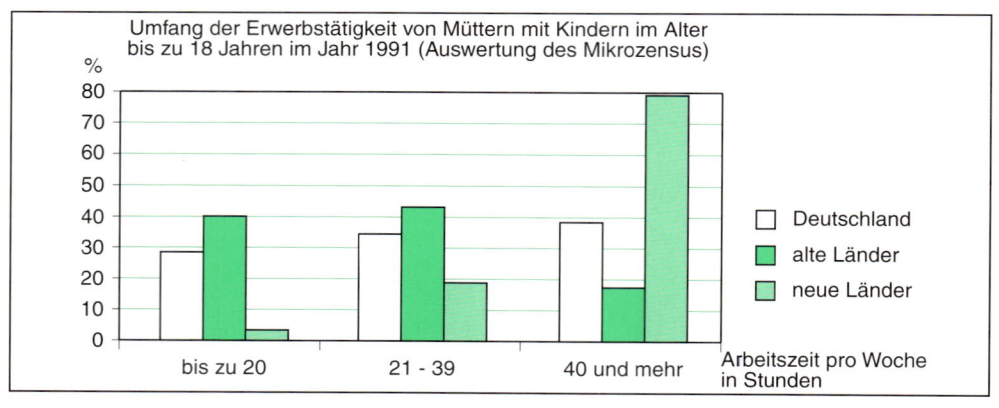

Umfang der Erwerbstätigkeit von Müttern mit Kindern im Alter bis zu 18 Jahren im Jahr 1991 (Auswertung des Mikrozensus)

Arbeitszeit pro Woche in Stunden	Deutschland	alte Länder	neue Länder
bis zu 20	28	40	3
21 - 39	34	43	18
40 und mehr	38	17	78

(Gabriele Bellenberg, Aufwachsen in dieser Zeit, in: Die Deutsche Schule, 87. Jg., 3/95, S. 321)

1. Fassen Sie die Ergebnisse der Statistiken in Thesen zusammen.
2. Versuchen Sie durch das Sammeln von weiteren Informationen ein Bild der ‚Familie heute' zu erlangen.
   (Wie viele Ehen werden geschieden? In welchem Alter bekommen Frauen ihr erstes Kind?...)
3. Diskutieren Sie Konsequenzen für den Erziehungsalltag in der ‚Familie/den Familien heute'.
   (Dazu sind sicherlich sehr differenzierende Überlegungen notwendig!)

Bedenken Sie: Statistiken zeigen nicht die verursachenden Bedingungen für die durch sie beschriebenen Phänomene auf!

> Versuchen Sie eine Motivanalyse durchzuführen und formulieren Sie entsprechende Hypothesen.

Dramatisierend könnte man sagen: Es gibt überhaupt kein komplexeres soziales Gebilde als die Familie. Kein anderes soziales Gebilde hat die Gegensätze zwischen idealisierter Privatheit und gesellschaftlicher Abhängigkeit, zwischen Intimität und Vereinnahmung der Familienmitglieder von außen in einem vergleichbaren Umfang aufzu-
5 fangen. Keine andere Gruppe kann ähnlich viele Sphären und Sonderbereiche ausbilden wie die Familie: In einer vierköpfigen Familie sind bereits vier verschiedene Dreierbeziehungen, sieben verschiedene Zweierbeziehungen und damit zwölf Gruppenkonstellationen möglich. Sie bilden – mit Dieter Claessens gesprochen – die Elternsphäre, die Geschwistersphäre, die Mutter-Kind-Sphäre usw. Für Variationen und
10 hoch-emotionalisierte Verwirrspiele ein „weites Feld".
Zum Selbstverständnis der Familie gehört wohl immer noch, dass ihr eine Ehe vorausgeht, dass in ihr das romantische Glücksversprechen ebenso zu Hause ist wie das bürgerliche Ideal von Ordnung und Sicherheit; dass sie eine Gegenstruktur zur Gesellschaft bildet. [...]
15 Ehe und Familie stehen unter einem besonderen Glücksversprechen: der Religion und der Romantik, der Kultur und der Werbung. Keine andere Institution ist jedoch so sehr dem Spannungsverhältnis von Anspruch und „gelebter" Wirklichkeit ausgesetzt wie Ehe und Familie: dem Widerspruch von Glücksverheißung und Alltäglichkeit, von Selbstverwirklichung und Institution. Noch im Privaten und Intimen von Ehe und Fa-
20 milie werden öffentliche Ansprüche, Konflikte, divergierende Leitbilder usw. ausgetragen. In einer Zeit, in der die Bilder und Selbstbilder von Mann und Frau einen tiefgreifenden Wandel durchmachen, können Ehe und Familie mit ihrem notwendigen Anspruch, auch das Verhältnis der Geschlechter zu stabilisieren, davon nicht unberührt bleiben. Immer weniger gelingt es den Individuen, das gesellschaftlich Bedingte ihrer
25 Konflikte zu durchschauen und aus Eigenem Lösungen zu finden. Auch hier liegt ein Grund für die hohen Scheidungs- und Trennungsquoten.

(Bernhard Schäfers, Erscheinungsbild und Probleme der Familie heute; in: Zeitschrift für Jugendschutz, 37. Jg., 2/92, S. 38, 41)

> 1. Diskutieren Sie die Auswirkungen der in dem Text beschriebenen Situation der ‚Familie heute' auf das Zusammenleben ihrer Mitglieder und besonders auf das Verhältnis zwischen Erwachsenen und Kindern/Jugendlichen. Vgl. Sie dazu auch die Fallbeispiele aus dem Einführungskapitel (S. 20ff., 23ff.).
> 2. Diskutieren Sie: Was verstehen Sie unter ‚Familienglück'?
> 3. Diskutieren Sie die Ihrer Meinung nach drei wichtigsten Aufgaben einer ‚familialen Erziehung'.

Vertiefung

Familie im Strukturwandel

Individualisierung wird verstanden als ein historischer Prozess, der den traditionellen Lebensrhythmus von Menschen – das, was Soziologen Normalbiografie nennen – zunehmend in Frage stellt, ja tendenziell auflöst. In der Folge müssen immer mehr Menschen ihre Biografie selbst herstellen, inszenieren, zusammenbasteln – ohne den
5 Kompass fraglos vorgegebener Glaubenssätze, Werte und Regeln, dafür freilich im Netzwerk der institutionellen Kontrollen und Zwänge, die die Moderne kennzeichnen (Sozialstaat, Arbeitsmarkt, Bildungssystem usw.). Pointiert zusammengefasst: Aus Normalbiografie wird Bastel-Biografie. Wenn man diese Diagnose auf den Bereich der Familie überträgt – was folgt dann daraus? Wie ist das Verhältnis von Familie und In-
10 dividualisierung zu begreifen, und vor allem, was ist das Neue daran? [...]
Ein neues Stadium in der Geschichte von Familie und Individualisierung beginnt, als der Sozialstaat ansatzweise entwickelt und allmählich ausgebaut wird, also gegen Ende des 19. Jahrhunderts und vor allem ab der zweiten Hälfte des 20. Jahrhunderts. Um die Härten des Marktes abzupuffern, werden schrittweise Sicherungsleistungen ver-
15 schiedenster Art eingeführt (Altersrente, Unfall- und Krankenversicherung usw.). Um mehr soziale Gerechtigkeit durchzusetzen, werden für sozial schwächere Gruppen materielle Unterstützungen eingeführt (Sozialhilfe, Ausbildungsbeihilfe, Wohngeld, Bausparprämien usw.). Ein Ergebnis solcher Maßnahmen ist, dass der Einzelne – auch dann, wenn er auf dem Arbeitsmarkt nicht oder nur eingeschränkt funktionsfähig ist –
20 unabhängiger wird von der Familie, von Wohlwollen und persönlichen Gunstbeweisen. Wo kollektive Unterstützungsleistungen beginnen, wird ein Existenzminimum jenseits der Familie sichergestellt. Die einzelnen Familienmitglieder sind nicht mehr bedingungslos auf Einordnung und Unterordnung verwiesen, sie können im Konfliktfall auch ausweichen. [...]
25 Einen weiteren wichtigen Einschnitt bringt der Wandel der weiblichen Normalbiografie, der ebenfalls gegen Ende des 19. Jahrhunderts beginnt, vor allem ab den Sechzigerjahren dieses Jahrhunderts sich in beschleunigtem Tempo fortsetzt. Um die Entwicklung aufs Knappste zusammenzufassen: Immer mehr Frauen werden durch Veränderungen in Bildung, Beruf, Familienzyklus, Rechtssystem usw. aus der
30 Familienbindung zumindest teilweise herausgelöst; können immer weniger Versorgung über den Mann erwarten; werden – in freilich oft widersprüchlicher Form – auf Selbstständigkeit und Selbstversorgung verwiesen. Das „subjektive Korrelat" solcher Veränderungen ist, dass Frauen heute zunehmend Erwartungen, Wünsche, Lebenspläne entwickeln – ja entwickeln müssen –, die nicht mehr allein auf die Familie bezogen
35 sind, sondern ebenso auf die eigene Person. Sie müssen, zunächst einmal im ökonomischen Sinn, ihre eigene Existenzsicherung planen, gegebenenfalls auch ohne den Mann. Sie können sich nicht mehr nur als „Anhängsel" der Familie begreifen, sondern müssen sich zunehmend auch als Einzelperson verstehen mit entsprechend eigenen Interessen und Rechten, Zukunftsplänen und Wahlmöglichkeiten.
40 Im Ergebnis wird die Macht der Familie, vor allem des Mannes, weiter beschränkt. Frauen heute sind nicht mehr, wie die meisten Frauen der Generationen zuvor, um der ökonomischen Existenzsicherung und des Sozialstatus willen auf Ehe verwiesen. Sie können – vielleicht nicht frei, aber doch freier als früher – entscheiden, ob sie heiraten oder allein bleiben wollen; und ob sie, wenn die Ehe nicht ihren Hoffnungen entspricht, gegebenen-
45 falls lieber die Scheidung beantragen als dauernde Konflikte ertragen. Das heißt, auch in

der weiblichen Normalbiografie setzt allmählich die Logik individueller Lebensentwürfe sich durch, der Zwang zur Solidarität wird weiter gebrochen. [...]

Als Ergebnis der historischen Entwicklung tritt also ein Trend in Richtung Individualisierung hervor. Er kennzeichnet zunehmend auch das Binnenverhältnis der Familienmitglieder, erzeugt dabei eine Dynamik eigener Art. [...] Zusammengefasst: Eine „Inszenierung des Alltags" setzt ein. Um die auseinander strebenden Einzelbiografien zusammenzuhalten, wird immer mehr Abstimmung nötig. Familie wird auf vielen Ebenen zum alltäglichen „Balance-Akt", zum dauernden „Bastel"-Projekt. Die Folge ist, dass sich der Charakter des Familienalltags allmählich verändert. Während man früher auf eingespielte Regeln und Muster zurückgreifen konnte, werden jetzt mehr und mehr Entscheidungen fällig. Immer mehr muss ausgehandelt, geplant, in eigener Regie hergestellt werden. Nicht zuletzt rücken auch Fragen der Ressourcenverteilung, der Gerechtigkeit zwischen den Familienmitgliedern ins Zentrum: Welche Belastungen sind wem zuzumuten? Wer hat welche Kosten zu tragen? Welche Ansprüche haben Vorrang, wessen Wünsche müssen zurückgestellt werden? [...]

Die Lebensbereiche der einzelnen Familienmitglieder mit ihren unterschiedlichen Rhythmen, Aufenthaltsorten und Anforderungsstrukturen passen nur selten von sich aus zusammen, viel häufiger ergeben sich Unstimmigkeiten und in der Folge viele Versuche des Ausgleichens und Ausbalancierens. Ein aufeinander abgestimmter Alltag als Familie ist demnach eine „voraussetzungsvolle Leistung", die einen Jongleur der Terminpläne, einen Familien-Koordinator verlangt. Es sind in der Regel die Frauen, die diese Leistung erbringen, unter erheblichem physischen und psychischen Aufwand, oft unter Einsatz ganzer Netze von Mithelferinnen (Oma, Au-pair-Mädchen, Tagesmutter usw.). So wird in wachsendem Maß Planen, Organisieren, Delegieren gefordert, Familie wird zum Kleinunternehmen: „Elemente von Rationalisierung und kalkulatorische Überlegungen ziehen in das Privatleben ein." Meine, deine, unsere Zeit wird zum Thema, der Kampf um eigene Zeit versus die Suche nach gemeinsamer Zeit. Nicht selten kommt es dabei zu Irritationen und widerstreitenden Ansprüchen, vor allem zwischen Männern und Frauen: Wer übernimmt was, wann und wie lange? Wessen Zeitbedürfnisse gehen vor? Wer hat wann frei? [...]

Fortsetzungsehen und Wahlverwandtschaften

[...] „Heirats- und Scheidungsketten", „Fortsetzungsehen", „Mehreltern-Familien", „Patchwork-Familien" – all dies sind Begriffe, um die neuen Familienformen fassbar zu machen. Wobei freilich ein entscheidendes Merkmal ist, dass nicht mehr klar ist, wer zur Familie gehört. Eine einheitliche Definition gibt es nicht mehr, sie ist im Rhythmus der Trennungen und Neuverbindungen irgendwo untergegangen. Statt dessen hat jetzt jeder der Beteiligten seine eigene Definition, wer zu seiner/ihrer Familie gehört: Jeder lebt seine eigene Version der Patchwork-Familie [...]

In dieser Konstellation sind es nicht mehr die traditionellen Zurechnungsregeln (Abstammung und Heirat), die Verwandtschaft konstituieren. Entscheidend ist vielmehr, ob die sozialen Beziehungen, die daraus entstanden, auch in der Nach-Scheidungs-Situation fortgesetzt werden. [...]

Das Aufrechterhalten der Beziehung ist kein selbstverständlicher Akt mehr, sondern eine freiwillige Handlung. In der Nach-Scheidungs-Situation sortieren die Familienverhältnisse sich neu, den Gesetzen der Auswahl, der persönlichen Zuneigung folgend: Sie nehmen den Charakter von „Wahlverwandtschaften" an. [...]

Wo man früher auf eingespielte Regeln und Rituale zurückgreifen konnte, beginnt heute eine Inszenierung des Alltags, eine Akrobatik des Abstimmens und Ausbalancierens. Im Ergebnis wird der Familienverbund fragil, vom Auseinanderbrechen bedroht, wenn die Abstimmungsleistungen nicht gelingen. Da auf der anderen Seite Individualisierung auch die Sehnsucht nach der Gegenwelt fördert, nach Intimität, Geborgenheit, Nähe, werden dennoch, jedenfalls in absehbarer
100 Zukunft, die meisten Menschen weiter in Bindungen leben. Aber, das ist das Neue, diese Bindungen sind nun anderer Art, was Umfang, Verpflichtungscharakter, Dauer angeht. Aus vielen Anstrengungen, Sehnsüchten, Versuchen, Irrtümern, aus gelungenen und manchmal misslungenen Experimenten entsteht ein neues Spektrum des Privaten. Im Entscheiden, Auswählen, Aushandeln, in der täglichen Kleinarbeit der Beziehungs-Bast-
105 ler und -Bastlerinnen wächst ein „ganz normales Chaos" – der Liebe, des Leids, der Beziehungsvielfalt vor allem.

(Elisabeth Beck-Gernsheim, Auf dem Weg in die postfamiliale Familie – Von der Notgemeinschaft zur Wahlverwandtschaft; in: Ulrich Beck/Elisabeth Beck-Gernsheim [Hrsg.], Riskante Freiheiten, Individualisierung in modernen Gesellschaften, Frankfurt 1994, S. 119ff., 129ff.)

1. Diskutieren Sie den Buchtitel „Riskante Freiheiten".
2. Erläutern Sie die Auswirkungen des „Trends in Richtung Individualisierung" für die Entwicklung der Familie (und ihrer Mitglieder), wie sie von der Autorin dargestellt wurden.
3. Erläutern Sie den Titel des Aufsatzes von E. Beck-Gernsheim.

(Zeichnung: Claudia de Weck, aus: Brigitte Legatis/Ruth Schnelli-Näf, Familienleben so und anders, © verlag pro juventute, Zürich 1993, S. 30)

Was sollte Ihrer Meinung nach eine familiale Erziehung in der heutigen durch Individualisierungsprozesse zu charakterisierenden Gesellschaft (vgl. die Ausführungen von Elisabeth Beck-Gernsheim) besonders leisten?

Pädagogische Anwendung

Von der Partnerschaft zur Elternschaft/Familie

Die beiden folgenden Texte beschäftigen sich mit den Gründen für einen Kinderwunsch, also der ‚Erweiterung' einer Partnerschaft zu einer Elternschaft/Familie.

Für viele Eltern ist heute die Entscheidung, eine Familie mit Kindern zu gründen, praktisch eine Entscheidung für gravierende und langfristige Einschränkungen von Lebensspielräumen. In einer Gesellschaft, die Kindererziehung offiziell als eine den Eltern „zuvörderst obliegende Pflicht" (Grundgesetz) versteht, müssen sich die Eltern aus vielen selbstverständlichen Lebensgewohnheiten abmelden und vielleicht soziale und ökonomische Nachteile auf sich nehmen.

Schauen wir zuerst auf die soziale Seite: Die Organisation des gesamten Alltags wird mit der Geburt des Kindes zu einem riesigen Problem; die Eltern vergleichen sich mit den Paaren ohne Kinder und fühlen sich auf dieser Ebene der Entfaltung eines eigenen Lebensstils, die von so großer Bedeutung für das Selbstverständnis und das Selbstbild des „modernen Individuums" geworden ist, in vielen Ebenen eingeschränkt. So sehr sie auch den Umgang mit Kindern genießen und Befriedigung und Lebenssinn hieraus entnehmen, so stark fühlen sie sich doch durch die praktischen Einschränkungen gehandikapt, wie alle Untersuchungen zeigen.

Kinder haben heute im Wesentlichen einen hohen emotionalen Wert für ihre Eltern. Sie „belohnen" Eltern durch die Gewissheit, verantwortlich für sie zu sein, gefühlsmäßig notwendig und an der Entwicklung eines anderen Menschen und eines neuen Lebens unmittelbar beteiligt zu sein. Die Kehrseite dieser emotionalen Befriedigung ist die totale Bindung, die Eltern mit Kindern eingehen müssen, wenn sie die Grundbedürfnisse der kindlichen Entwicklung ernst nehmen. Und genau dieses passt mit den wesentlichen Mustern des heutigen Erwachsenenlebens, mit dem charakteristischen hohen Grad von Individualisierung der Lebensstile so schwer zusammen. Deswegen stellt sich oft auch dort, wo Kinder emotional sehnlichst erwünscht werden, bald ein spannungsvolles Gefühl ein, wenn Erwachsene feststellen, welche Verpflichtungen und welche Einschränkungen in ihrem Lebensplan sie auf sich genommen haben. Deswegen verlieren viele Eltern vollends die Fassung, wenn ihr Kind schwer krank oder behindert ist.

Kinder haben heute äußerst zwiespältige Bedeutung im Alltagsleben. Ihre öffentliche Wertigkeit ist im Allgemeinen gering, ihre emotionale Wichtigkeit wird meist überschwänglich betont. Bei allen wichtigen, Lebensstil und Prestige, Finanzressourcen und Machtstrukturen betreffenden Entscheidungen werden die Belange und Bedürfnisse von Kindern übergangen oder als eine zu vernachlässigende Größe gehandelt. Treten Kinder überhaupt ins öffentliche Bewusstsein, dann als Inbegriff von unverbrauchter Spontaneität und als Objekt von Emotionen und Liebkosungen („Kindchenschema"). In volkswirtschaftlichen Gesamtrechnungen tauchen sie bevorzugt als statistische Größe auf, die erreicht werden muss, um den Fortbestand der Gesellschaft und der sozialen Sicherungssysteme zu gewährleisten. Eltern, die sich für Kinder entschieden haben, müssen mit dieser Spannung leben und sie verarbeiten. Eine ungebrochene soziale Anerkennung für ihr Engagement für Kinder können sie jedenfalls öffentlich nicht erwarten.

(Klaus Hurrelmann, Familie heute – neue Herausforderung für die Politik; in: Hans Bertram/Wassilios E. Fthenakis/Klaus Hurrelmann u.a. [Hrsg.], Familien: Lebensformen für Kinder, Weinheim 1993, S. 64f.)

Der Kinderwunsch ist ichbezogener geworden: Eltern wollen heute vom Aufziehen und Versorgen der Kinder etwas haben, wollen sich durch eigene Kinder selbst verwirklichen. Von einem wachsenden Teil der Eltern wird Elternschaft als Lebensform verstanden, mit der Eigeninteressen verfolgt werden, und nicht mehr in erster Linie als Dienst und soziale Verpflichtung. Was sich hier andeutet, ist eine Parallele zum Wandel in der Ehebeziehung.

In hochindustrialisierten Gesellschaften werden die Menschen dauernd eingeübt auf zweckrationales Verhalten, auf die Gebote von Konkurrenz und Karriere, Tempo und Disziplin. Das Kind aber repräsentiert die andere, die „natürliche" Seite, und genau das macht die Hoffnung aus. Im Umgang mit dem Kind wollen Frauen und zum Teil auch Männer Fähigkeiten wiederentdecken und Bedürfnisse äußern, die in der technisch-wissenschaftlichen Zivilisation vermisst werden: Geduld und Gelassenheit, Fürsorglichkeit und Einfühlungsvermögen, Zärtlichkeit, Offenheit und Nähe.

Über Mutterschaft suchen Frauen auch einen Gegenbereich zur Berufswelt. Wo die instrumentelle Vernunft dominiert und Gefühle meist störend sind, denn die Bindung ans Kind widerspricht allem, was täglich gefordert wird, jeder „Rationalität" im direkten Sinn. Und deshalb wird sie gesucht, als lebendiges Gegengewicht. In Befragungen taucht bereits ein neues Motiv auf: die „Natürlichkeit von (Klein-)Kindern in einer sonst eher unnatürlich gewordenen Umwelt".

(Bernhard Schäfers, Erscheinungsbild und Probleme der Familie heute; in: Zeitschrift für Jugendschutz, 37. Jg., 2/92, S. 39f.)

1. Welche Bezüge zu den Thesen von Elisabeth Beck-Gernsheim (S. 78ff.) lassen sich Ihrer Meinung nach herstellen?
2. Diskutieren Sie, ob es über die in den beiden Texten angeführten Gründe für eine Entscheidung *für* Kinder hinaus noch weitere Gründe gibt.
3. Diskutieren Sie den Begriff ‚Wunsch-Kind'.

(Zeichnung: Claudia de Weck, aus: Brigitte Legatis/Ruth Schnelli-Näf, Familienleben so und anders, © verlag pro juventute, Zürich 1993, S. 21)

> Was verstehen Sie unter einer ‚gut funktionierenden' Familie?
> Welches Erzieherverhalten (vgl. das Wabenkapitel 2.1) und welche
> Erziehungsziele sollten im Vordergrund stehen?
> Formulieren Sie dazu auf DIN-A5-Blättern Ihre Kriterien und hängen Sie
> diese an einer Wand aus (je Blatt ein Kriterium).
> Fassen Sie die Ergebnisse zusammen.

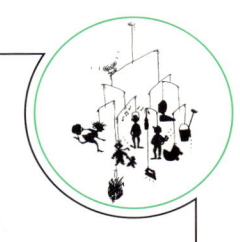

Auf die Frage: Was zeichnet funktionierende Familien aus? antwortet die genannte Forschung etwa wie folgt:
Diese Familien kennzeichnet ein Gefühl von Solidarität, Zusammenhalt und Wertschätzung der Familienmitglieder füreinander. Sie sind besser als andere Familien in der Lage, mit Veränderungen fertig zu werden. Das gilt sowohl für Veränderungen, die sich aus dem voranschreitenden individuellen und Familienlebenszyklus ergeben, als auch für Veränderungen, die sich unverhofft im Gefolge von Krisen- oder Notsituationen einstellen. Dazu gehören plötzliche Unglücks-, Krankheits- und Todesfälle, die die Ressourcen der Familie strapazieren. Dazu gehören auch Ortsveränderungen, Arbeitslosigkeit des Vaters, finanzielle Katastrophen und dergleichen. Funktionierende Familien können, eben weil sich deren Mitglieder solidarisch verhalten und dazu flexibel sind, diese Krisen bewältigen. Das bedeutet auch, die Mitglieder können innerhalb der Familie unterschiedliche Rollen und Funktionen übernehmen: Der Vater kann für die Mutter einspringen und umgekehrt, aber auch Kinder können zeitlich begrenzt Elternfunktionen übernehmen.
Weiter kennzeichnet es solche Familien, dass deren Mitglieder eine große Palette von Gefühlen zum Ausdruck zu bringen vermögen. Freundliche, liebevolle, zornige, hassvolle und viele andere. Es fehlt weitgehend das, was Lyman Wynne (et al. 1958) als Pseudo-Feindschaft und Pseudo-Harmonie beschrieben hat. Und wenn es zum Streit kommt, wird daraus kein Dauerstreit. Krächt können somit wie reinigende Gewitter wirken. Dagegen sehen viele Forscher gerade im unauflösbaren Dauerstreit und der damit verbundenen chronischen Dauerverstimmung Hauptmerkmale gestörter Familien. Man könnte in funktionierenden Familien von einer gelungenen Streitkultur sprechen: Ihre Mitglieder haben gelernt, sich als faire Partner immer wieder streitend zu einigen und auch bei Nicht-Einigung miteinander auszukommen.
Damit dies möglich wird, bedarf es weiter – zumindest nach der Einschätzung von Forschern wie Robert Beavers (1977) und David Reiss (1981) – eines gemeinsamen Wertsystems oder, wie Reiss es nennt, eines Familienparadigmas. Es ist gekennzeichnet durch von den Mitgliedern geteilte und nicht infrage gestellte Grundannahmen und Vorstellungen über Lebensstil, Rechte und Pflichten innerhalb der Familie. Und es finden sich Rituale, in denen sich der Familienzusammenhalt immer wieder bezeugt und durch die er sich auch immer wieder festigt.
David Olson (1976) vermochte zu zeigen, dass sich die genannten Kriterien zum Teil schon relativ leicht bei jungen Paaren ermitteln und zu Voraussagen verwerten lassen. Er stellte einen einfachen, aus je zehn auf vier Dimensionen bezogenen Fragetest zusammen, um damit vorauszusagen, welche Paare nach fünf Jahren noch zusammensein und welche sich wieder trennen würden. Die vier Dimensionen waren: 1. keine unrealistischen Erwartungen, 2. Wertschätzung für bestimmte Eigenschaften bzw. Verhaltensweisen des Partners, 3. Bereitschaft und Fähigkeit zur Kommunikation vor allem in dem Sinne, dass sich immer wieder ein gemeinsamer Aufmerksamkeitsfokus schaffen und erhalten ließ, und 4. Bereitschaft zu und Fertigkeit in Konfliktbewältigung, vor

allem im Sinne einer Fähigkeit und Bereitschaft zum Aushandeln von Kompromissen. Die Trefferquote der richtigen Voraussagen lag bei 85%.

Wynnes Modell impliziert, dass eine dauerhaft erfolgreiche Paarbeziehung – also auch eine Paarbeziehung, worin die Fusion von Partner- und Elternschaft gelingt – eine Reihe von Stadien zu durchlaufen hat, die sich als care giving, communication, joint problem solving, mutuality und schließlich intimacy konzipieren lassen. Auf deutsch ließen sich diese mit Fürsorge, Kommunikation, gemeinsames Problemlösen und Gegenseitigkeit übersetzen. Wynne zufolge kann es innerhalb jedes dieser Stadien zu pathologischen Ausschlägen nach drei Richtungen kommen. Zum Beispiel kann Fürsorge im Sinne von Überfürsorglichkeit, Gleichgültigkeit und Feindseligkeit gestört sein. Kommunikation zeigt sich störbar im Sinne amorpher Kommunikationsabweichungen (wie diese von Wynne und Singer näher beschrieben wurden), von eingeengter Kommunikation und fragmentierter Kommunikation usw. Interessanterweise kommt in diesem Modell der Intimität für das Funktionieren von Partner- und Elternschaft eine nur untergeordnete Bedeutung zu.

Wynne geht davon aus, dass, soll die Fusion von Partnerschaft und Elternschaft gelingen, die genannten Stadien auseinander hervorgehen bzw. aufeinander aufbauen müssen. Das würde der Vorstellung entsprechen, dass Partner eine Phase des Sich-Kennenlernens und des Sich-an-sich-Gewöhnens und des Sich-Zusammenraufens durchlaufen müssen, ehe erwartet werden kann, dass sie den Anforderungen, die sowohl Partnerschaft als auch Elternschaft stellen, gewachsen sein werden.

(Helm Stierlin, Normale versus gestörte Familien: Bedingungen für das Gelingen der Fusion von Partnerschaft und Elternschaft aus der Sicht der systemischen Praxis, in: Alois Herlth/Ewald J. Brunner/Hartmann Tyrell/Jürgen Kritz [Hrsg.], Abschied von der Normalfamilie? Partnerschaft kontra Elternschaft, Berlin 1994, S. 175ff.)

Entwerfen Sie vor dem Hintergrund dieses Textes einen Familienratgeber in Form eines Faltblattes.

Projektvorschlag zum selbstständigen Weiterarbeiten

A Umfrage: Was ist mir an der Familie wichtig?
Wie lange und wofür brauche ich die Familie?
Bereiten Sie nach der gleichen Methode wie bei der Umfrage „Die ideale Familie" (S. 75) Karten vor, die Sie für eine kleine Umfrage benutzen können.
Solche Umfragen sind natürlich nicht repräsentativ.

B Interview: Welche Bedeutung hat die außerfamiliale Erziehung (Tagesmütter, Kindergruppen, Nachbarschaftshilfen, ...)?
Versuchen Sie herauszufinden, ob es solche Einrichtungen in Ihrer Nähe gibt.
Erstellen Sie einige Thesen und versuchen Sie durch entsprechende Interviews Argumente bzw. Gegenargumente für die Thesen zu finden.
Eine These könnte z.B. heißen:
Die außerfamiliale Erziehung ist wichtiger als die familiale Erziehung.

C Collage: Wie ich mir meine zukünftige Familie vorstelle
(Familienfoto 2000).
Ein ‚living apart together'-Modell? –
Vgl. Sie den nachfolgenden Text.

Mit Blick auf die Zukunft kollektiver Lebensformen halte ich es für zuhöchst unwahrscheinlich, dass es in absehbarer Zeit noch einmal ein Muster des Zusammenlebens geben wird, das so dominant und langlebig sein könnte wie das der „bürgerlichen" Ehe und Familie. [...]

5 Theoretische Erwägungen lassen in einer individualisierten Gesellschaft einen Beziehungstyp als am relativ besten den Bedingungen der Moderne (oder Post-Moderne) angepasst erscheinen, dessen Mitglieder „getrennt zusammenleben". „Living apart together" hat sich inzwischen als Fachterminus eingebürgert. [...]

10 Das „living apart together" erscheint geeignet, das ebenso banale wie ernsthafte Problem – und die damit verbundenen Belastungen und Konflikte – zu reduzieren, einen gemeinsamen Alltag immer wieder neu strukturieren zu müssen, indem der *gemeinsame* Teil des Alltags verringert wird. [...]

15 Das „living apart together", mit dem hier im Wesentlichen gemeint ist, dass die Lebenssphären der daran Beteiligten mehr oder weniger getrennt sind und relativ autonom geregelt werden, kann in verschiedensten Arrangements auftreten: Am deutlichsten würde dieses Modell in der Führung jeweils eigenständiger Haushalte durch die Partner zum Aus-
20 druck kommen. Diese könnten räumlich mehr oder weniger getrennt sein (z.B. zwei Wohnungen in einem Haus oder zwei Wohnungen in verschiedenen Häusern).

(Hans-J. Hoffmann-Nowotny, Lebensformen und Lebensstile unter den Bedingungen der [Post-] Moderne; in: Familiendynamik, 16. Jg., 4/91, S. 316)

D Familienlexikon:

Entwerfen Sie ein ‚Familienlexikon', ähnlich dem hier vorgelegten!

Familie von A bis Z

Familie **a**de!	Nein, das nicht, aber Familie anders!
Familien**b**ett	Ein höchst umstrittene Angelegenheit.
Familien**c**lo	Einziger Ort, wo sich Mami ab und zu – wenn überhaupt – zurückziehen kann (bis Papi Hilfe braucht)
Familien**d**rama	Die tragischen Ereignisse nehmen zu. Die Zeitungen berichten allerdings nur von den spektakulärsten.
Familien**e**hre	Trägt viel dazu bei, dass es Familiendramen gibt.
Familien**f**est	Meistens am schönsten, wenn alles vorüber ist.
Familien**g**lück	Das heißt für jeden Menschen etwas anderes.
Familien**h**otel	Sehr empfehlenswert für „ganz normale Ferien".
Familien**i**dylle	Wenn Familie Huber sich nichts anmerken lässt.
Familien**j**ojo	Auf und ab, auf und ab, auf und ab, ab, ab ...

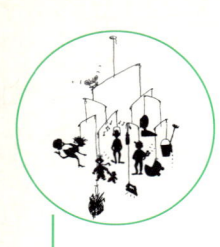

Familien**k**rankheit	Zum Beispiel Fernsehen.
Familien**l**eben	– So und anders!
Familien**m**anagement	Die Mutter macht, der Vater bezahlt.
Familien**n**amen	Lassen in Kürze erkennen, ob man normal, „stief" oder sonst was ist.
Familien**o**lé	Spanischer Ausdruck für: „Es lebe die Familie – so und anders!"
Familien**p**olitik	„Worte sind schön, doch Hühner legen Eier!" (Afrikanisches Sprichwort)
Familien**q**uartett	Kann man nur spielen, wenn man normal ist und zwei Kinder hat.
Familien**r**at	Radiosendung im Schweizer Radio DRS I, jeweils Dienstagabend, 20–21 Uhr.
Familien**s**eelsorge	Mutti ist die Beste!
Familien**t**isch	Wenn Papi heimkommt, die Kochkünste von Mami lobt und die Kinder ruhig essen.
Familien**u**nglück	Wenn Familie Huber sich immer noch nichts anmerken lässt.
Familien**v**ersicherung	Früher war es der Trauschein.
Familien**w**appen	Etwas vom wenigen, das im Zusammenhang mit „Familie" Bestand hat.
Familien-„**X**"	für ein „U" vormachen.
Familien**y**azee	Würfelspiel, meist mit Gewinnern und Verliererinnen.
Familien**z**ulage	Viele würden sie brauchen, nur wenige kriegen sie (Schweizer Verhältnisse).

(Brigitte Legatis, Ruth Schnelli-Näf, Familienleben so und anders!; Zürich 1993, S. 101f.)

Hinweise

Familienhelferspiel, Verlag Ravensburg

2.3 Der Kindergarten – die erste pädagogische Institution im Leben der meisten Kinder

Jede Schülerin/jeder Schüler bringt einen typischen Gegenstand mit, der für sie/ihn die eigene Kindergartenzeit repräsentiert. Alle setzen sich in einen Stuhlkreis (wie im Kindergarten), zeigen den anderen ihren Gegenstand und berichten der Reihe nach, welche Gefühle und Erinnerungen der Gegenstand verkörpern soll. Versuchen Sie im Anschluss daran Fragen und Thesen zum Thema Kindergarten zu formulieren.

Einführung

Die ersten Wochen im Kindergarten

Die erste Woche: „Vorsicht ist die Mutter der Porzellankiste" oder ‚die Orientierungsphase'

In der ersten Woche warten die Neulinge zunächst ab, halten sich im Hintergrund und beobachten das Kindergartengeschehen aus der Ferne. Da ihnen der Kindergartenalltag nicht geheuer ist, beteiligen sie sich noch nicht von sich aus an Aktivitäten mit anderen Kindern. Vielmehr müssen die Neuen erst einmal die vielen auf sie einstürmenden Reize in ihrer Bedeutung erfassen und auf Gefahrensignale hin überprüfen. So findet sich der Neuling in einem ihm fremden, großen Gebäude mit vielen Türen und unbekannten Räumen wieder, wo er sich verirren und verloren gehen kann. Als eines unter vielen soll er sich mit seinen Wünschen und Bedürfnissen an eine fremde Person wenden, die von einer Unmenge lärmender Kinder belagert wird. In einer solchen Situation kann z.B. das Bedürfnis, auf die Toilette gehen zu müssen, zu einem schier unüberwindlichen Problem werden.

(Zeichnung: Maria Wolf-Filsinger)

Die Kinder sind in der ersten Woche ständig bemüht, das sie umgebende Chaos zu entwirren und zu ordnen. Zu diesem Zweck beziehen sie gleichsam einen ‚Beobachterposten'. Aus sicherem Abstand heraus versuchen sie, die Ereignisse im Kindergarten danach zu beurteilen, inwieweit sie mit früheren Ereignissen und Erfahrungen vergleichbar sind. Je nachdem, wie sehr ihre Vorerfahrungen mit der momentanen Situation übereinstimmen, können die Neulinge altbekannte und bewährte Verhaltensmuster einsetzen oder müssen neue entwickeln.

Die Zurückhaltung der Kinder im Umgang mit den andern ist also sinnvoll, weil sie eine ungehinderte Informationsaufnahme garantiert. So können sich die Neulinge voll und ganz auf die im Kindergarten herrschenden Spielregeln konzentrieren. Ohne diese erste Orientierung sind soziale Eingliederungsbemühungen nicht möglich: Erst wenn sich die Neuen sicher fühlen, die mit dem Kindergarten-Eintritt verbundenen Anforderungen (Trennung von der vertrauten Bezugsperson, neue räumliche Umgebung, neue zusätzliche Bezugsperson, neue soziale Rolle und damit verbundene Erwartungen) bewältigen zu können, sind sie bereit, erste Kontaktversuche zu unternehmen und eine mögliche Ablehnung zu riskieren.

Die Kinder, die den Kindergarten schon länger besuchen, zeigen Verständnis für die besondere Situation der Neuen. Sie ‚beschnuppern' die neuen Kinder und sind Spielregelverletzungen gegenüber noch tolerant.

**Die zweite Woche: „Hoppla, jetzt komm ich!" oder
‚die Durchsetzungskrise'**

Nachdem sich die Neulinge mit den Räumlichkeiten vertraut gemacht haben und die wichtigsten Spielregeln des Kindergartenalltags kennen, gehen sie nun mehr aus sich heraus und starten die ersten Kontaktversuche. Sie setzen alle ihnen zur Verfügung stehenden Mittel ein, um in die bestehende Gruppe aufgenommen zu werden. Ihre Möglichkeiten reichen dabei von Sich-interessant-und-beliebt-Machen über Sich-Einschmeicheln bis hin zur Nachahmung ‚alteingesessener' Kindergartenkinder. Die Neuen versuchen, die Aufmerksamkeit auf sich zu lenken und sich ‚in Szene zu setzen'. Allerdings müssen sie dann damit rechnen, dass sie anecken: Zum einen

(Zeichnung: Maria Wolf-Filsinger)

führt ein solches Verhalten zu Konkurrenz mit den anderen Neulingen, die ebenfalls ‚ankommen' wollen; zum andern geraten sie in Konflikte und Rivalitäten mit den langjährigen Kindergartenkindern, die ihr Ansehen in der Gruppe gefährdet sehen und deshalb ihre Schonhaltung den Neuen gegenüber aufgeben. Die Situation spitzt sich zu. Der Machtkampf um eine angesehene soziale Position (Anführer, Gruppenclown etc.) findet vor allem in der zweiten Woche statt.
Die Durchsetzungsversuche erfordern den vollen Einsatz der Kinder und zehren an ihren Kräften. Das Hin und Her der Auseinandersetzungen lässt die Kinder unausgeglichen und empfindlich werden und zeigt sich auch in körperlicher Erschöpfung.
In dieser Phase machen die Erzieher(innen) in stärkerem Umfang als gewohnt die Erfahrung, zum Schlichten von Streitereien herangezogen zu werden: Zum einen kommt es – wie bereits erwähnt – in dieser Phase sowieso vermehrt zu Konflikten, zum anderen sind die Neuen (noch) zu unerfahren, um die Streitereien unter sich auszumachen.

**Die dritte Woche: „Mit Geschick und Spucke fängt man eine Mucke" oder
‚von allgemeinen zu besonderen Maßnahmen'**

Nach den beiden ersten ereignisreichen und anstrengenden Wochen sind die Hauptauseinandersetzungen vorüber. Die alteingesessenen Kinder haben inzwischen von den Neuen Notiz genommen. Mit zunehmender Kindergartenerfahrung haben die Neulinge Einblick in das Rollen- und Machtgefüge der Gruppe gewonnen. Sie wissen nun, welche Kinder angesehen und beliebt sind und welche einen starken Einfluss auf die Gruppe ausüben. Dieses Wissen nutzen sie für sich. Während sie zu Beginn ihres Kindergartenbesuchs keine Unterschiede machten und mit allen Kindern gut auszukommen versuchten, gehen sie ab diesem Zeitpunkt zu gezielteren Eingliederungsbemühungen über, indem sie vor allem angesehenen Kindern den Hof machen. Ihr Ziel ist es, die bisher erreichte Position in der Gruppe zu festigen und auszubauen. So zeigen sie sich gerne im Gefolge der beliebten Kinder und hoffen auf diese Weise, etwas von deren Attraktivität abzubekommen und sich so aufzuwerten. Um das erwählte Vorbild auf sich aufmerksam zu machen, überhäufen sie es mit Geschenken und anderen Zuneigungsbeweisen. Die Neuen nehmen bei den Kindergarten-Autoritäten so etwas wie eine ‚Satelliten-Rolle' ein: Sie umschwärmen sie und richten sich nach ihnen aus. Diese Gunstbezeugungen beanspruchen jedoch die volle Aufmerksamkeit der Neulinge, sodass ‚Gut-Wetter-Aktionen' und allgemeine Bemühungen um die *gesamte* Gruppe nachlassen. Die Neuen können in dieser Phase den anderen, weniger attraktiven Kindern gegenüber nicht mehr so zuvorkommend und aufgeschlossen sein.

(Zeichnung: Maria Wolf-Filsinger)

Die vierte Woche: „Übung macht den Meister" oder ‚der Alltag kehrt wieder ein'

Die meisten Neulinge scheinen sich nach vierwöchigem Kindergartenbesuch so weit eingewöhnt zu haben, dass die größten Anfangsschwierigkeiten überwunden sind. ‚Normalisierungsprozesse' zeigen sich in sämtlichen Verhaltensbereichen.

(Bettina Haefele/Maria Wolf, Aller Kindergarten-Anfang ist schwer. Hilfen für Eltern und Erzieher, Don Bosco Verlag, München, 5. Aufl. 1994, S. 10–17; gekürzt)

1. Beschreiben Sie mithilfe des Textes das Verhalten der „Neuen" im Kindergarten.
2. Welche Erklärungen geben die Autorinnen für dieses Verhalten?
   Ergänzen Sie diese Erklärungen durch eigene Überlegungen.
3. Wie sollten die Erzieherinnen und Erzieher auf dieses Verhalten reagieren?
4. Vergleichen Sie die Situation der Neuen im Kindergarten mit Ihrer Situation zu Beginn der Jahrgangsstufe 11. Lassen sich vergleichbare Prozesse finden?
5. Zur genaueren Charakterisierung der Gruppenprozesse können Sie aus der Wabe 2.4 die Texte zur Entstehung von Gruppen (S. 114ff.) heranziehen.

Grundbegriffe und Grundthesen

Warum gibt es öffentliche Einrichtungen zur Kindererziehung? Ein Blick in die Geschichte

Organisation von Kinderbewahranstalten

Die Frage, ob die Leitung der Kinder in diesen Anstalten männlichen oder weiblichen Personen anvertraut werden müsse, kann eigentlich nur zugunsten der Letzteren beantwortet werden, wenigstens sollte der größte und wesentlichste Theil der Beschäftigung mit den Kindern der weiblichen Hand überlassen bleiben. Denn es gilt ja, in diesen An-
5 stalten den Kindern die Mutter zu ersetzen. [...]
Da viele dieser Anstalten von Frauenvereinen gegründet worden sind, welche die Beaufsichtigung und Unterhaltung derselben übernommen haben, so ist auch in dieser Beziehung wünschenswerth, dass die Pflege der Kinder vornehmlich weiblichen Händen anvertraut sei, damit zwischen diesen Pflegerinnen und den beaufsichtigenden Ver-
10 einsgliedern ein natürlicher und leichter Verkehr möglich wird. Aus diesem Grunde wäre es wünschenswerth, auch an die Spitze einer solchen Anstalt eine Frau zu stellen, und somit die gesammte Führung derselben lieber einer Vorsteherin (Hausmutter), als einem Manne zu übergeben. Da aber bei den ärmlichen Verhältnissen solcher Anstalten die an denselben wirkenden Persönlichkeiten immer werden aus den untern Ständen
15 genommen werden müssen, und in diesen gerade die älteren unverheiratheten Personen selten die Eigenschaften besitzen, welche von einer solchen Vorsteherin gefordert werden, und da andererseits der Verkehr mit den Eltern der Kinder manche Schwierigkeiten darbietet, denen nur der Mann recht begegnen kann, so wird, wie es auch in den meisten Fällen wirklich ist, es immer das Beste bleiben, ein wohlwollendes und
20 gemüthliches, nicht kinderreiches, aber auch nicht kinderloses Ehepaar an die Spitze des Ganzen zu stellen. Aber auch in diesem Falle bleibt es wünschenswerth, dass die Frau sich nicht bloß mit der Aufsicht über das Haus, das Mobiliar und die Effecten der Schule und mit der Sorge für die allezeit höchst nöthige Reinlichkeit und Ordnung beschäftige, sondern dass sie an den mit den Kindern vorzunehmenden Beschäftigungen
25 und Spielen einen persönlichen und nicht zu beschränkten Antheil nehme, denn nur so kann die Aufgabe der Kleinkinderbewahranstalt, den Kindern die Familie und vornehmlich die Mutter zu ersetzen, erfüllt werden. [...]
Leider ist es gewöhnlich nicht so, sondern die Theilung der Geschäfte zwischen Mann und Frau ist in den meisten Fällen eine solche, dass die Hausmutter sich ganz auf die
30 äußeren Dinge des Hauswesens beschränkt, und der Hausvater ganz den persönlichen Verkehr mit den Kindern übernimmt. Diese Trennung, hauptsächlich durch das so oft hervortretende Ungeschick der Frauen zur Leitung der Kinder hervorgerufen, ist eine dem Wesen der Kinderbewahranstalt ganz widersprechende und muss ganz die Wirksamkeit derselben in hohem Grade schmälern. Damit sie nicht nöthig werde, bleibt zu
35 wünschen, dass der Hausmutter eine Gehülfin, eine zweite jugendlichere Wärterin, zur Seite gestellt werde. Die Thätigkeit derselben besteht darin, dass sie gewisse Arbeiten für das Hauswesen übernimmt und an der Sorge für die Kinder, namentlich für einzelne, welche durch besondere Umstände die Beschäftigung mit der Gesammtheit stören, sich betheiligt, auch wohl gelegentlich nach Anweisung selbst einmal ein Spiel der
40 Kinder leitet. Das Vorhandensein einer solchen Gehülfin oder Unterwärterin ist aus

vielen Gründen wichtig, unter denen wir nur den einen hervorheben, dass dadurch die ununterbrochene Thätigkeit der Kinderbewahranstalt, welche eine der Hauptbedingungen ihres Bestehens ist, gesichert wird. Diese Anstalten müssen nämlich eigentlich das ganze Jahr hindurch, mit Ausnahme der Sonn- und Festtage, geöffnet sein, und dürfen keine Ferien eintreten lassen, wenn sie nicht die Eltern in Verlegenheit setzen und durch die Vorsorge, welche nun doch für die Kinder anderweitig getroffen werden muss, gleichgültig gegen die Bewahranstalt machen wollen. Es muss daher vorgesehen sein, dass die Hausmutter oder der Hausvater gelegentlich abwesend, krank usw. sein, und die Anstalt dennoch ihre Wirksamkeit fortsetzen kann. Der Fall, dass aus solchen Gründen die Kinder nach Hause geschickt werden müssen, *darf nicht eintreten*, und müsste, wenn er öfter wiederkehrt, das Vertrauen zur Anstalt ganz zerstören, weil unter den Verhältnissen, denen diese Anstalten entgegentreten wollen, angenommen werden muss, dass die zurückgeschickten Kinder die elterliche Wohnung verschlossen finden und völlig ohne Aufsicht sind. [...]

Eigentliche Lehrer oder Lehrerinnen an diesen Anstalten zu beschäftigen, scheint weder nöthig, noch wird es leicht ausführbar sein. Einer Anstalt, die, wie wir voraussetzen, aus dem Hausvater, der Hausmutter und einer Wärterin besteht, können recht gut bis 50 Kinder anvertraut werden. [...]

Das Local der Kleinkinderbewahranstalt wird, wie die Verhältnisse bei uns sind, selten durch selbstständige und dem Zweck derselben besonders gewidmete Gebäude dargeboten werden können. [...]

Bei uns wird das nöthige Local gewöhnlich in Privathäusern gemiethet werden müssen. Es ist dabei zunächst darauf zu sehen, dass die Wohnung des leitenden Ehepaares nicht nur in demselben Hause sich befinde, sondern, wo möglich, in unmittelbarer Verbindung mit den zur Aufnahme der Kinder bestimmten Localitäten stehe. Eine zweite kaum zu umgehende Forderung ist die, dass diese Localitäten sich zur ebenen Erde befinden, und dass dort, wo dieses nicht der Fall ist, wenigstens gute und mit niedrig gestellten Handleitern [Geländern] versehene Treppen vorhanden sind. Unbedingt erforderlich erscheinen: 1. ein größeres Aufenthaltszimmer, welches im Winter und bei schlechtem Wetter und für gewisse Beschäftigungen immerwährend zugleich Spiel- und Beschäftigungszimmer ist; 2. ein kleineres Zimmer, in welchem entweder zu Zeiten die kleinsten Kinder für besondere Spiele vereinigt, oder einzelne derselben, die das Bedürfnis des Schlafes empfinden, zur Ruhe gebracht werden können, zu welchem Zwecke dann auch einige Matratzen vorräthig sein müssen; 3. wenigstens eine geräumige Kammer, theils zum Ablegen der Bekleidungsstücke, die etwa gegen Kälte und Nässe von zu Hause mitgebracht worden sind und welche, wenn sie in dem Hauptzimmer blieben, eine schädliche Feuchtigkeit verursachen würden, theils zur Aufbewahrung von mitgebrachten Esswaren etc.; 4. ein geräumiger Spielplatz im Freien, wo möglich im Garten. Endlich ist auch 5. für die geeignete Anlage und Zugänglichkeit eines geheimen Gemaches Sorge zu tragen.

Das ad 1 bezeichnete Hauptzimmer muss außer dem Raum für die nöthigen Bänke, auf jedes Kind etwa 12–14 Zoll gerechnet, Tisch und Schränke noch einen ausreichenden freien Raum für die vorzunehmenden körperlichen Uebungen und ruhigeren Bewegungsspiele enthalten. [...]

Für 50 Kinder wäre demnach ein Zimmer von 30 Fuß Länge und 20 Fuß Breite erforderlich. Da die Erhaltung und Befestigung der Gesundheit der Kinder einer der Hauptzwecke dieser Anstalten ist, so wird namentlich bei diesem Hauptzimmer darauf gesehen werden müssen, dass es hell sei und doch kein blendendes Licht habe, dass daher die Fenster wo möglich nicht nach der Mittagsseite liegen und, wenn dies dennoch nicht vermieden werden kann, mit Fensterladen und dunklen Vorhängen versehen sei-

en, um die größte Hitze und das stärkste Licht abzuwehren, dass auch die Mauer des Zimmers nicht weiß angestrichen sei, dass der Fußboden nicht feucht sei, dass endlich für reine Luft durch die sorgsamste Reinlichkeit im Innern und durch Oeffnen der Fenster gesorgt werde. [...]
Die Geräthschaften für das zweite Zimmer und die Kammer ergeben sich aus der Bestimmung derselben; zu denselben tritt als besonders wünschenswerth eine Vorrichtung zum Waschen, so an der Wand befestigt, dass die größeren Kinder selbst hinzutreten und sich reinigen können. Neben dem Hauptzimmer ist für die Anstalt ein Spielplatz im Freien das unentbehrlichste und wichtigste Erfordernis. [...]

(Quelle: Flashar: Artikel „Kleinkinderschulen, Kinderbewahranstalten, Warteschulen, Kindergärten", in: Schmid, K. A. [Hrsg.]: Enzyklopädie des gesamten Erziehungs- und Unterrichtswesens. Gotha 1865, Bd. IV, S. 30–56, hier S. 50–53; In: Elisabeth Dammann, Helga Prüser [Hrsg.], Quellen zur Kleinkinderziehung. Die Entwicklung der Kleinkindschule und des Kindergartens, München 1981, S. 65–68)

Friedrich Fröbel:
Nachricht und Rechenschaft von dem Deutschen Kindergarten [1843]

Nach der Gründung des deutschen Kindergartens vor drei Jahren dünkt es uns jetzt an der Zeit zu sein, von seinem Bestehen und Fortgange öffentlich Rechenschaft zu geben. Um uns darin einzuführen und um denen, die noch wenig von ihm gehört haben, nicht unverständlich zu sein, scheint es uns zweckmäßig, das Entstehen und die Aufgabe dieses Unternehmens in kurzen Umrissen ins Gedächtnis zurück zu rufen.
Der deutsche Kindergarten wurde aus dem tiefgefühlten Bedürfniss entsprechender Pflege der Kinder, vor ihrem Eintritt in die Schule, am Guttenbergsfeste 1840, einem Tage, der auf das allgemeine Lichtwerden hinwies, als ein gemeinsames deutsches Erziehungswerk gestiftet. Er ruht auf der Überzeugung, dass die Einzelerziehung der vorschulfähigen Kinder in der Familie, wie sie im Ganzen jetzt ist und unter den bestehenden Verhältnissen sein kann, für die Forderungen der Zeit nicht ausreiche. Seine Absicht geht darum dahin, den Familien und den Gesammtheiten dafür die nöthige Hilfe zu bringen.
Als diese Hilfe bedürfen sie einmal Anstalten zur Aufsicht und Entwicklung ihrer Kinder und dann tüchtige Wärterinnen und Erzieherinnen. In der ersten Beziehung sind für die unteren Volksklassen die Bewahranstalten entstanden. So sehr man diese wichtig finden muss, so wird man sie doch zum größten Theil noch als mangelhaft erkennen. Was das zweite, die Bildung der Kindermädchen etc., betrifft, so ist dafür im Ganzen noch sehr wenig geschehen. Wie kann nun diesem Doppelbedürfnisse abgeholfen werden? – Dieß ist die Aufgabe, welche der deutsche Kindergarten zu lösen strebt.
Sein Zweck ist also nach der einen Seite, Kinder des vorschulfähigen Alters nicht nur in Aufsicht zu nehmen, sondern ihnen eine ihrem ganzen Wesen entsprechende Bethätigung zu geben; ihren Körper zu kräftigen, ihre Sinne zu üben und den erwachenden Geist zu beschäftigen; sie sinnig mit der Natur und Menschenwelt bekannt zu machen; besonders Herz und Gemüth richtig zu leiten und zum Urgrunde alles Lebens, zur Einigkeit mit ihm hinzuführen. Im Spiele sollen sie freudig und allseitig, alle Kräfte übend und bildend, in schuldloser Heiterkeit, Einträchtigkeit und frommer Kindlichkeit sich darleben, für die Schule und kommenden Lebensstufen sich wahrhaft vorbereiten, wie die Gewächse in einem Garten unter dem Segen des Himmels und der aufsehenden Pflege des Gärtners gedeihen.

Nach der andern Seite ist sein Zweck, Personen, namentlich junge Leute beiderlei Geschlechts, in der rechten Leitung und Beschäftigung der Kinder zu unterweisen, den Müttern gute Gehilfinnen in der Pflege der Kleinen, den Familien bessere Wärterinnen und Erzieherinnen, den Bewahranstalten und anderweitigen Kindergärten geschickte Kindermütter und einsichtige Kinderführer zu geben.

Drittens muss aber auch der deutsche Kindergarten, um eine bessere Kindheitspflege zum Gemeingut zu machen, das Bekanntwerden und die Verallgemeinerung des entsprechenden Spielmaterials, d.i. angemessene auf die stufenweise Entwicklung des
40 Kindes und in dem Wesen des Menschen begründete Spiele und Spielweisen sich zum Zweck setzen: wozu noch ein allgemeines Mittheilungsmittel, ein öffentliches Blatt gehörte zur Besprechung der in diesem Kreise sich zeigenden Wünsche, Bedürfnisse, Bestrebungen, Fortschritte etc., sowie zum Verbande der hier und dort entstandenen Kindergärten unter sich und mit dem allgemeinen deutschen Kindergarten.
45 Eine Musteranstalt also für Kinderpflege.
Eine Uebungsanstalt für Kinderführer und Führerinnen,
eine Anstalt, welche angemessene Spiele und Spielweisen zu verallgemeinern sucht,
eine Anstalt endlich, mit welcher alle in solchem Geist wirkende Eltern, Mütter, Erziehende und ganz besonders sich bildende Kindergärten durch ein von ihr herauszuge-
50 bendes Blatt in lebensvollem Zusammenhange stehen können,
dieß soll der Deutsche Kindergarten sein.
Um ihm die zur Verwirklichung alles dieses nöthige Grundlage, namentlich Grundeigenthum, Gebäulichkeiten und überhaupt alles dasjenige zu verschaffen, was im Fortgange der Entwickelung eine solche Anstalt bedarf, wurde der Weg durch Unter-
55 zeichnungen von Beiträgen zu 10 Thlr. Cour. gewählt, mit dem im Plane ausgesprochenen Zweck: dass das hierdurch auszuführende Erziehungswerk das bleibende, sich stets fortentwickelnde Eigenthum aller Unterzeichnenden, namentlich der deutschen Frauen und Jungfrauen sei. Das Vertrauen stützte sich dabei auf den Edelmuth der einsichtigen Menschenfreunde, welche die Zeit mit ihren Bedürfnissen erkennen und im
60 Keime die künftige Saat erblicken: vor allem aber auf den frommen Sinn der Frauen und Jungfrauen, indem ja dem weiblichen Geschlechte die früheste Erziehung, die Pflege der Kindheit zunächst vom Schöpfer ans Herz gelegt ist. Die Frauenwelt, die in der Kindheitpflege ihr gemeinsames Band findet, soll sich hierdurch ein Werk gründen, woraus ihr alles das zufließt, was sie zur Erfüllung ihrer heiligen Pflichten und zur
65 Erreichung ihrer hohen Bestimmung bedarf. Also auf die tiefe fromme Liebe der Frauen ist der Kindergarten gebaut, im Vertrauen zu dem, der als Vater will, dass keines seiner Kinder verloren gehe, und im Geiste dessen, der in ihnen das Himmelreich erblickt und der ihren Frieden, die reine Menschheit, behütet und gepflegt wissen will. [...]

(Günter Erning [Hrsg.], Quellen zur Geschichte der öffentlichen Kleinkinderziehung, Kastellaun, Saarbrücken 1976, S. 95ff.)

1. Vergleichen Sie mithilfe der beiden Quellen die „Kinderbewahranstalt" mit dem Kindergarten Fröbelscher Prägung.
2. Warum war es zu Beginn des 19. Jahrhunderts notwendig, öffentliche Institutionen für Kleinkinderziehung zu gründen?

Zur gesellschaftlichen Funktion vorschulischer Einrichtungen

Fragen wir uns, welche gesellschaftlichen Bedingungen zu Beginn des 19. Jahrhunderts zur Gründung der ersten Kleinkinderschulen und Kleinkinderbewahranstalten führten, so lassen sich drei Voraussetzungen nennen:

- Veränderte Produktionsformen bedingten die Gründung und die Ausbreitung der Manufakturen, was eine Trennung von Familie und Produktionsstätte zur Folge hatte. Damit verlor die Familie eine wichtige erzieherische Funktion, denn die heranwachsenden Kinder konnten nun nicht mehr durch Nachahmung des beruflichen Handelns ihrer Angehörigen bruchlos in die Berufsrolle hineinwachsen.
- Die Entstehung der Klasse des besitzlosen Proletariats mit Frauen- und Kinderarbeit brachte eine Verschlechterung der allgemeinen Lebensbedingungen, und hieraus folgte eine hohe Kindersterblichkeit, ein Absinken des Bildungsniveaus und die Gefährdung der psychischen und physischen Entwicklung der Kinder und Jugendlichen.
- In der geistesgeschichtlichen Bewegung der Aufklärung wurde das Bürgertum selbstbewusster und beanspruchte politische Mitbestimmung im Staat.

Aus diesen hier skizzierten gesellschaftlichen und geistesgeschichtlichen Voraussetzungen lassen sich die zwei Funktionen ableiten, die die öffentlichen Einrichtungen für Vorschulkinder haben sollten:

- Sie sollten zum einen für die Kinder der unteren Schichten ausfallende Erziehungsaufgaben der Familie wahrnehmen, und
- sie sollten zum anderen einen allgemeinen Bildungs- und Erziehungsauftrag erfüllen, der den neuen Bedürfnissen des sich von der Vorherrschaft des Adels emanzipierenden Bürgertums entsprach.

Wenn auch beide Aspekte nicht strikt voneinander zu trennen sind, weil sie in einem interdependenten Verhältnis zueinander stehen, so lässt sich an der geschichtlichen Entwicklung der Kleinkindpädagogik zeigen, dass sich je spezifische Einrichtungen für die Kinder aus unteren Schichten mit sozialfürsorgerischer Absicht und für die Kinder des gebildeten Bürgertums und des aufgeklärten Adels vornehmlich mit erzieherischer Zielsetzung bildeten.

(Wilma Grossmann, Kindergarten. Eine historisch-systematische Einführung in seine Entwicklung und Pädagogik, Beltz Verlag, Weinheim, 2. erw. Aufl. 1994, S. 15–20)

1. Vergleichen Sie Ihre Einschätzung der Entstehungsgründe für Bewahranstalt und Kindergarten mit den Ausführungen der Autorin.
2. Erläutern Sie an diesem Beispiel das Verhältnis von Erziehung und gesellschaftlichen Rahmenbedingungen.

Der pädagogische Ansatz:
Situationsorientierung in der Kindergartenerziehung

Ein Beispiel aus der pädagogischen Arbeit im Kindergarten

In einer Kindertagesstätte in B. S. arbeiten Michael und Gundula nun schon seit elf Jahren. Beide sind in einer Gruppe zusammen, wobei es den Unterschied zwischen „Gruppenleitung" und „Zweitkraft" nicht gibt. Aufgrund von gemeinsam besuchten Fortbildungsveranstaltungen entstand bei den Mitarbeiterinnen der Einrichtung der Wunsch, die eigene, schon vor Jahren geschriebene Konzeption zu überarbeiten und mithilfe eines Referenten neu zu gestalten. Da es gerade bei der Konzeptionserstellung bzw. Konzeptionsüberarbeitung unumgänglich ist, dass der Referent die Situation der realen Arbeit zumindest in Ansätzen erkennt, wurden Gruppenbesuche verabredet und diese Termine gemeinsam mit den Kindern festgelegt. Zur abgesprochenen telefonischen Terminbestätigung wunderte es daher den Referenten auch nicht, dass eine Kinderstimme am Telefon war und den Termin durchgab. Wie sich später herausstellte, wählte Michael die Nummer und gab dann Johannes den Hörer in die Hand, der den Rest souverän meisterte.

Schon beim Eintritt in die Eingangshalle fiel die Freundlichkeit, Lebendigkeit und Ungezwungenheit der Einrichtung auf. Da waren keine „Katalogmöbel fein säuberlich" aufgestellt, sondern zwei Sitzgruppen, auf denen einige Eltern saßen, Kaffee miteinander tranken und sich unterhielten. An der dem Eingang gegenüberliegenden Seite war in der Nähe der Wand ein großer Walfisch (aus feinem Maschendraht, überklebt mit Zeitungspapier und tiefblau angemalt), in dem vier Kinder auf einer Decke lagen und gemeinsam ein Bilderbuch betrachteten. Damit sie in dem Walfisch sehen konnten, war eine kleine Lichtquelle dorthin verlegt (mit Klingeldraht und einer 6-Volt-Birne). Andere Kinder wiederum spielten in einer Ecke mit Duplo-Steinen und hatten sich offensichtlich vorgenommen, einen sehr, sehr hohen Turm zu bauen. Neben dem „großen, maulgeöffneten Walfisch" war eine Wand ganz mit unterschiedlichen Materialien versehen, vom selbstgewebten Wollteppich über zusammengebundene Reisighölzer, von kleinen Fellstückchen über senkrecht untereinander gespannte Gitarrensaiten, von selbstgebrannten Tonstäben bis zu Glaskugeln, Stoffgirlanden, Seilen, Schaumstofffiguren, Schaumgummiblöcken in unterschiedlichen Größen und weiteren gegenständlichen Materialien. Das konnte nur eine Tastwand sein.

Die Gruppentüren standen teilweise auf, teils waren sie geschlossen und teilweise waren sie angelehnt. Während des faszinierten Betrachtens und dem spontanen Wunsch des Besuchers, mal selber in dem Walfisch zu verschwinden oder die Tastwand mit verbundenen Augen zu „be-fühlen", um zu erraten, was das Erfühlte alles sein könnte, kam schon ein ca. 4-jähriges Mädchen auf den Besucher zu und fragte ihn, was er denn möchte. Nach einer kurzen Erklärung meinte sie, sie wisse jetzt schon, wer der Besucher sei, nahm ihn bei der Hand und führte ihn in eine Gruppe mit der Bezeichnung „Eichhörnchen" und rief laut in die Gruppe: „Hier ist unser Besuch, der mal gucken wollte, was wir spielen." Einige Kinder schauten auf, andere schienen es nicht gehört zu haben oder hören zu wollen, und einige Kinder und Michael begrüßten den Besucher. Tasche und Mantel wurden abgelegt, ein Kind bot sofort seine Hilfe an, den Mantel zur Garderobe zu bringen, und tat es dann auch gerne. Zum ersten Blickwerfen in die Runde bestand kaum Zeit, denn schon fragten einige der hinzugekommenen Kinder, woher der Besucher denn käme, ob er ein Auto oder den Bus benutzt hätte („ein Bus ist nämlich umweltfreundlicher, musst du wissen"), ob er Lust habe, in der Tobeecke mitzumachen („da kannst du richtig ins Schwitzen kommen"), oder ob er im

Garten helfen könne, Bretter zu einer Leiter „zusammenzukloppen", damit „man besser auf den Kirschbaum raufkäme". Und dennoch blieb ein wenig Zeit zum Rundblick: Der Raum war groß und freundlich und in viele Ecken unterteilt. Was dabei am meisten auffiel, war eine zweite Ebene in Form eines Hauses. Auf ihr befanden sich kleine Zimmer mit kleinen Fenstern und, nach der Lebendigkeit zu urteilen, hätten eine ganze Reihe von Kindern dort drin sein müssen. Der Raum war also nicht in „offene Funktionsecken" unterteilt, sondern war durch Regale, Decken und eine Kartonwand tatsächlich so abgeteilt, dass von einer „wirklichen Raumteilung" gesprochen werden konnte. Alle Kinder – soweit das bei einem ersten Überblick gesagt werden konnte – waren vor allem in kleineren Gruppen (zu zweit und dritt) damit beschäftigt, einer Aktivität nachzugehen. Hier malten zwei Kinder auf einem Plakat verschiedene Obstsorten, dort wurden mit Hilfe von Gundula einfache Holzstiegen zusammengezimmert. Woanders wiederum bemalten Kinder eine Papierbahn mit bunten Schlangenlinien, und ihnen gegenüber saßen Kinder, die mit ihren Puppen Kunststücke vornahmen. Michael lächelte dem Beobachter freundlich zu und fragte ihn, ob er denn eine Idee habe, was die Kinder denn wohl vorhatten. Und Heike, eine 4-Jährige, sprang dabei ganz aufgeregt auf und ab und rief: „Ja, rate mal, ja rate mal, was wir hier Tolles machen!" Und während sie dazu ein wenig tanzte, kamen andere Kinder hinzu, fassten sich bei den Händen und bewegten sich im Rhythmus zu ihrer gesungenen Frage. Sie öffneten ihren Kreis, baten Michael zu sich, der dann dazukam, den Kreis betrat und lustige Tanzbewegungen ausführte. Die Kinder begannen noch lauter zu lachen, und der Beobachter überlegte, was es denn sein könnte. In der Zwischenzeit kamen immer mehr Kinder dazu, auch aus dem Flur, und schließlich wurde das Ganze zu einer großen tanzenden Schlange, die in den Garten hopste, tanzte, hüpfte und vorwärtssprang. Auch der Beobachter ging mit nach draußen und wurde dann von den Kindern umringt. Nun begannen die Kinder, Hinweise zu geben: „Es ist schön." / „Es ist bald." / „Es wird bestimmt lustig." / „Und ganz viele Menschen kommen." / „Und Obstkuchen gibt es auch." / „Und die Tische werden ganz schön mit Tischdecken bedeckt." Die Antwort, dass es eine Zirkusvorstellung wird, wurde mit lautem Lachen und einem vielstimmigen „Nein" quittiert. Tja, schließlich gab der Beobachter und Gast zu verstehen, dass es eigentlich nur ein „Fest" sein könne, und die Kinder applaudierten nun mit vollen Kräften. Es stellte sich heraus, dass in den letzten Wochen die Nachbarn, die in unmittelbarer Nähe der Kindertagesstätte wohnten, ein paarmal über die Lautstärke der Kinder klagten, worauf sich diese entschlossen, ein *Nachbarschaftsfest* zu veranstalten. Vorbereitend wurden einige Nachbarn besucht, ihnen erklärt, dass Kinder gerne laut sind und sich bewegen. Mit Hilfe und Unterstützung von Michael und Gundula malten sie Plakate, hängten diese in der Umgebung auf und verteilten sie in den Geschäften; auch Handzettel zum Verteilen wurden hergestellt (mit selbstgeschöpftem Papier) und das Ganze unter das Thema „*Mit Nachbarn lachen, essen und spielen*" gestellt. Und weil gerade Obsternte war und die Kinder im Kindergarten mit den Früchten der Kindergarten-Obstbäume allerhand Speisen herstellten, sollte das Ganze eine riesige Obstfete werden. Die Vorbereitung lief auf vollen Touren, und einige Kinder aus der „Eichhörnchengruppe" hatten besonders viel Freude daran, mit der Erzieherin aus der „Ponygruppe" Verkleidungen aus Stoffresten und Pappmaché zu werken: Verkleidungen, die riesige Obstsorten darstellten, in die dann einige der Kinder hineinkriechen konnten und alles zu einem Spiel verwenden wollten. Jetzt wurde dem Besucher auch die Vielzahl der unterschiedlichen Aktivitäten der Kinder klar, genauso wie die zu Anfang gestellte Frage, ob er nicht bei dem „Zusammenkloppen" einer Leiter behilflich sein könne.

(Armin Krenz, Der „Situationsorientierte Ansatz" im Kindergarten, Herder Verlag, Freiburg 1991, S. 56ff.)

1. Arbeiten Sie Ziele und Methoden der pädagogischen Arbeit in diesem Kindergarten heraus.
2. Vergleichen Sie diese Art der pädagogischen Arbeit mit Ihren eigenen Kindergartenerfahrungen.

Das Konzept der Situationsorientierung

Zunächst soll noch einmal kurz die Zielsetzung des Ansatzes auf den Punkt gebracht werden. Erzieher/innen in Kindergärten, die sich dem „Situationsorientierten Ansatz in der sozialpädagogischen Praxis" verpflichtet fühlen, *möchten Kindern* – in enger Zusammenarbeit mit Eltern – *die Möglichkeit geben*,

- *Lebensereignisse und erlebte Situationen*, die die Kinder beschäftigen,
  - *nachzuerleben* (auf der emotionalen Ebene),
  - *diese zu verstehen* (auf der kognitiven Ebene) und
  - *aufzuarbeiten bzw. zu verändern* (Handlungsebene),
- damit sie die Erfahrung machen,
  - *gegenwärtiges Leben zu verstehen und praktische Situationen bewältigen zu können*.
- Dabei werden die
  - *individuellen* Erfahrungen und Erlebnisse eines jeden Kindes – soweit wie möglich – berücksichtigt mit dem Ziel,
  - eigene, *lebenspraktische Fähigkeiten* (Kompetenzen) aufzubauen und zu erweitern,
  - *Erfahrungshorizonte* zu vergrößern,
  - *Selbstständigkeit weiterzuentwickeln* und
  - sich selbst als ein Teil von anderen Menschen zu begreifen, als ein Teil der Ökologie zu verstehen und damit selbstbewusst, kompetent und solidarisch zu denken und zu handeln.
- Dabei wird das Schwergewicht der Arbeit
  - auf der *Vernetzung von Situationen im Kindergarten und außerhalb des Kindergartens* liegen, um künstlich hergestellte, idealtypische Situationen möglichst zu vermeiden.

Sicherlich ist es schwer, Kinder und ihre Lebenssituationen in den Mittelpunkt der Betrachtung zu ziehen und sich von den vielfältigen Erwartungen, die auch von außen an die Einrichtung gestellt werden, etwas bzw. stärker als bisher zu lösen. Und dennoch ist es zunächst eine Frage der Mitarbeiter/innen selbst, *welche Ziele real von Bedeutung sein sollen/werden*. Handlungsschritte vollziehen sich immer erst in den Köpfen der Menschen, und ihre Bewertung gibt den Ausschlag dafür, *wie gearbeitet* und *was getan* wird. Handeln ist damit eine Folge eigener Gedanken und nicht umgekehrt.

Ist die Frage der *Zielsetzung* beantwortet – und dies geht sicherlich nicht von heute auf morgen (!!!) – und findet dabei auch die Zielsetzung eine *gefühlsmäßige Zustimmung*, können die weiteren Schritte eines situationsorientierten Arbeitens folgen.

Situationsorientiertes Arbeiten vollzieht sich am besten auf der Grundlage einer Schrittfolge, die einerseits zwar „mechanisch" aufgebaut ist, andererseits aber keineswegs eingrenzend wirkt. Die Voraussetzung dazu ist die Entscheidung *für* den „Situationsorientierten Ansatz in der sozialpädagogischen Praxis".

Schrittfolge des situationsorientierten Arbeitens:

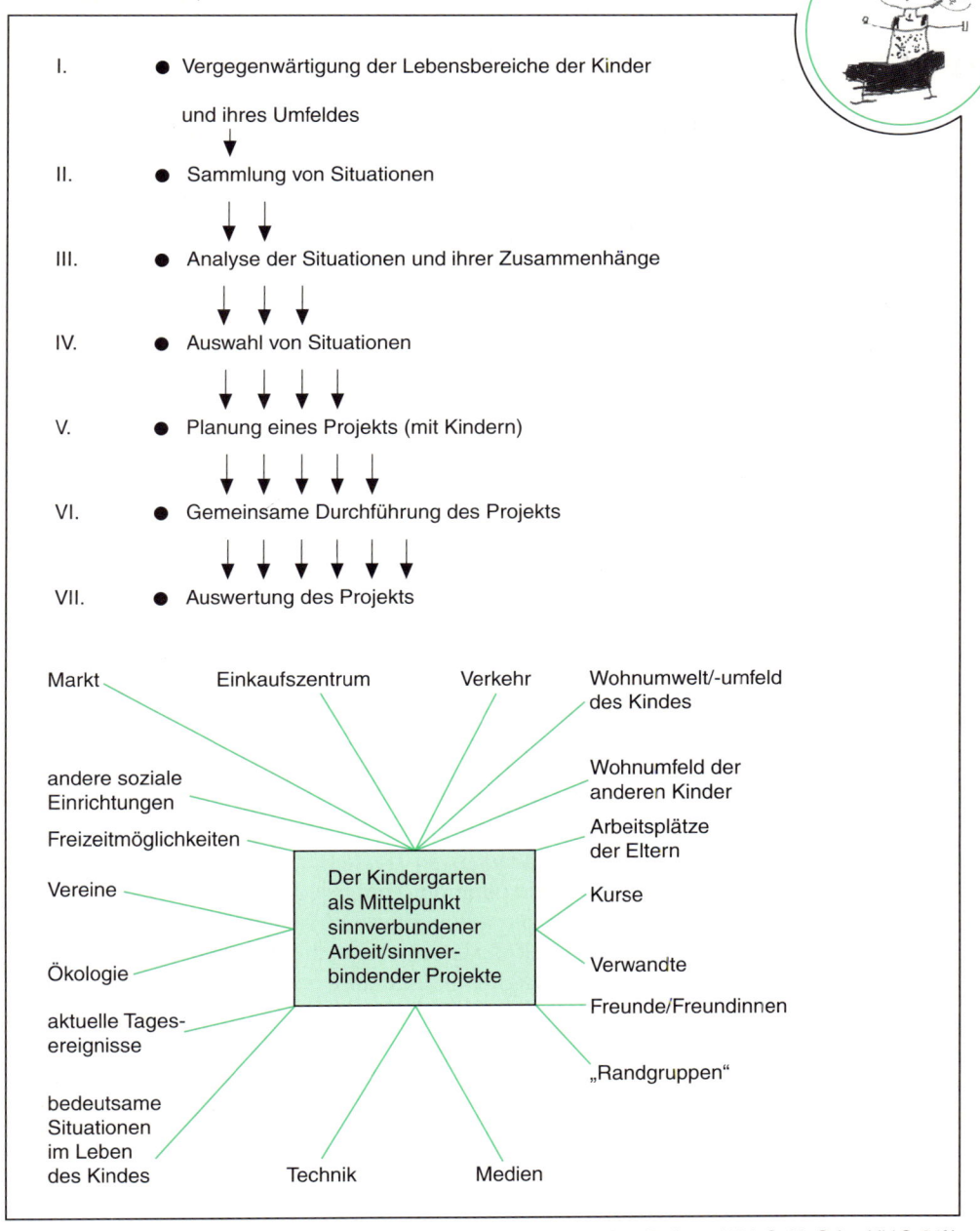

I. ● Vergegenwärtigung der Lebensbereiche der Kinder und ihres Umfeldes

II. ● Sammlung von Situationen

III. ● Analyse der Situationen und ihrer Zusammenhänge

IV. ● Auswahl von Situationen

V. ● Planung eines Projekts (mit Kindern)

VI. ● Gemeinsame Durchführung des Projekts

VII. ● Auswertung des Projekts

Der Kindergarten als Mittelpunkt sinnverbundener Arbeit/sinnverbindender Projekte:

- Markt
- Einkaufszentrum
- Verkehr
- Wohnumwelt/-umfeld des Kindes
- andere soziale Einrichtungen
- Wohnumfeld der anderen Kinder
- Freizeitmöglichkeiten
- Arbeitsplätze der Eltern
- Vereine
- Kurse
- Ökologie
- Verwandte
- aktuelle Tagesereignisse
- Freunde/Freundinnen
- bedeutsame Situationen im Leben des Kindes
- „Randgruppen"
- Technik
- Medien

(Armin Krenz, Der „Situationsorientierte Ansatz" im Kindergarten, Herder Verlag, Freiburg 1994, S. 33, Schaubild S. 84f.)

1. Formulieren Sie mit eigenen Worten Zielsetzung und Vorgehensweise des situationsorientierten Ansatzes, wie er aus der obigen Darstellung und dem Beispiel hervorgeht.
2. Welche Anforderungen werden an eine Erzieherin/einen Erzieher gestellt, die/der ein Projekt nach diesem Ansatz durchführen möchte?

Vertiefung

Erzieherinnen im Stress

Geht man von den Richtlinien aus, die mit viel Elan in den Siebzigerjahren für die pädagogische Arbeit im Vorschulalter entwickelt worden sind, scheint die Bewältigung des Alltags nicht schwer. Da werden nur etwa hundert Lernziele vorgegeben. Das einzelne Kind soll danach *„Sprechlust und Mitteilungsbedürfnis entwickeln"*, *„ermuntert werden, mit vielfältigen Materialien und Medien kreative Leistungen zu vollbringen"*, *„sich im Rahmen der sittlichen Werte und geltenden Verhaltensnormen orientieren können"*, wobei nicht erläutert wird, welche dieser Werte und Verhaltensnormen denn da gemeint sind, es soll *„sich mit seiner Geschlechtlichkeit auseinander setzen"*, *„lernen, nicht aufhebbare Widersprüche zu ertragen, die Fähigkeit zum Rollenhandeln erwerben"*. Der Erzieherin wird ein *„Erziehungsstil"* vorgeschrieben, *„der das Kind weder mit autokratischen und starren Erziehungsformeln einengt noch durch beliebiges Gewährenlassen verunsichert."*

In der Praxis lassen sich Kinder jedoch nicht gern auf geduldiges „Abarbeiten" von Lernzielkatalogen ein. Zwanzig Kinder verlangen von ihren Erzieher(inne)n viel zur gleichen Zeit. Eine ganz normale Situation: Drei wollen gern „Mensch-ärgere-Dich-nicht" spielen, drei andere lieber „Memory", zwei können sich nicht darüber einigen, wer mit dem Spielzeugauto fahren darf, ein anderes Kind möchte gern erzählen, dass es gestern auf dem Land war und zugesehen hat, wie richtige Kühe gemolken werden. Zwei Jungen haben neues Spielzeug mitgebracht und möchten gern – wie gestern Abend in der Tagesschau gesehen – „Wüstenstürmer" sein; es findet sich nur niemand, der den Gegenpart übernehmen möchte. Inzwischen haben die mit dem Auto ihren Konflikt geregelt, das unterlegene Kind weint und will getröstet sein. Auf den Schoß möchte aber auch noch ein anderes Kind, weil es seine Traurigkeit über den gestrigen Streit zwischen Mama und Papa mit in den Kindergarten gebracht hat. Zwei Jungen und ein Mädchen haben sich eine Höhle gebaut und ihre Kleidung davor abgelegt, was den Verdacht erregt, dass sie miteinander etwas spielen, was im Vorschulprogramm noch nicht vorgesehen ist. Zwei weitere plagt der Hunger, eins möchte vorgelesen haben, wie Lotta in die Schule geht, und gerade in diesem Moment sind die beiden letzten Kinder beim Gespensterspielen mit der Decke über die eigenen Füße gestolpert. Die beiden Kinder, die die zehnprozentige Überbelegung der Gruppe ausmachen, sind mit Masern zu Hause geblieben.

Ist man zu zweit, kann man sich die Bewältigung der Anforderungen noch einteilen. Die eine organisiert zwei Spielrunden und setzt sich mit anderen Kindern zum Vorlesen hin, die andere betreibt „Krisenintervention", schlichtet Streitigkeiten und tröstet. Oder man versucht einen anderen Weg: Jede bietet ein Spiel an in der Erwartung, dass alle Kinder neugierig genug sind, von ihrem gegenwärtigen Tun abzulassen und sich anzuschließen. Das hat man immerhin in der Fachschule gelernt und in der Ausbildung geübt.

Oft jedoch – und insbesondere wenn eine Betreuungsperson mit 20 Kindern allein ist – funktioniert das nicht. Dann muss die Gruppe anders „in den Griff" bekommen werden. Die Psychologin Annemarie Tausch hatte Ende der Sechzigerjahre ermittelt, dass über 80% aller Äußerungen von Erzieher(innen) gegenüber den Kindern zwischen drei und sechs Jahren Befehle oder Fragen waren: Tu dies, lass jenes! Was macht ihr da denn schon wieder? usw. Das entsprach zum einen Teil sicherlich damaligen Erziehungsvorstellungen, war aber auch schon Ausdruck von Überforderung durch die Verhältnisse. Inzwischen ist eine neue Generation von Erzieher(inne)n tätig, die im Prin-

zip ein anderes Verhältnis zu ihren Kindern aufbauen wollen – in der Praxis aber doch wieder zu Löwenbändigern werden müssen.
Um den Gruppenbetrieb halbwegs überschaubar zu gestalten, ist man eher geneigt, den Kindern ein Programm vorzusetzen und darauf zu drängen, dass es eingehalten wird: „Jetzt machen wir das und nichts anderes." Regeln des Zusammenlebens werden nicht mehr besprochen und diskutiert, sondern durchgesetzt. Konflikte werden entschieden, statt mit den Kindern mühsam zu üben, wie sie gelöst werden können. Die Selbstständigkeit der Kinder wird damit natürlich wenig gefördert. Das wiederum führt dazu, dass sie, statt einfache Konflikte selbst zu lösen, Spiele selbst zu organisieren u.a., weiterhin darauf warten, dass die Erzieherin sich einschaltet und festlegt, was zu geschehen hat. Der Erwachsene greift immer wieder ein, kann sich nicht auf die Rolle des Ansprechpartners, Ideengebers zurückziehen und sich gezielt den Kindern widmen, die besondere Unterstützung brauchen. Er bleibt in der Rolle des Vorturners.

Verschärft werden diese Probleme dadurch, dass Erzieher(inne)n kaum Zeit für Vor- oder Nachbereitung der Arbeit mit den Kindern zugebilligt wird wie auch für das Gespräch und die Zusammenarbeit mit den Eltern. Dabei beobachten Erzieher(inne)n immer wieder Problemsituationen, die eine gründliche Beschäftigung erforderten, die es notwendig machten, sie gezielt und vorbereitet in der Gruppe anzugehen und auch mit den Eltern zu besprechen. In unserem Ausgangsbeispiel sind das so unterschiedliche Dinge wie das Kriegsspielzeug, das Interesse der Kinder an ihrem Körper und der Sexualität, die Unkenntnis der Stadtkinder über die Natur, die Einwirkung familiärer Konflikte auf den Kindergarten, die handgreifliche Lösung von Konflikten. Weitere kommen hinzu, wenn zum Beispiel eine größere Zahl ausländischer Kinder mit ihren zusätzlichen Schwierigkeiten in die Gruppe integriert werden muss. Jedes dieser Probleme erfordert im Grund ein durchdachtes Erziehungsprogramm, abgestellt auf die besondere Situation in der Gruppe.

Dabei soll diese Aufgabe von Menschen bewältigt werden, denen man ihren Beruf keineswegs attraktiv macht. Seit hundert Jahren ist es ein Frauenberuf. 1986 kamen auf 129 000 Erzieherinnen und Kinderpflegerinnen – das sind die in Tagesstätten überwiegend mit der Kinderbetreuung Beschäftigten – gerade 7500 Männer mit gleicher Tätigkeit. Das hat im Übrigen auch Auswirkungen auf die Kinder. Viele von ihnen leben in der Familie nur mit der Mutter zusammen; die Chance, zumindest im Kindergarten zum Ausgleich auf eine männliche Bezugsperson zu treffen, ist gering. Frauenberufe sind nicht besonders hoch angesehen, und sie werden schlechter bezahlt als die der Männer. Eine kinderlose, unverheiratete Berufsanfängerin konnte 1990 mit einem Anfangsgehalt von 1700 DM netto rechnen, nach zwanzig Jahren Tätigkeit im günstigen Fall mit etwa 2300 DM. Ist frau dann verheiratet und hat zwei Kinder, kann sie es auf etwas mehr als 2500 DM bringen. Zwanzig Jahre ist allerdings ein Zeitraum, den nur ein Teil der Erzieherinnen in dieser Tätigkeit hinter sich bringt. Aus West-Berlin wird berichtet, dass sie es im Durchschnitt nur fünf Jahre in diesem Beruf aushalten. Verständlich, wenn frau nach relativ kurzer Ausbildungszeit (inklusive des praktischen Teils überwiegend drei Jahre) mehr oder weniger allein mit einer so großen Zahl von Kindern gelassen wird.

(Heidi Kaiser/Jürgen Moysich, Der Kindergarten-Notstand, Piper Verlag, München 1991, S. 119ff.)

1. Wie beschreiben die Autoren den Arbeitsalltag von Erzieherinnen und Erziehern?
2. Welche Konsequenzen ergeben sich daraus für die pädagogische Arbeit?
3. Wie müssten die Arbeitsbedingungen geändert werden um eine pädagogisch sinnvolle Arbeit zu ermöglichen?

Kindergartenplätze für alle Kinder?
Der Kindergarten als Bestandteil des Bildungssystems

Erfahrungsraum und Lernort

Kindergärten sind Einrichtungen für Kinder im Alter von drei Jahren bis zum schulpflichtigen Alter. Viele Eltern erkennen, wie wichtig Kindergärten als Erfahrungsraum und sozialer Lernort heute sind. Familien werden kleiner. Immer mehr Kinder wachsen als Einzelkind auf. Nicht selten grenzen beengte Wohnbedingungen, verkehrsdichte Straßen und fehlende Gleichaltrige im Wohngebiet die Spiel- und Kontaktmöglichkeiten der Kinder ein. Die Organisation von Außenkontakten für Kinder ist zu einer zeitaufwendigen Erziehungsaufgabe in der Familie geworden, die hauptsächlich von Müttern bewältigt wird. Gemeinschaftsorte wie Kindergärten bieten in dieser Situation viele Entwicklungschancen. Soziale Verantwortlichkeit und Kooperationsfähigkeit sind nur zwei Beispiele für lebenswichtige Kompetenzen, die im Rahmen einer Vielzahl gemeinsam erlebter Alltagssituationen erworben werden können.

Kindergärten haben eine Bildungs-, Erziehungs- und Betreuungsaufgabe. Die Kinder leben und lernen in Gruppen, die meist altersgemischt sind. Ausgangspunkt für die Lerninhalte und Lernformen sind reale und für die Kinder bedeutsame Lebenssituationen. Lernen wird als ganzheitlicher und gruppenbezogener Prozess gesehen, wobei die individuellen Interessen und Bedürfnisse der Kinder beachtet werden. Eine Kindergartengruppe besteht im Allgemeinen aus 18 bis 25 Kindern, die von einer Erzieherin geleitet wird (in der Regel von einer pädagogischen Hilfskraft unterstützt).

Gibt es genügend Kindergärten?

Seit der Kindergarten 1973 offiziell als erste Stufe des Bildungswesens anerkannt wurde, hat sich das Platzangebot für die Altersgruppe der 3- bis 6-Jährigen mehr als verdoppelt. In Westdeutschland besuchen nach der amtlichen Statistik 76% der 3- bis unter 6-jährigen Kinder einen Kindergarten. Die Zahl der 5-Jährigen ist dabei wesentlich höher als die Zahl der 3-Jährigen. Das Versorgungsniveau ist nicht in allen Bundesländern gleich, auch innerhalb der Bundesländer gibt es regionale Unterschiede. In Ostdeutschland besuchten 1989 95% der Kinder im Kindergartenalter einen Kindergarten. Der Bedarf an Plätzen übersteigt bei weitem das Angebot. Zur Zeit wird geschätzt, dass in den westlichen Bundesländern 500 000 Kindergartenplätze fehlen. Ein Grund dafür ist der Wunsch vieler Mütter, Beruf und Familie zu verbinden.

„... darfst auch du in den Kindergarten."
(Zeichnung: Paulmichl; in: RuhrNachrichten v. 25.11.1995)

Nicht nur der Mangel an Plätzen ist ein Problem, sondern vor allem der Mangel an Ganztagsplätzen und Über-Mittag-Betreuung. Bislang waren die Zeitstrukturen von Arbeitswelt, Familie und familienbegleitenden Einrichtungen wenig aufeinander bezogen. Ungünstige Bring- und Abholzeiten können auch für Eltern mit einer Teilzeitbeschäftigung zum Problem werden. Berufstätige Mütter sind häufig auf zusätzliche, private Lösungen angewiesen, um die Besuchszeit ihres Kindes im Kindergarten durch eine andere Betreuungsform zu ergänzen. Neben dem hohen organisatorischen und finanziellen Aufwand für die Familien muss vor allem das Kind einen mehrmaligen Wechsel im Tagesverlauf verkraften, ganz abgesehen von Fragen der Betreuungsqualität.

Vielerorts haben die Kindergärten in letzter Zeit versucht, auf die Forderungen nach flexibleren Öffnungszeiten einzugehen. Allerdings fehlt es vielfach noch an den Voraussetzungen für die notwendige Umorientierung in der Konzeption, Raumnutzung und materiellen Grundausstattung. In Fragen der Rahmenbedingungen für eine gute Arbeit ist es wichtig, dass Eltern klare Vorstellungen entwickeln, entsprechende Forderungen einbringen und an konstruktiven Lösungen mitarbeiten.

Der rechtliche Rahmen
Seit 1991 regelt das neue Kinder- und Jugendhilfegesetz (KJHG) die Förderung von Kindern in Tageseinrichtungen. Im Rahmen der Novellierung des KJHG (1992) hat jedes Kind vom vollendeten dritten Lebensjahr bis zum Schuleintritt Anspruch auf den Besuch eines Kindergartens (wirksam ab 1.1.1996 mit Übergangsregelung). In den meisten Bundesländern wurden deshalb Ausführungsgesetze zum KJHG (in Ergänzung zu den bisherigen Kindergartengesetzen oder Regelungen) erlassen.

(Pamela Oberhuemer, Lebenswelt Kindergarten, in: LBS-Initiative Junge Familie [Hrsg.], Vereinbarkeit von Familie und Beruf, Beltz Verlag, Weinheim 1994, S. 47ff.)

1. Worin sieht die Autorin die Aufgabe des Kindergartens heute?
2. Brauchen alle Kinder einen Kindergartenplatz? Erörtern Sie und nehmen Sie begründet Stellung.
3. Erkundigen Sie sich nach dem Versorgungsgrad mit Kindergartenplätzen in Ihrer Gemeinde.
4. Wie wird dieses Thema in der Öffentlichkeit diskutiert?

Pädagogische Anwendung

Auffälliges Verhalten

Es ist aber auch eine für uns interessante, unsere Neugier provozierende Forderung: Wir wollen kindliches Verhalten verstehen, merken aber, dass uns dies, trotz Ausbildung, Erfahrung, trotz unseres intensiven Bemühens oft nicht gelingt.

Ein Ansatz, der sich im pädagogischen, besonders aber im therapeutischen Umgang immer mehr durchsetzt, ist die Frage nach dem Ziel von menschlichem Verhalten, die Frage des „Wozu" (nicht das „Warum"). „Wozu" betrifft die Intention, das angestrebte Ziel, die Absicht, die hinter jedem Verhalten steht.

Um diese Intention kindlichen Verhaltens zu verstehen, ist ein Wechsel unserer Perspektive nötig. Wir gehen davon aus: „Jedes Verhalten hat eine positive Absicht" (Satir, V. 1985). Das ist eine zutreffende Aussage, die sich jedoch nicht so leicht in unser Alltagsdenken umsetzen und verinnerlichen lässt. Wir brauchen dazu ein Menschenbild, „ein stabiles Glaubensgebäude", um hinter den oft erschreckenden und ängstigenden Realitäten (wie z.B. Gewalt gegen Kinder, Ausländerhass, Krieg usw.) diese positive Absicht zu sehen.

Die Grundannahme: Verhalten hat eine positive Absicht, ist für mich als Erziehenden jedoch entscheidend, denn sie beinhaltet die Hoffnung auf positive Veränderung im Umgang auch mit aggressivem bzw. destruktivem Verhalten bei Kindern. Diese meine Einstellung bestimmt zu einem großen Teil meine Beobachtung, Wahrnehmung, meine Versuche zu verstehen, dann auch meinen Umgang mit dem Kind. [...]

Beobachten und Wahrnehmen
Auch wenn wir uns bemühen, ein Kind unvoreingenommen zu beobachten, wird uns dies nie ganz gelingen. Für unsere Beobachtung bestimmend ist der Einfluss unserer persönlichen Einstellung, unserer eigenen Sozialisationserfahrung, unserer frühen anerzogenen, geprägten und heute für uns geltenden Muster. Wir beobachten in unserem eigenen interpersonellen Raster – und dazu müssen wir stehen! Wir haben die Möglichkeit zu vergleichen, Standards von „Normalverhalten" heranzuziehen – dennoch wage ich zu behaupten, dass Alltagsbeobachtung wesentlich von unserem Menschenbild geprägt ist. Wir sehen, hören, tasten oder riechen unsere Welt so, wie sie unserem Muster im Kopf (unserer kognitiven Landkarte) entspricht.

Einerseits ist es nötig, kindliches Verhalten möglichst objektiv, wertneutral zu beschreiben – dazu gibt es viel Fachliteratur –, andererseits müssen wir uns zugestehen, dass wir aus unserer subjektiv getönten Wahrnehmung heraus manche Dinge anders beobachten, als es der Wirklichkeit entspricht.

Hilfe besteht dann weniger darin, noch differenziertere Beobachtungsbögen zu entwerfen und zu verwenden. Notwendig ist dagegen, unsere subjektive Wahrnehmung zu hinterfragen, persönliche alte, geprägte Muster zu erkennen, Selbsterfahrung anzustreben. Und diese Selbsterfahrung wird sich wieder wesentlich mit unseren Grundannahmen, unserem Menschenbild beschäftigen.

Zu jeder Beobachtung eines Menschen gehört unsere Distanzierung. Diese Distanzierung ermöglicht, dass ich nicht meine eigene Sichtweise auf den anderen projiziere, ihn nach meinem Muster sehe, sondern als „den anderen" erkenne und anerkenne: den anderen, hier das Kind, das mir etwas mitteilen will, das zu mir in Beziehung treten will, das etwas signalisiert, in der Hoffnung, dass ich seine Botschaft erkenne und verstehe.

Erkennen und verstehen
Ich beobachte: Rainer kommt eine halbe Stunde zu spät in die Gruppe. Er geht direkt zu Claudia, gibt ihr einen Stoß, sie fällt hin und weint.

Aus der Beobachtung ist dies eine unverständliche Abfolge, und doch hat jeder von uns eine Vielzahl von Vermutungen, von Alltagstheorien bereit, die diese Verhaltenssequenz erklären könnten. Und immer dreht es sich um die Warum-Frage: z.B., „er hatte zu Hause Ärger mit seiner Schwester", „die Mutter hat ihn beim Abschied frustriert", „auch der Vater machte schon beim Elternabend so einen aggressiven Eindruck …".

Diese Erklärungen, die wir zum Teil in Pädagogik- und Psychologieausbildung gelernt haben, sollten wir anerkennen, aber nicht als „unfehlbar" werten, sondern als Hypothesen, die dringend einer Erweiterung aus anderen Blickwinkeln bedürfen. Um auffällige Verhaltensweisen zu verstehen, müssen wir sie als Versuche des Kindes erkennen, uns Botschaften zu geben.

Rainer, der Claudia schubst, gibt uns Anlass, viele Hypothesen zu bilden, warum er das tut. Verstehen können wir es aber trotzdem noch nicht, weil wir als sozial engagierte Helfer das Motiv-Muster: „Ich schicke einen anderen zu Boden" nicht akzeptieren können. Nicht das vorschnelle Verstehen-Können, die schnelle Lösung von Konflikten, der „Umgang mit Verhaltensstörungen nach Rezept" ist die optimale Möglichkeit, sondern das Zaudern, das Verweilen im Reflektieren, um dann zu erkennen und dann zu verstehen.

Wie in unserer Leistungsgesellschaft überall das Leistungsprinzip der schnellen Lösungen gefragt ist (time is money), so sind wir auch in der pädagogischen Praxis in Gefahr, uns nicht genug Zeit zu nehmen, nicht nur im Spiel mit dem Kind, sondern auch beim Nachdenken über sein Tun, sein Handeln, sein Erleben! Wie groß ist die Gefahr, besonders wenn wir schon länger im „Erziehungsgeschäft" tätig sind, dass wir uns zutrauen, kindliches Verhalten zu „verstehen", seine Botschaften sofort entschlüsseln zu können. Sehr schnell geraten wir in die Falle von Vorurteilen, Stereotypen und Kategorien.

Den anderen zu verstehen heißt, mit ihm einen Dialog eingehen, seine Lebenswelt, aber auch seine Fantasiewelt kennen, das Kind ganzheitlich erfassen. Es ist im Grunde so, wie wir es allgemein in der Begegnung erleben: Zuerst sehen wir den anderen insgesamt, dann erst differenziert sich unsere Wahrnehmung, und wir nehmen seine Körperhaltung wahr, den Gesichtsausdruck, dann kommen nach und nach Fähigkeiten und Eigenheiten. Im Austausch mit dem anderen haben wir die Möglichkeit, seine Haltung, seine Einstellung und sein Leben zu erfassen.

In der Kommunikationsforschung werden vier Aspekte in jeder Aussage definiert:

Ich (der Sender)
sage etwas (Aussage, Mitteilung, Botschaft)
zu dir (dem Empfänger)
in dieser Situation (Kontext) (Virginia Satir, Familienbehandlung, 1978, S. 103)

Ich ...
Sender kann auch ich als Erziehender sein, oder aber – wie unserem Thema entsprechend – das Kind, das uns durch sein Verhalten eine Botschaft geben will. Es ist also Geber und sucht durch diese Gabe, uns etwas mitzuteilen. Die Botschaft kann entweder sprachlich oder nicht-sprachlich ausgesandt werden. Wie der Sprecher im Fernsehen rechnet das Kind damit, dass seine Mitteilung aufgenommen wird, kann sich aber dessen nicht sicher sein.

Aus unserer Interaktion mit erwachsenen Partnern ist uns bekannt, wie verletzend es sein kann, Botschaften zu geben und damit rechnen zu müssen, dass sie nicht aufgenommen werden. Werden unsere Botschaften öfters nicht oder häufig falsch aufgenommen, so resignieren wir, ziehen uns zurück, „sagen gar nichts mehr", oder aber wir werden aggressiv, schimpfen oder brüllen den anderen an: „So höre doch endlich zu, wenn ich etwas sage!"

Auf kindliches Verhalten umgesetzt könnte dies heißen: Im ersten Fall verweigert das Kind etwas zu sagen, in der Hoffnungslosigkeit, doch nicht gehört oder aber missverstanden zu werden. Im zweiten Fall reagiert es durch aktives Verhalten, macht uns in allen Schattierungen darauf aufmerksam, dass es unsere Beachtung, unser Verstehen, unsere Zuwendung will. Deshalb ist für uns das eher aktive, evtl. auch aggressive als das gehemmte Verhalten die zuversichtlichere, hoffnungsbereitere Botschaft des Kindes.

Ich sage etwas ...
Für jede Art der Botschaft ist die Beziehung zwischen dem Gebenden und dem Aufnehmenden entscheidend, sie bestimmt weitgehend, wie gut der Inhalt „rüberkommt" (vgl. Watzlawick, P., 1969). Mit manchen Kindern oder Erwachsenen haben wir eine so gute Beziehung, dass wir auch schwierige Mitteilungen, die leicht zu Missverständnissen führen könnten, ohne Unsicherheit und Angst sagen können.

Was ich sage (und hier ist nicht nur die verbale, sondern auch die averbale Botschaft gemeint), hängt wesentlich vom Hintergrund an Erfahrungen und Erlebnisweisen von Sender und Empfänger ab. Wir können sowohl bei uns selbst, aber auch in der Interaktion mit dem Kind Inhalte so verändern, dass sie anders gesehen werden können.

„Die andere Seite der gleichen Medaille" zu erkennen heißt: Wir versuchen, eine Botschaft nicht nur aus unserem altgewohnten Muster heraus wahrzunehmen, sondern sie in einen neuen, anderen Rahmen zu setzen. Rainer, der Claudia zu Boden schubst, lässt uns nicht nur das aggressive Kind sehen, sondern auch den Kontakt suchenden, Zuneigung provozierenden Jungen. Das Bild ist das gleiche, wir suchen aber immer wieder andere Rahmen – und damit verändert sich der Gesamteindruck des Bildes wesentlich. Dies weiß zumindest jeder Kunstmaler. Durch unsere Grundhaltung, die als „Rahmen" gilt, wird es dann eher möglich sein, dieses kindliche Verhalten so umzudeuten, dass unsere Beziehung nicht nur Abwehr sein muss.

Ich sage etwas zu dir ...

Aus der systemischen Betrachtungsweise wissen wir, dass Sender und Empfänger in wechselseitiger Beziehung austauschbar sind. Es ist meist eine Frage der Definition, ob Sender falsch senden oder Empfänger falsch empfangen.
Der Vater sagt zum 5-jährigen Erwin: „Du räumst jetzt dein Zimmer auf!" Dem Erwin als Empfänger passt dies gar nicht – der Vater meint: „Der folgt wieder nicht." Erwin könnte denken: „Vater versteht mich nicht, ich spiele jetzt und habe keine Zeit!"
In einer solchen Situation sich nicht in „Machtspiele" oder Vorwurf zu begeben, sondern sich bewusst zu sein, Botschaften können anders aufgenommen werden als der Sender sie meint, bedeutet eine Chance: Die Voraussetzung für Verständigung wird geschaffen.

Ich sage etwas zu dir in dieser Situation

Der Kontext, d.h. das Umfeld, die Situation, in welcher die Botschaft mitgeteilt wird, ist von ausschlaggebender Bedeutung für den Empfang. Wenn ich als Erziehender mit dem Kind alleine spreche oder mit ihm zusammen etwas tue, unterscheidet sich das sehr von der Situation, in der ich noch zwanzig andere Kinder zu betreuen habe. Ob ich gut ausgeruht oder im äußersten Stress mit dem Kind rede, ist für die Kommunikation entscheidend. Ob das Kind gerade massiv frustriert wurde oder ob es in gelockerter und fröhlicher Situation mit mir zusammen ist, hat für unser Senden und Empfangen von Botschaften eine wesentliche Bedeutung.
Auffälliges Verhalten sollte nie nur aus einer Umfeldsituation beobachtet werden, sondern aus einer Vielzahl von Situationen. Wie verhält sich das Kind in der Gruppe, beim Einzelspiel, bei Anforderungen, zu Hause, beim Kindergeburtstag, auf dem Spielplatz mit anderen Kindern usw.
Es ist nicht möglich, Botschaften nicht aufzunehmen. Auffälliges Verhalten ist in jedem Falle eine Botschaft, die aufgenommen wird. Es ist aber wichtig zu erkennen, wie schnell wir Botschaften nach „geprägten Empfänger-Mustern" sofort einordnen wollen, kategorisieren, deuten und interpretieren.
Dies beginnt schon bei der Beobachtung bzw. der Wahrnehmung des kindlichen Verhaltens. Jedes Verhalten hat ein Ziel – dieses Ziel zu erkennen ist für uns Erziehende oft schwierig. Wir sollten uns – trotz des kurzzeitigen Entscheidungsdrucks – Zeit nehmen, Botschaften von Kindern zu entziffern. Dabei ist es notwendig, zuerst sehr viele verschiedene Hypothesen zur Erkundung aufzustellen und diese möglichst mit anderen zu besprechen, im Team oder in einer Supervisionsgruppe. Unsere Kreativität, zu der wir Zeit und Ruhe brauchen, ist hier erforderlich und ganz besonders gefragt.

(Klaus Utz, Auffälliges Verhalten, in: Kindergarten heute 12/1993, S. 6ff.)

1. Wie werden Erzieherinnen und Erzieher, die ihre pädagogische Arbeit nach dem situationsorientierten Ansatz ausrichten, mit „auffälligem Verhalten" umgehen?
2. Vergleichen Sie den Ansatz des Autors mit dem von Schulz von Thun (s. Kap. ‚Erziehungsstile') und wenden Sie das Instrumentarium (4 Seiten einer Nachricht) auf ein Beispiel aus dem Kindergarten an.
3. Unter welchen Bedingungen ist eine am Ansatz des Autors orientierte Arbeit im Kindergarten möglich?

Projektvorschlag zum selbstständigen Weiterarbeiten

A Kindergartenerkundung:

Nehmen Sie Kontakt zu Ihrem ehemaligen Kindergarten oder einem Kindergarten in der Nachbarschaft auf.
Ein Tipp: Nachmittags sind in der Regel nicht so viele Kinder im Kindergarten und die Erzieherinnen und Erzieher haben mehr Zeit und Ruhe.
Überlegen Sie sich vorher Fragen, die aus dem Unterricht erwachsen sind und dort nicht geklärt werden konnten.
Gehen Sie möglichst in 2er- oder 3er-Gruppen und vereinbaren Sie vorher, wer wie die Antworten auf Ihre Fragen festhält (z. B. auch mit Fotoapparat und Kassettenrekorder).
Möglich ist sicherlich auch, Erzieherinnen/Erzieher als Experten in die Schule einzuladen. Auch hier müssen vorher Fragen erarbeitet und eine Dokumentation der Antworten vorbereitet werden (s. hierzu den methodischen Exkurs: Expertenbefragung).
Interessant könnte es auch sein, Konzeptionen unterschiedlicher Kindergärten zu vergleichen (z.B. evangelische, katholische, städtische oder Kindergärten in freier Trägerschaft) und zu untersuchen, ob der situationsorientierte Ansatz Berücksichtigung findet.
Als Gegenleistung für die Informationsbereitschaft der Kindergärten könnte der Kurs ein Flugblatt oder ein Plakat entwerfen, welches für den Kindergarten wirbt, z.B. bei solchen Zielgruppen, die ihre Kinder nicht so häufig in den Kindergarten schicken, aber die Unterstützung des Kindergartens gut brauchen könnten (etwa ausländische Familien).

B Pädagogischer Stadtführer:

Außer den Kindergärten gibt es noch andere pädagogische Institutionen in Ihrer Stadt. Für Schülerinnen und Schüler, Eltern und Lehrerinnen und Lehrer gibt es in der Regel keinen Überblick, welche pädagogischen Institutionen ihnen in welcher Frage weiterhelfen können.
Der Kurs könnte arbeitsteilig einen pädagogischen Stadtführer erstellen. Jede pädagogische Institution wird dort nach einem vorher vereinbarten „Steckbrief" vorgestellt. Auf einem Stadtplan könnten die Orte verzeichnet werden.
Das Ergebnis könnte als Broschüre veröffentlicht werden. Vielleicht hat das örtliche Jugendamt und/oder die Lokalpresse Interesse an einem solchen Projekt und unterstützt es.

Selber denken und handeln macht Spaß!

2.4 Erziehung in und durch Gruppen

„Wenn man allein träumt,
ist es nur ein Traum;
wenn man gemeinsam träumt,
ist es der Anfang der Wirklichkeit."

(D.H. Camara)

Die kindliche Entwicklung vollzieht sich nicht isoliert, sondern immer in Kontakt zu anderen Menschen. Daher gilt es zu analysieren, ob und inwiefern die Anwesenheit anderer Menschen erzieherische Einflüsse auf die Entwicklung und Sozialisation ausübt, welche Bedeutung die Gruppe für die Entwicklung und Sozialisation und damit einhergehend auch für erzieherische Prozesse hat. Schließlich soll geklärt werden, inwieweit die Einflüsse, die die Gruppe auf ihre Mitglieder ausübt, durch erzieherische Einwirkung steuerbar sind.

Einführung

Was versteht man unter einer Gruppe?

In den Sozialwissenschaften gibt es eine Reihe unterschiedlicher Definitionen des Begriffs ‚Gruppe'. Eine allseits anerkannte Definition gibt es nicht. Deshalb wird auf eine Darstellung verschiedener Definitionen verzichtet, statt dessen sollten Sie Ihre eigene Vorstellung von „Gruppe" reflektieren. Bevor Sie sich jedoch theoretisch mit dem Begriff ‚Gruppe' auseinander setzen, sollten Sie zunächst durch eine Übung noch einmal praktisch erleben, was es bedeutet, Mitglied einer Gruppe zu sein und an Gruppenprozessen teilzunehmen.

Hier zwei Vorschläge für eine solche Übung:

Konferenz der Planeten

Gruppe soll sich auf neue gemeinsame Sprache einigen

Material: –
Empfohlenes Mindestalter: 12 Jahre

Im Vorspiel werden Kleingruppen gebildet. Diese setzen sich zusammen und erfinden für etwa acht vorher festgelegte Wörter neue Wörter (z.B. für gut/schlecht, Mann/Frau, Ja/nein, Sinn/Unsinn ...). Die acht neuen Wörter ergeben die Sprache der einzelnen Planeten. Im Hauptspiel kommen die Planetarier zusammen, um eine neue interplanetarische Sprache zu schöpfen. Sie verhandeln auf deutsch.

Kooperatives Tücherpuzzle – Bierdeckelbilder legen

In Kleingruppen Bilder aus Bierdeckeln oder kleinen Tüchern ohne Absprache zusammenlegen

Material: Papiertaschentücher oder kleine Stofftücher oder je Teilnehmer etwa 5 (möglichst nicht bedruckte) Bierdeckel
Empfohlenes Mindestalter: 6 Jahre

Die Gruppe wird in mindestens zwei Kleingruppen (5–8 Personen) aufgeteilt. Jeder hat mindestens ein Papiertaschentuch zur Verfügung (darf es im Laufe des Spieles in die einzelnen Papierlagen aufteilen oder auch einmal quer oder diagonal falten!). Es gibt drei Spielrunden, wobei jede Runde immer etwas schwieriger wird, weil man sich stärker nonverbal einigen muss.

In der ersten Runde bekommt jede Gruppe denselben, einfachen Begriff und soll ein Bild davon aus den Tüchern (oder Bierdeckeln) legen, ohne miteinander zu sprechen! Begriffe für die 1. Runde sind z.B.: Baum, Haus, Hund, Blume; Begriffe für die 2. Runde sind z.B. Tier, Möbelstück, Fahrzeug, Musikinstrument, Baukran, Werkzeug. In dieser Runde können die anderen raten, was gelegt wurde! Begriffe für die 3. Runde sind z.B. Landschaft, Wetter.
Variante: Wer es noch schwieriger machen möchte, kann abstrakte Begriffe (Trauer, Freude, Streit, Solidarität, ...) zur Aufgabe machen und dann jeweils raten lassen.
Variante: Damit es noch lustiger wird und keiner sich verständlich verbal abspricht, könnte jeder noch einen Tischtennisball in den Mund bekommen.

(Ulrich Baer [Hrsg.]: 666 Spiele für jede Gruppe für alle Situationen; Kallmeyersche Verlagsbuchhandlung, Seelze-Velber 1994, S. 214 u. 217)

1. Entscheiden Sie sich für eines der beiden aufgeführten Spiele und führen Sie dieses nach den oben stehenden Angaben durch.
2. Tauschen Sie sich anschließend über Ihre Erfahrungen mit dieser Gruppensituation aus.
3. Entwickeln Sie ein „Gruppenlexikon". In Kapitel 2.2 „Familie" finden Sie unter dem Projektvorschlag zum selbstständigen Weiterarbeiten ein Beispiel für ein solches „Lexikon"; wenden Sie dieses Lexikon auf das Thema „Gruppe" an.
4. Sammeln Sie auf einem Zettel alle typischen Merkmale einer Gruppe. Schreiben Sie diese auf und vergleichen Sie in Kleingruppen Ihre Ergebnisse. Sammeln Sie anschließend im Plenum alle Merkmale und versuchen Sie diese übersichtlich zu ordnen.

Sind wir eine Gruppe?

Fragebogen:

Im Folgenden finden Sie einige Aussagen zur Gruppe. Fertigen Sie Kopien an und kreuzen Sie an, inwieweit die Aussagen auf Sie bzw. Ihre Kursgruppe zutreffen. (1 = stimmt genau, 2 = stimmt weitgehend, 3 = stimmt ein wenig, 4 = stimmt eher nicht, 5 = stimmt weitgehend nicht, 6 = stimmt überhaupt nicht)

	1	2	3	4	5	6
1. Freiwilligkeit: Ich bin freiwillig in dieser Kursgruppe.	☐	☐	☐	☐	☐	☐
2. Vielfalt der Meinungen:						
a) In unserer Gruppe werden Ansichten und Meinungen anderer angehört.	☐	☐	☐	☐	☐	☐
b) Alle Gruppenmitglieder haben genügend Zeit und Möglichkeiten, ihre Gedanken und Haltungen einzubringen.	☐	☐	☐	☐	☐	☐
c) Andere Standpunkte werden gelten gelassen.	☐	☐	☐	☐	☐	☐

Fragebogen, Blatt 2

	1	2	3	4	5	6
3. Aktiv sein dürfen:						
a) Die Gruppenleitung reißt alle Arbeit an sich.	❏	❏	❏	❏	❏	❏
b) Gemeinsame Diskussionen stehen im Vordergrund der Kursarbeit.	❏	❏	❏	❏	❏	❏
c) Interessen der Kursmitglieder können durchgesetzt werden.	❏	❏	❏	❏	❏	❏
d) Wir haben eine lohnende Aufgabe.	❏	❏	❏	❏	❏	❏
4. Mehrheitsentscheidungen annehmen:						
a) Mehrheitsentscheidungen werden in unserem Kurs angenommen und mitgetragen.	❏	❏	❏	❏	❏	❏
b) In unserem Kurs ist es möglich, dass sich jemand zeitweise zurückzieht, weil er/sie nicht hinter einer Sache stehen kann.	❏	❏	❏	❏	❏	❏
5. Kein Druck von außen:						
a) Unser Kurs hat die Möglichkeit, freie Entscheidungen im Rahmen der gegebenen Grundbedingungen zu treffen.	❏	❏	❏	❏	❏	❏
b) Unser Kursleiter/unsere Kursleiterin übt Druck aus.	❏	❏	❏	❏	❏	❏
6. Nicht abwertend über Abwesende reden:						
Bei uns in der Gruppe wird nicht über Abwesende geredet, sondern mit ihnen.	❏	❏	❏	❏	❏	❏
7. Konflikte austragen:						
a) Konflikte werden im Kurs nicht verdrängt.	❏	❏	❏	❏	❏	❏
b) Konflikte werden mit psychischem und/oder physischem Druck ausgetragen.	❏	❏	❏	❏	❏	❏
8. Eine Gruppe braucht ein Ziel:						
Unsere Gruppe hat ein gemeinsames Ziel.	❏	❏	❏	❏	❏	❏
9. Reflektion über die Handlungen:						
In unserem Kurs wird reflektiert, wenn etwas gut oder nicht gut läuft.	❏	❏	❏	❏	❏	❏
10. Wenige Mitglieder:						
Jeder/jede von uns kann mit jedem/jeder gut in Kontakt treten.	❏	❏	❏	❏	❏	❏

Fragebogen, Blatt 3

		1	2	3	4	5	6
11.	**Eine Gruppe braucht psychologische Beziehungen untereinander:**						
	a) In unserem Kurs werden nur Sachprobleme besprochen.	☐	☐	☐	☐	☐	☐
	b) Über das Beziehungsgeschehen in unserem Kurs wird nicht geredet.	☐	☐	☐	☐	☐	☐
12.	**Beständigkeit:**						
	In unserem Kurs wechseln die Zielsetzungen häufig.	☐	☐	☐	☐	☐	☐
13.	**Eine Gruppe braucht ein „Nest":**						
	a) Unser Kursraum ist von uns selbst gestaltet.	☐	☐	☐	☐	☐	☐
	b) Ich fühle mich in unserem Raum wohl und heimisch.	☐	☐	☐	☐	☐	☐
14.	**Eine Gruppe braucht das Miteinander:**						
	a) In unserer Gruppe wird gemeinsam entschieden.	☐	☐	☐	☐	☐	☐
	b) Außenseiter gibt es in unserem Kurs nicht.	☐	☐	☐	☐	☐	☐
15.	**Freiraum:**						
	a) Unser Kurs wird nicht dauernd kontrolliert (z.B. von Lehrern/Lehrerinnen).	☐	☐	☐	☐	☐	☐
	b) Ich kann mich in diesem Kurs frei entfalten und meine Bedürfnisse befriedigen.	☐	☐	☐	☐	☐	☐
	c) In unserem Kurs ist auch Raum für Privates.	☐	☐	☐	☐	☐	☐
	d) Wenn es jemandem in unserem Kurs schlecht geht, bekommt er/sie Hilfe von der Gruppe.	☐	☐	☐	☐	☐	☐

(Nach: Josef Griesbeck, Eine Gruppe leiten. Einstiege. Ziele. Hilfen, München 1983, S. 52-56)

1. Warum und inwiefern ist es wichtig, in einer „richtigen" Gruppe zu leben und zu arbeiten? Welche Auswirkungen hat möglicherweise die Zersplitterung einer Gruppe in Untergruppen?
2. Diskutieren Sie, nachdem Sie den Fragebogen ausgefüllt und die Ergebnisse vorgestellt haben, die unterschiedlichen Antworten im Hinblick auf die Frage, ob der Kurs Ihrer Ansicht nach als Gruppe im oben erarbeiteten Sinne (s. Aufg. 4, S. 110) bezeichnet werden kann.
3. Sollten Sie bei Ihrer Diskussion zu dem Ergebnis kommen, dass Ihr Kurs noch keine richtige Gruppe ist, erstellen Sie eine Liste von notwendigen Veränderungen. Klären Sie, ob und inwieweit Sie selbst bereit sind Veränderungen mitzutragen.

Grundbegriffe und Grundthesen

Ziel dieses Kapitels soll es sein, verschiedene Aspekte gruppendynamischer Prozesse aufzuzeigen, anhand derer einerseits die Bedeutung der Gruppe für die kindliche Entwicklung und Sozialisation transparent gemacht werden soll und andererseits Perspektiven für die Leitung erzieherischer Prozesse in Gruppen eröffnet werden sollen.

Erzieht die Gruppe?

[...] Kinder erziehen Kinder? Kinder erziehen Kinder! Wer selbst Kind gewesen ist, vermag sich daran zu erinnern, und wer mit Kindern zusammenlebt, weiß davon zu berichten, dass Kinder mit Kindern all dies und noch viel mehr für-, gegen- und miteinander tun. Kinder leben nämlich weder ausschließlich noch ganz auf sich selbst gestellt
5 in der Welt der Erwachsenen: In Familien, auf Spielplätzen und Hinterhöfen, auf der Straße, im Kindergarten und in der Schule kommen Kinder mit Kindern zusammen und gehen mit ihresgleichen um – beaufsichtigt und unbeaufsichtigt.
[...] Wenn Kinder einander erziehen, richten sie sich kaum nach theoretisch begründeten Erziehungszielen und verwenden auch keine entsprechenden Erziehungsmittel;
10 Absichtlichkeit und Bewusstheit des Handelns, wie es im traditionellen Erziehungsverständnis zum Ausdruck kommt, ist bei Kindern – alters- und situationsbedingt – selten anzutreffen. Aus diesem Grunde wird hier eine radikale Umkehr des Erziehungsbegriffs vorgeschlagen: „Erziehung" als zwischenmenschliches Handeln soll nicht mehr in erster Linie vom handelnden Subjekt, vom Erzieher her, sondern vor allem vom
15 Zögling, dem ja in Wirklichkeit keinesfalls Objekt-, vielmehr gleichermaßen Subjektcharakter zukommt, her begriffen werden; anstelle des einseitigen, am Generationsgefälle orientierten tritt der wechselseitige, auch Vorgänge innerhalb ein und derselben Generation einschließende Erziehungsbegriff.
Maßgebend für die Bestimmung und Beschreibung einer Kindheitserfahrung als Erzie-
20 hungserfahrung ist demzufolge die Beurteilung und Deutung dieser Erfahrung durch das betroffene Kind selbst. Damit eröffnen sich für das Nachdenken über Erziehung Perspektiven, die sich vom technologischen Zweck-Mittel-Denken auf eine anthropologisch-biografische Besinnung auf solche Erfahrungen wenden, die vom betroffenen Subjekt im Kontext seiner eigenen Lebensgeschichte als bedeutsam gesehen werden. Was im Rückblick als
25 Unterstützung der individuellen und sozialen Entwicklung des Subjekts verstanden wird, ist ebenso wie all das, was vorausschauend als hilfreich für diese Entwicklung eingeschätzt wird, als „Erziehung" zu bezeichnen. Zwischenmenschliche Hilfe und Förderung, Ermutigung und Unterstützung, aber auch Erfahrungen des Zutrauens und des Vertrauens sind Erfahrungsmomente eines derartigen Erziehungsbegriffs.
(Johannes Gruntz-Stoll, Kinder erziehen Kinder. Sozialisationsprozesse in Kindergruppen. München 1989, S. 9–15)

---

1. Gruntz-Stoll stellt die These auf: „Kinder erziehen Kinder" und spricht an anderer Stelle in seinem Text von „Vorgängen gegenseitiger Beeinflussung in Kindergruppen". Erstellen Sie eine Liste selbst erlebter derartiger Vorgänge.
2. Erläutern Sie anhand dieser Beispiele „gegenseitiger Beeinflussung in Kindergruppen", inwieweit es sich bei diesen Vorgängen um Erziehung im Sinne von Gruntz-Stoll handelt.
3. Leiten Sie Vermutungen über die Bedeutung der Gruppe für die kindliche Entwicklung und Sozialisation ab.

4. Überlegen Sie, ob die Bedeutung der Gruppe a) für Jugendliche und b) für Erwachsene die gleiche ist. Gibt es Unterschiede?
5. Welche Bedeutung hat die Zugehörigkeit zu einer Gruppe für Sie persönlich? Schreiben Sie zehn Aspekte in Ihr Journal und werten Sie diese. Tauschen Sie sich anschließend in Dreiergruppen aus.

Zur Entstehung von Gruppen

Ein schwieriger Anfang

Im Ev. Gemeindehaus einer Kreisstadt beginnt ein Seminar der evangelischen Erwachsenenbildung. Das Thema ist: „Brauchen wir einen neuen Lebensstil?" Leiter der Veranstaltung ist Werner B., Lehrer an der Gesamtschule des Ortes und Kirchenvorstand in der Christusgemeinde.

Um 20.00 Uhr soll die Veranstaltung beginnen. Werner B. ist zwanzig Minuten früher im Gemeindehaus: Er ist unruhig, fühlt sich unsicher; vom Thema her ist er bestens informiert und vorbereitet, in der Arbeit mit Erwachsenen hat er allerdings bisher nur wenig Erfahrung. Er überlegt, wer wohl kommen könnte. „Vielleicht fällt die ganze Sache mangels Interesse auch ins Wasser." – „Eigentlich hätte ich gar nichts dagegen", denkt er, „ein Problem weniger." – „Aber es ist ja im gesamten Kirchenkreis für die Veranstaltung geworben worden, heute war noch mal ein kurzer Hinweis in der Lokalzeitung."

Der Küster schaut herein, er begrüßt Werner B. und zeigt ihm Garderobe, Toiletten und den Getränketisch in der Eingangshalle. Zehn vor acht kommen die ersten Teilnehmer, manche allein, andere zu zweit und zu dritt; Werner B. ist unsicher in seiner neuen Rolle als Dozent und Kursleiter. Soll er jeden Teilnehmer begrüßen und sich vorstellen oder sich lieber zurückhalten und sich wie jeder andere Teilnehmer verhalten? Der Dekan will die Veranstaltung eröffnen und ihn vorstellen, aber er ist noch nicht da. Einige Teilnehmer sind schon in den angrenzenden Seminarraum gegangen. In der Halle stehen drei Jugendliche zusammen und lachen sehr laut; andere Teilnehmer stehen scheinbar gelangweilt herum, blättern in der ausliegenden Kirchenzeitung oder schauen sich die Aushänge und Plakate von „Brot für die Welt" an.

Acht Uhr. Der Dekan ist noch nicht da. Werner B. nimmt seine Mappe und geht mit einem gemurmelten „'n Abend" in den Übungsraum und vertieft sich in seine Unterlagen. Einige Teilnehmer schauen zur Tür herein und sehen, ob es schon losgeht. Endlich kommt der Dekan; er entschuldigt sich bei Werner B. Der Raum füllt sich jetzt. Der Dekan eröffnet, begrüßt die Teilnehmer und stellt Werner B. vor. Werner B. schaut sich indessen im Raum um: „Viele Frauen, Leute ganz verschiedenen Alters – die Frau dort rechts hinten ist bestimmt schon siebzig; einige jüngere Leute könnten noch Schüler sein – einigen jüngeren Teilnehmern ist das Interesse an einem ‚neuen Lebensstil' gut anzusehen: selbst gestrickte Wollpullover, selbst gemachte Sandalen, Strickzeug im Schoß. – Aber die ältere Frau dort hinten, was könnte die bei diesem Thema interessieren? Immerhin: Zwanzig Leute sind gekommen."

Der Dekan ist fertig und übergibt Werner B. das Wort. Er selbst müsse leider wieder gehen, da er noch einen anderen Termin wahrnehmen müsse. Werner B. wollte sich selbst ausführlicher vorstellen und auch sein spezielles Interesse an dem Thema und der Arbeit hier in der Gemeinde erläutern; das erscheint ihm nach der Vorstellung durch den Dekan jetzt unpassend, und er trägt den Teilnehmern sein Konzept für die Veranstaltung vor: Themenschwerpunkte, Fragestellungen etc. ... Seine Ausführungen dauern länger, als er gedacht hatte; einige Teilnehmer scheinen unruhig, blättern in ihren mitgebrachten Schreibsachen; zwei Teilnehmer flüstern miteinander. Werner B. versucht, schnell zum Ende zu kommen, und bittet dann die Teilnehmer um die Benennung ihrer Interessen und Abänderungswünsche. Zunächst Schweigen – Werner B. ist es peinlich. Endlich meldet sich einer der Jugendlichen, er stimmt dem Programm zu und betont sein Interesse daran; Werner B. solle doch mit dem Programm beginnen; wichtig sei, auch über den Zusammenhang zwischen unserem Lebensstil und der Lage der Menschen in der „Dritten Welt" zu sprechen. Einige andere jüngere Leute äußern sich zustimmend. Eine ältere Frau meldet sich und meint, dass ihr das Ganze doch wieder sehr einseitig und negativ erscheine. Sie könne sich noch gut an die ersten Jahre nach dem Weltkrieg erinnern. Wir sollten doch viel dankbarer sein, dass es uns so gutgehe ...

(Jobst Kraus, Leute treffen sich und lernen sich kennen ... „Ein schwieriger Anfang", in: Jürgen Halberstadt/Markus Krämer/Jobst Kraus, Gemeinschaft entdecken. Wege des Lernens in Gruppen, Gütersloh 1982, S. 30–32)

1. Vergleichen Sie die dargestellte Anfangssituation mit einer Situation, die Sie selbst erlebt haben, als Sie zum ersten Mal in eine neu entstehende Gruppe kamen, und erarbeiten Sie typische Merkmale für die Anfangssituationen von Gruppen. Nehmen Sie den Text zu Hilfe. Überlegen Sie auch, welche Bedürfnisse bei den Teilnehmerinnen und Teilnehmern im Vordergrund stehen.
2. Beurteilen Sie das Verhalten von Werner B.
3. a) Mit welchen Schwierigkeiten muss ein Gruppenleiter/eine Gruppenleiterin in Anfangssituationen von Gruppen rechnen?
   b) Entwickeln Sie in Kleingruppen Möglichkeiten der Gestaltung einer Anfangssituation in Gruppen.
   c) Planen Sie eine Kennenlern-Phase für eine neue 5. Klasse und suchen Sie nach Umsetzungsmöglichkeiten.

Vom Einzelkämpfer zum Team – Konzepte und Methoden für gemeinsame Arbeit

Rensis Likert, renommierter amerikanischer Organisationssoziologe, resümierte seine Forschungsarbeit zu Gruppenprozessen dahin, dass für den Erfolg jedweder Gruppe letztlich nur ein Merkmal ausschlaggebend sei: das „principal of supportive relationships", ein unterstützender Beziehungsrahmen. Dieses Prinzip meint, dass jedes Gruppenmitglied sich mit seinen jeweiligen Werten, Normen und Erwartungen – bei aller Unterschiedlichkeit – von den übrigen Gruppenmitgliedern und der Leitung akzeptiert und geschätzt fühlt. Wie sind solche „unterstützenden Beziehungsrahmen" in unseren Schulen ausgebildet? Und welche Methoden, Instrumente und Hilfsmittel gibt es, um wechselseitige Unterstützungsstrukturen in den Kollegien weiterzuentwickeln oder auch erst aufzubauen? [...]
Ich greife im Folgenden aus dem reichhaltigen Konzept- und Methodenrepertoire der Teamentwicklung drei Bereiche heraus, mit denen schulische Arbeitsteams in Eigen-

(Zeichnung: Katharina Joanowitsch)

regie – also auch ohne Berater(innen) von außen – ihre Teamfähigkeit verbessern können. Vorstellen werde ich dazu
- ein Phasenmodell der Teamentwicklung,
- die Methode des konstruktiven Feedbacks und
- den Umgang mit „heimlichen Tagesordnungen" in der Arbeitsgruppe.

Phasen der Teamentwicklung oder: „Wie spät ist es in unserem Team?"

Jede Gruppe hat so etwas wie ein Eigenleben und eine eigene Geschichte. Teams unterliegen Wachstumsprozessen von einer zufälligen Ansammlung von Individuen bis zum Stadium der „reifen" Gruppe. Diese Prozesse sind in der Gruppenforschung näher untersucht und zu einem vierstufigen idealtypischen Verlaufsmodell zusammengefasst worden:

Phase 1: Testphase oder „Forming"
In dieser Startphase will jedes Gruppenmitglied für sich die Frage beantworten: „In welcher Beziehung stehe ich zu dieser Gruppe?" Um darauf eine Antwort zu bekommen, wird auf dieser Stufe in der Tat viel „getestet", und zwar nach je individuellen Mustern: Ein Gruppenmitglied ist äußerst diskret und zurückhaltend, währenddessen andere Feuerwerke von Liebenswürdigkeiten abbrennen. Auf der Inhaltsebene wird die Aufgabenstellung vorsichtig formuliert, es wird nach geeigneten Verfahren und Methoden gesucht. Auf der Beziehungsebene ist man unsicher und erprobt, welches Verhalten von der Gruppe akzeptiert wird.

Phase 2: Nahkampfphase oder „Storming"
Die Phase steht ganz im Zeichen des zögernden Aufbaus von Beziehungen. Erste Bündnisse werden eingegangen: Bestimmte Mitglieder übernehmen Schlüsselrollen, werden stärker im Gruppengeschehen hervorgehoben. Auf der inhaltlichen Ebene der Aufgabenbearbeitung werden Vorbehalte bis hin zum offenen Widerstand gegen die Gruppenaufgabe formuliert. Konflikte zwischen Untergruppen keimen auf, es kommt zu Polarisierungen zwischen einzelnen Mitgliedern.

Phase 3: Organisierungsphase oder „Norming"
Die ausgetragenen „Nahkämpfe" haben (im günstigen Falle) dazu beigetragen, dass die Gruppe arbeitsfähig geworden ist: Alle Mitglieder möchten jetzt mit der gemeinsamen produktiven Arbeit beginnen; alle sind daran interessiert, die Funktionsfähigkeit der Gruppe zu verbessern. Auf der sachlogischen Ebene werden Meinungen und Ein-

stellungen offen ausgetauscht. Die Gruppenbeziehungsebene ist bestimmt durch die Entwicklung des Gruppenzusammenhalts und der Gruppennormen.

Phase 4: Verschmelzungsphase oder „Performing"
Jetzt ist der Entwicklungsprozess der Gruppe in sein letztes Stadium getreten: Man kann von der „reifen" Gruppe sprechen, die eine große Geschlossenheit aufweist. Man setzt sich füreinander ein, hat Spaß und Freude an der gemeinsamen Arbeit. Auf der Sachebene werden alle vorhandenen Energien der Aufgabe gewidmet. Die Gruppe ist jetzt äußerst kreativ. Das Gruppenklima stützt die Aufgabenbearbeitung, zwischenmenschliche Probleme werden gut gelöst.
Ein solches Phasenmodell kann helfen, den Stand und die Entwicklungsmöglichkeiten schulischer Arbeitsgruppen einzuschätzen. In einer „Teamentwicklungs-Uhr" (vgl. Abb. 1) zeichnet jedes Teammitglied ein, „wie spät" es nach seiner persönlichen Meinung in der Gruppe ist. Das so zustande gekommene „Gruppenbild" wird dann mit der Perspektive diskutiert, wie Veränderungen und Verbesserungen erreicht werden können.

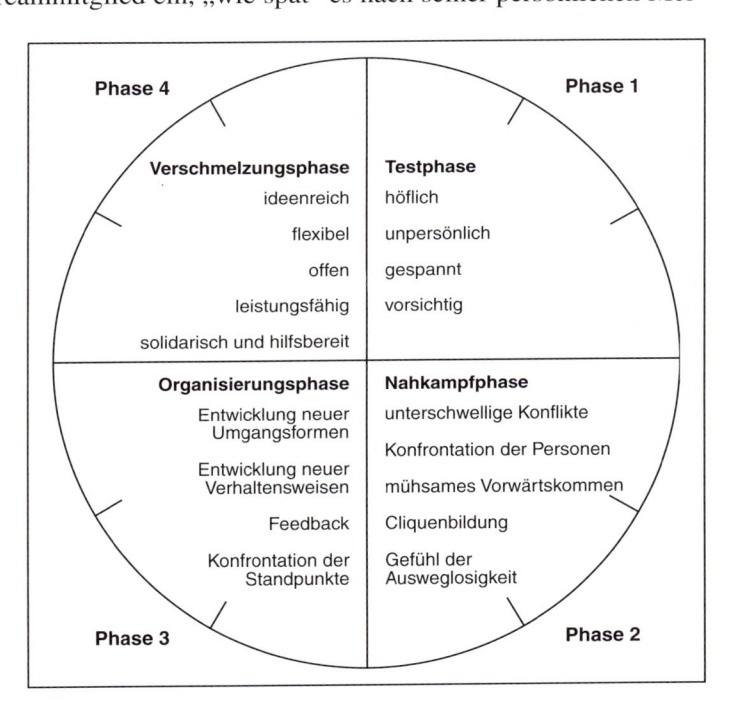

Abb. 1: „Teamentwicklungs-Uhr"

Phase 4 — Verschmelzungsphase
- ideenreich
- flexibel
- offen
- leistungsfähig
- solidarisch und hilfsbereit

Phase 1 — Testphase
- höflich
- unpersönlich
- gespannt
- vorsichtig

Phase 3 — Organisierungsphase
- Entwicklung neuer Umgangsformen
- Entwicklung neuer Verhaltensweisen
- Feedback
- Konfrontation der Standpunkte

Phase 2 — Nahkampfphase
- unterschwellige Konflikte
- Konfrontation der Personen
- mühsames Vorwärtskommen
- Cliquenbildung
- Gefühl der Ausweglosigkeit

Entwicklung einer schulinternen „Feedback-Kultur"

Die Vorteile und der Nutzen der Teamarbeit lassen sich – neben dem Spaß, den Zusammenarbeit mit anderen Menschen macht – vor allem in drei Punkten zusammenfassen: Die Gruppe weiß mehr, sie regt an, und sie gleicht aus. Dieser „Gruppenvorteil" ist jedoch keineswegs von sich aus in jedem Team wirksam. Es bedarf schon gemeinsamer Anstrengungen, ihn auch zum Tragen zu bringen. Dazu kann man sich bewährter, relativ einfacher Instrumente und Hilfsmittel bedienen, die mit zwei Stichworten zu kennzeichnen sind: Prozessanalyse und Feedback. Verbesserung der Teamarbeit setzt voraus, dass sich Gruppen- und Kollegiumsmitglieder gegenseitig mitteilen, wie sie bestimmte Situationen erleben. Das Instrument, diese Rückkopplung zu strukturieren, ist die Prozessanalyse. Wenn sie regelmäßig durchgeführt wird, können Gruppen kontinuierlich eine „Kultur" der Kritik und Verbesserung der eigenen Arbeit entwickeln.

Ein sehr einfaches Beispiel einer solchen Prozessanalyse stellt die „Ein-Punkt-Frage" zum Gruppenprozess dar, bei der jedes Gruppenmitglied einen Antwort-Klebepunkt platziert (vgl. Abb. 2).

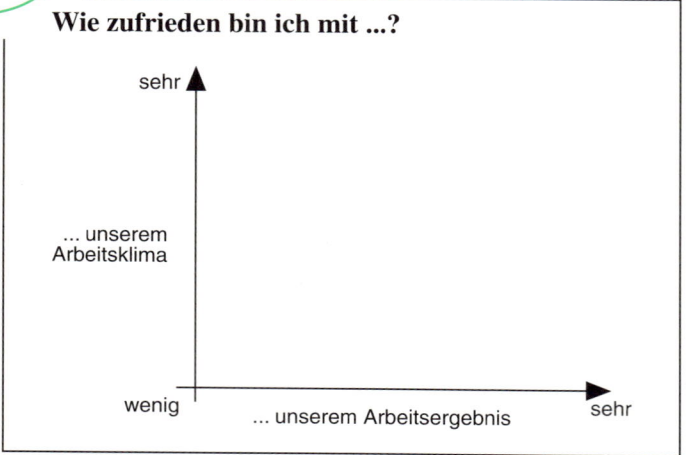

Wie zufrieden bin ich mit ...?

(Diagramm: y-Achse „sehr" / „... unserem Arbeitsklima"; x-Achse „wenig" bis „sehr" / „... unserem Arbeitsergebnis")

Abb. 2: Rückmeldung zum Gruppenprozess

Differenziertere prozessanalytische Fragen lauten z.B.:
- Welche Verhaltensweisen haben bei der Aufgabenlösung geholfen?
- Welche Verhaltensweisen haben die Lösung der Aufgabe behindert?
- Wie haben Sie den Lösungsprozess erlebt?

In meiner Beratungs- und Trainingstätigkeit haben sich sowohl in kollegiumsinternen als auch in anderen Fortbildungsgruppen die beiden folgenden Abschlussfragen nach Gruppenarbeitsphasen bewährt:
- Wie ist es heute gelaufen?
- Was sollte bei unserer nächsten Gruppensitzung unbedingt vermieden werden?

Im positiven Fall führen Rückkopplungsprozesse dazu, dass Menschen ihr Verhalten überdenken und auch verändern. Die Feedback-Methode kann jedoch auch dazu missbraucht werden, andere Menschen zu verletzen. Weil dies keinesfalls die Absicht konstruktiver Rückmeldung sein kann, gilt es Wege zu finden, Feedback-Prozesse so positiv, wohltuend und gedeihlich wie möglich zu gestalten. Dafür gibt es bewährte Leitlinien, die unter dem Kürzel „die drei K's günstiger Feedback-Bedingungen" zusammengefasst werden können:

Konkret: Die wahrgenommenen Verhaltensweisen müssen so konkret wie möglich beschrieben werden, so wie sie wahrgenommen wurden. Sie sollen nicht interpretiert, verallgemeinert oder bewertet werden.

Kurz: Feedback sollte sich auf wenige wichtige Eindrücke beschränken, die direkt Erlebtes knapp und präzise wiedergeben („So und so hat das auf mich gewirkt ..."). Keine verschachtelten Dauerreden, nach denen niemand mehr weiß, was eigentlich gesagt wurde.

Konstruktiv: Rückmeldung soll nur gegeben werden, wenn darum gebeten wird. Negatives Feedback wird gewöhnlich nur widerwillig angenommen oder erst dann, wenn es mit positiver Rückmeldung in einer ausgewogenen Balance steht. Man kann Kritik besser vertragen, wenn man Kredit hat. Deshalb lautet eine in der Praxis bewährte Regel: Einem negativen Punkt sollten mindestens zwei positive gegenüberstehen. (Allerdings ist dies nach meinen Erfahrungen nicht immer durchzuhalten.) [...]

**„Heimliche Tagesordnungen"
binden Energien oder:
Auch in schulischen Arbeitsgruppen gibt es das
„Eisberg-Phänomen"**

Erlasse
Organigramme
Stundenpläne
Fachdisziplinen
Raumverteilung
Pausenaufsicht

'Sachlogik'

Macht
Status
Ängste
Sympathie

Heimliche
Tagesordnung

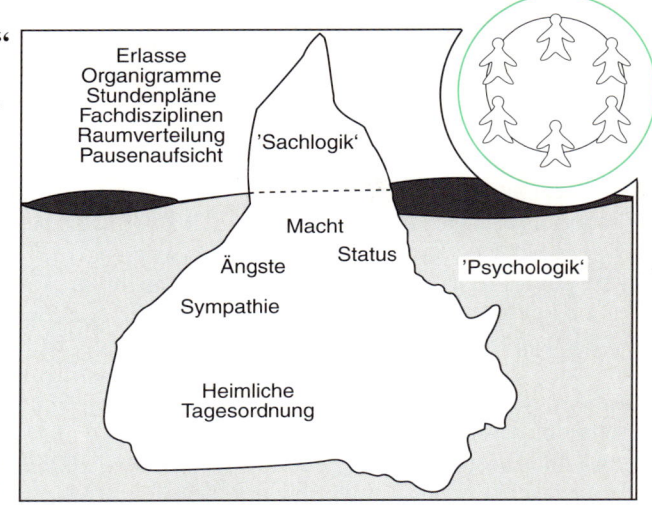

'Psychologik'

Abb. 3: Der organisatorische Eisberg

(Elmar Philipp, Vom Einzelkämpfer zum Team, in: Pädagogik 2/1995, S. 36ff.)

1. a) Woran sind die im Text genannten Stadien einer Gruppe erkennbar?
   b) Vergleichen Sie die genannten Gruppenstadien mit der Gruppenentwicklung Ihrer Kursgruppe. Können Sie die Stadien wiederfinden?
   c) Entwerfen Sie in Einzelarbeit eine Teamentwicklungs-Uhr für Ihren Kurs. Vergleichen Sie Ihre „Uhren" miteinander.
   d) Welche Aufgaben müssen Gruppenleiter und -leiterinnen sowie Teilnehmer und Teilnehmerinnen erfüllen, damit eine Gruppe die genannten Stadien erfolgreich bewältigen kann?
2. Bruschka (1992) entwickelt eine fünfte Phase: Trennung und Ablösung. Charakteristisch für diese Phase ist: Aufkommen von Unruhe und Unzufriedenheit, Rückschritt in früheste Gruppenphasen, Versuch, dem Ablösungsprozess auszuweichen, Suche der einzelnen Gruppenmitglieder nach neuen Gruppen.
   a) Welche pädagogische Bedeutung hat diese Phase?
   b) Welche Aufgaben soll ein Gruppenleiter/eine Gruppenleiterin in dieser Phase übernehmen?
3. Nehmen Sie Stellung zur Prozessanalyse:
   a) Inwieweit wären Sie bereit eine Prozessanalyse mitzutragen?
   b) Welche Bedenken hätten Sie? Welche Gründe können Sie für mögliche Bedenken anführen?
   c) Unter welchen Bedingungen wären Sie bereit Feedback zu geben und anzunehmen?
   d) Suchen Sie sich einen Schüler oder eine Schülerin aus, dem oder der Sie etwas Positives und etwas Negatives sagen. Sie können dies in schriftlicher oder mündlicher Form tun. Tauschen Sie sich anschließend im Kurs über Ihre Erfahrungen aus.
4. a) Interpretieren Sie Abbildung 3 und verdeutlichen Sie sich den Sachverhalt anhand entsprechender Beispiele.
   b) Überprüfen Sie zunächst in Kleingruppen, ob es in Ihrem Kurs so etwas wie eine heimliche Tagesordnung gibt. Diskutieren Sie Ihre Ergebnisse anschließend im Plenum. Sehen Sie Möglichkeiten, solch einer heimlichen Tagesordnung entgegenzuwirken?

Konflikte in Gruppen

Außenseitersituationen im Kindergarten

Gabi besucht den Kindergarten im Alter von 4;10 bis zu 6;10 Jahren. Die Familie lebt in gesicherten Verhältnissen, und das Familienleben macht einen harmonischen Eindruck. Gabi ist ein hübsches, gepflegtes, nett gekleidetes, geschicktes und graziles Kind. Zuerst besuchte sie eine Gruppe mit nur wenigen jüngeren Kindern zwischen

drei und vier Jahren, in der sie nicht auffiel. Da bei den jüngeren Kindergartenkindern Freundschaften und Rivalitäten noch keine so große Rolle spielen und sich erst langsam entwickeln, zeigten sich die Kontaktschwierigkeiten dieses Kindes erst später: Als Gabi mit einigen anderen Kindern ihrer alten Gruppe zusammen zu den „Großen" kam, veränderte sich ihr Verhalten, sie weinte viel. Unter den Mädchen wurde damals oft die Frage erörtert, wer wessen Freundin sei. Gabi fragte dann irgendeins der Mädchen immer wieder: „Bist du meine Freundin?" Den Kindern war das lästig; wenn sie die Frage verneinten, kam Gabi weinend zur Erzieherin, diese oder jene wolle nicht ihre Freundin sein. – Die Jungen knufften und pufften sie, weil sie sich immer an die Kinder „heranpirschte" und sich wie eine Klette an sie hing. Zwei Begebenheiten zeigen, in welchem Maße sich ein Groll gegen Gabi entwickelt hatte: Michael, ein besonders gutmütiges Kind, das wegen seiner Ruhe, Überlegenheit und Gerechtigkeit von den anderen Kindern häufig als Schiedsrichter angerufen wurde und ein sehr begehrter Spielkamerad war, brachte eines Morgens eine Eisenstange mit in den Kindergarten. Auf die Frage der Jugendleiterin, was er damit machen wolle, antwortete er: „Damit will ich der Gabi eins überziehen."
Die Jungen gruben im Sand ein tiefes Loch und überlegten dabei, wie sie es mit Stöcken abdecken könnten, damit niemand merke, dass da ein Loch sei. Die Jugendleiterin, die sich erkundigte, was sie vorhätten, erhielt zur Antwort, das sei eine Falle für Gabi.
Aus der Schule, die Gabi jetzt besucht, wird berichtet, sie käme gut mit, aber ihr Verhalten sei ähnlich wie im Kindergarten, und sie weine oft. [...]
Etwas klarer als bei Gabi liegt der Fall bei Thomas. Er besuchte den Kindergarten im Alter von 5;7 bis zu 6;7 Jahren. Seine Eltern, beide Akademiker, ließen sich in dieser Zeit scheiden, Thomas wohnte bei den Großeltern. Durch einen fast ausschließlichen Umgang mit Erwachsenen und durch das Fernsehen hatte Thomas sich schon viel Wissen angeeignet, aber er hatte kein Interesse daran, mit anderen Kindern Kontakt aufzunehmen, er unterhielt sich lieber mit den Erwachsenen. Die Kinder fand er „blöd" und das, was im Kindergarten getan wurde, „doof", er weigerte sich, bei den Spielen der Kinder mitzumachen, aber man konnte merken, dass er Angst hatte, er könne etwas nicht – in den Techniken, die den anderen Kindern geläufig waren, war er ungeübt, er konnte z.B. kaum mit einer Schere umgehen. Eine Zeit lang spielte er bei einem kleinen, zarten Mädchen den Beschützer, bis er ihr lästig wurde und sie sich ihm entzog. (Man spürte, dass Thomas von den Schwierigkeiten seiner Eltern einiges mitbekommen hatte, das Thema Mann und Frau beunruhigte ihn und kehrte immer wieder.) – Die anderen Kinder mieden ihn, er war ihnen zu langweilig und zu arrogant. Da Thomas körperlich stark erschien, trauten sich die Kinder anfänglich keine Handgreiflichkeiten ihm gegenüber zu, erst im Laufe der Zeit kamen gelegentlich Raufereien vor. Die Ablehnung zeigte sich vor allem darin, dass sie ihn nicht beachteten. (Es konnte nicht beobachtet werden, dass Thomas seine Außenseiterstellung schmerzlich empfand.) [...]
Martin besuchte den Kindergarten im Alter von 6;3 bis zu 7;1 Jahren. Er war wieder ausgeschult worden, da ihm die erforderliche „soziale Reife" fehlte, so berichteten es die Eltern. Martin war in seiner Entwicklung weit hinter gleichaltrigen Kindern zurück, besonders in geistiger, aber auch in körperlicher Hinsicht. Die Familie schien ihm keinen genügenden Rückhalt zu geben. Die Mutter schickte ihn schon morgens auf die Straße, er streifte in der Umgebung herum, war abstandslos im Umgang mit anderen Kindern und Nachbarn, kannte keine Grenzen und stieß durch sein Verhalten bei den Eltern der Nachbarskinder zunächst auf Mitleid, später auf Unwillen. Den Kindern wurde verboten, mit Martin zu spielen oder ihn mit ins Haus zu bringen, weil man bei ihm auf alles gefasst sein musste.

(Gisela Hundertmark, Soziale Erziehung im Kindergarten, Stuttgart 1988, S. 63f.)

1. Analysieren Sie die Fallschilderungen unter folgenden Fragestellungen:
   a) Welche Ursachen haben die jeweiligen Außenseiterpositionen?
   b) Welche Wirkung hat die Anwesenheit eines Außenseiters/einer Außenseiterin auf die Gruppe, auf den/die Betroffene selbst?
2. a) Diskutieren Sie erzieherische Möglichkeiten der Einflussnahme zur Beseitigung der Außenseiterproblematik in Kleinkindgruppen.
   b) Sehen Sie Unterschiede in den Möglichkeiten zur Lösung von Gruppenkonflikten in Kleinkindgruppen und Jugendgruppen? Welche?

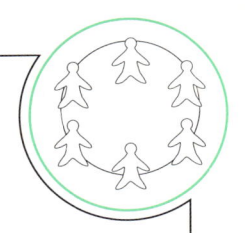

Konfliktlösungsstrategien

Die Dallas-Methode

Systematisches Vorgehen bei einer partnerschaftlichen Konfliktsteuerung/-lösung

Eine konfliktfreie Gruppe gibt es nicht; es gibt bestenfalls Gruppen oder Gruppenmitglieder, die ihre Konflikte nicht wahrhaben wollen und verdrängen. Dies ist auch verständlich, da jeder Konflikt bestehende Motive hemmt, frustriert und uns zeigt, dass die gewünschte Sicherheit und Harmonie getrübt ist. Der Umgang mit bestehenden Konflikten ist individuell sehr verschieden und hängt von der Lerngeschichte, der Lebenserfahrung und damit der „Reife" der Beteiligten ab. So kann man konfliktträchtige Partner verspotten, abwerten, ignorieren oder eliminieren, man kann Konflikte durch Abstimmung und Mehrheitsbeschlüsse unterdrücken, man kann Allianzen bilden, Kompromisse suchen, die Beteiligten bei der Lösung in die Pflicht nehmen, integrieren und versuchen, die Probleme partnerschaftlich, zum gemeinsamen Vorteil, zu lösen. Allerdings müssen wir dabei auch akzeptieren können, dass nicht alle Konflikte lösbar sind und es auch „partnerschaftliche Trennungen" gibt, die für die Beteiligten aber nachvollziehbar sind.

Im Folgenden werden die einzelnen Schritte dargestellt, die eine Konfliktlösung im Sinne einer partnerschaftlichen Lösung, eines „Nicht-Nullsummenspiels", ermöglichen. Böning (1991) bezeichnet das Vorgehen einprägsam als **„Dallas"-Methode**:

• **D**efinieren des Problems und Analyse der Situation: Ein Konflikt entsteht, wenn eine bestehende („Ist-")Situation mit einer vereinbarten, gewünschten („Soll-")Situation nicht übereinstimmt. Wichtig ist es zuerst, das bestehende Problem klar herauszuarbeiten, ein Problembewusstsein bei den Betroffenen zu schaffen, damit eine Bereitschaft entsteht, sich damit produktiv auseinander zu setzen.

• **A**ktivieren und Motivieren der Beteiligten: Hierzu ist zu klären, wie hoch eigentlich die Bereitschaft der einzelnen „Konfliktpartner" ist, sich emotional und intellektuell mit dem Konflikt auseinander zu setzen und wie sie den Unterschied zwischen der Ist- und der Soll-Situation bewerten. Welche Wünsche stehen hinter den Vorwürfen? Welche Vorteile/Nachteile hätten die Beteiligten, wenn sie sich engagieren? Wie können die Betroffenen motiviert werden, und welche gemeinsamen Ziele bestehen?

• **L**ösungsmöglichkeiten erarbeiten: Welche Lösungsmöglichkeiten wurden bisher schon mit welchem Erfolg versucht? Welche Lösungsmöglichkeiten sehe ich, sehen die anderen (Brainstorming: Sammeln aller Einfälle, ohne sie zu werten)? Schließen sich Lösungswege aus oder ergänzen sie sich? Sinnvollerweise werden die Lösungsvorschläge gesammelt und auf einer Pinnwand visualisiert.

- *Lösungsmöglichkeiten bewerten und Entscheidung treffen:* Hier kann eine individuelle Bewertung der Vorschläge (z.B. mit jeweils drei Klebepunkten) durchgeführt werden, um die Gruppenmeinung darzustellen. Werden noch weitere Informationen benötigt? Welche Lösungsvorschläge sind realisierbar, und mit welchen Konsequenzen muss gerechnet werden? Welche Kompromisse erscheinen möglich, damit alle Betroffenen die Entscheidung mittragen und realisieren können? Kann die Entscheidung klar und eindeutig gefällt werden?

- *Ausführen der Entscheidungen:* Welche Anweisungen müssen wie detailliert an wen weitergeleitet werden, damit die Handlungsanweisung allen Betroffenen klar ist, in welcher Zeitspanne sind welche Kontrollen vorgesehen?

- *Situation neu bewerten:* Nach entsprechend vereinbarter Zeit sind die Kontrollen (Verhaltensänderungen) zu bewerten, d.h., ein erneuter Ist-Soll-Vergleich wird durchgeführt. Der Konflikt ist bewältigt, wenn die Ist-Situation sich der Soll-Situation angeglichen hat. Dies sollte in jedem Fall zu einer positiven Rückmeldung führen. Welche neuen Probleme sind möglicherweise bei wem entstanden?

(Peter R. Wellhöfer, Gruppendynamik und soziales Lernen. Theorie und Praxis der Arbeit mit Gruppen, Enke, Stuttgart 1993, S. 72f.)

---

1. Schreiben Sie auf kleine Zettel aktuelle Konfliktsituationen, die Sie demnächst angehen wollen. Sammeln Sie die Beschreibungen und hängen Sie sie an eine Pinnwand. Wählen Sie in Kleingruppen einzelne Situationen aus und besprechen Sie das Vorgehen bei der Konfliktbewältigung nach dem „Dallas"-Schema. Berichten Sie anschließend in der Gesamtgruppe über Ihre Erfahrungen mit diesem Schema.
2. Bereiten Sie in Kleingruppen ein Rollenspiel zu einem persönlichen Konfliktfall vor und nehmen Sie das Rollenspiel mit der Videokamera auf. Diskutieren Sie, ob und inwiefern die Dallas-Methode systematisch angewendet wurde und inwiefern der Konflikt durch diese Methode gelöst werden konnte.
(Aufgabenstellung nach: Peter R. Wellhöfer: Gruppendynamik und soziales Lernen. Theorie und Praxis der Arbeit mit Gruppen, Stuttgart 1993, S. 73)

Themenzentrierte Interaktion (TZI)

Für die freien Diskussionsphasen wird der Trainer also ersetzt durch die folgenden Regeln für die Gruppendiskussion. Sie fassen die für Gruppen wichtigen Kommunikationsaspekte zusammen, helfen einer Gruppe, sich selbst zu regulieren. Außerdem sind diese Regeln eine Hilfe für die Verbesserung der eigenen sozialen Lernfähigkeit. Diese Regeln gehen zurück auf die Regeln der „themenzentrierten interaktionellen Methode" von Ruth Cohn, die wir durch weitere Regeln ergänzt haben. Es wird keinem Gruppenmitglied möglich sein, diese Kommunikationsregeln sofort zu befolgen. Denn der Gruppenteilnehmer, der das von vornherein kann, hat es eigentlich nicht mehr nötig, am Gruppenprogramm teilzunehmen. Diese Regeln befolgen und anwenden zu können, gehört zum Lernziel des Gruppenprogramms, und die automatische Folge der Erfahrungen bei den verschiedenen Übungen und Spielen ist eine erhöhte Fähigkeit, diese Kommunikationsregeln zu befolgen.

Vielen Gruppenteilnehmern erscheinen einige dieser Regeln zunächst unsinnig und unlogisch, und sie erleben erst, nachdem sie mit ihnen gearbeitet haben, dass diese Regeln sehr nützlich und wichtig für sie gewesen sind. Diese Regeln sollten deswegen

nicht vorher diskutiert und in Frage gestellt werden, sondern nach dem Gruppenprogramm sollte über die Erfahrung mit diesen Regeln und über die Möglichkeit ihrer Übertragung reflektiert werden.
Diese Regeln sind auch kaum theoretisch als ‚objektiv richtig' aufzufassen, sondern als kompensatorische Regeln, die dem Menschen in unserer Gesellschaft helfen, bestimmte Kommunikationsfertigkeiten einzuüben, die er nicht gelernt hat. Es gibt zum Beispiel viele Situationen im normalen Leben, in denen es angemessen ist, das ‚Man' zu benutzen und nicht das ‚Ich'. Durch eine ‚aufgezwungene' Benutzung von Ich-Aussagen erkennen Menschen jedoch vielfach, in welchem Maße sie durch das ‚Man' ihre eigenen Gefühle verschleiern. Für die Selbsterfahrungsgruppe ist es daher wichtig, dass diese Regeln akzeptiert werden und jedes Gruppenmitglied sich bemüht, sie zu befolgen, obwohl das für den Einzelnen zunächst kaum möglich sein wird. Nach der 11. Sitzung sollten Arbeitsgruppen jedoch diese Regeln kritisch betrachten und gemeinsam von ihren Erfahrungen mit diesen Regeln her diskutieren, welche Regeln wichtig für ihre gemeinsame Arbeit sind. Eine Arbeitsgruppe zum Beispiel, die für gewisse Zeiträume Papiere, Ergebnisse, Aktionen usw. ‚produzieren' muss, wird während dieser Zeiträume kaum die Regel „Störungen haben Vorrang" befolgen können und wird deswegen für emotionale Störungen und Konflikte zwischen den Gruppenmitgliedern bestimmte gesonderte Zeiträume und Gelegenheiten schaffen. Hier wird sich jede länger zusammenarbeitende Gruppe individuell verschieden entscheiden müssen.

1. Sei dein eigener Chairman
Bestimme selbst, was du sagen willst. Sprich oder schweig, wann du es willst. Versuche, in dieser Stunde das zu geben und zu empfangen, was du selbst geben und erhalten willst. Sei dein eigener Chairman (Vorsitzender) – und richte dich nach deinen Bedürfnissen, im Hinblick auf das Thema und was immer für dich sonst wichtig sein mag. Ich als Gruppenleiter werde es genauso halten (falls Gruppenleiter vorhanden). Diese Regel soll dir zwei Dinge besonders deutlich machen:
a) Du hast die Verantwortung dafür, was du aus dieser Stunde für dich machst.
b) Du brauchst dich nicht zu fragen, ob das, was du willst, den anderen Gruppenmitgliedern gefällt oder nicht gefällt. Sag einfach, was du willst. Die anderen Gruppenmitglieder sind auch ihre eigenen Chairmen und werden es dir schon mitteilen, wenn sie etwas anderes wollen als du.

2. Störungen haben Vorrang
Unterbrich das Gespräch, wenn du nicht wirklich teilnehmen kannst, zum Beispiel wenn du gelangweilt, ärgerlich oder aus einem anderen Grund unkonzentriert bist. Ein ‚Abwesender' verliert nicht nur die Möglichkeit der Selbsterfüllung in der Gruppe, sondern er bedeutet auch einen Verlust für die ganze Gruppe. Wenn eine solche Störung behoben ist, wird das unterbrochene Gespräch entweder wieder aufgenommen werden oder einem momentan wichtigeren Platz machen.

3. Wenn du willst, bitte um ein Blitzlicht
Wenn dir die Situation in der Gruppe nicht mehr transparent ist, dann äußere zunächst deine Störung und bitte dann die anderen Gruppenmitglieder, in Form eines Blitzlichts auch kurz ihre Gefühle im Moment zu schildern.

4. Es kann immer nur einer sprechen
Es darf nie mehr als einer sprechen. Wenn mehrere Personen auf einmal sprechen wollen, muss eine Lösung für diese Situation gefunden werden. ‚Seitengespräche' sind also zu unterlassen oder als Störung in die Gruppendiskussion einzubringen.

5. Experimentiere mit dir

Frage dich, ob du dich auf deine Art verhältst, weil du es wirklich willst. Oder möchtest du dich eigentlich anders verhalten – tust es aber nicht, weil dir das Angst macht? Prüfe dich, ob dein Verhalten Annäherungs- oder Vermeidungs-Verhalten ist. Versuche, öfter neues Verhalten auszuprobieren, und riskiere das kleine aufgeregte körperliche Kribbeln dabei. Dieses Kribbeln ist ein guter Anzeiger dafür, dass du für dich ungewohntes und neues Verhalten ausprobierst.

6. Beachte deine Körpersignale

Um besser herauszubekommen, was du im Augenblick fühlst und willst, horche in deinen Körper hinein. Er kann dir oft mehr über deine Gefühle und Bedürfnisse erzählen als dein Kopf.

7. ‚Ich' statt ‚Man' oder ‚Wir'

Sprich nicht per ‚Man' oder ‚Wir', weil du dich hinter diesen Sätzen zu gut verstecken kannst und die Verantwortung nicht für das zu tragen brauchst, was du sagst. Zeige dich als Person und sprich per ‚Ich'. Außerdem sprichst du in ‚Man'- oder ‚Wir'-Sätzen für andere mit, von denen du gar nicht weißt, ob sie das wünschen.

8. Eigene Meinungen statt Fragen

Wenn du eine Frage stellst – sage, warum du sie stellst. Auch Fragen sind oft eine Methode, sich und seine eigene Meinung nicht zu zeigen. Außerdem können Fragen oft inquisitorisch wirken und den anderen in die Enge treiben. Äußerst du aber deine Meinung, hat der andere es viel leichter, dir zu widersprechen oder sich deiner Meinung anzuschließen.

9. Sprich direkt

Wenn du jemandem aus der Gruppe etwas mitteilen willst, sprich ihn direkt an und zeige ihm durch Blickkontakt, dass du ihn meinst. Sprich nicht über einen Dritten zu einem anderen und sprich nicht zur Gruppe, wenn du eigentlich einen bestimmten Menschen meinst.

10. Gib Feed-back, wenn du das Bedürfnis hast

Löst das Verhalten eines Gruppenmitgliedes angenehme oder unangenehme Gefühle bei dir aus, teile es ihm sofort mit und nicht später einem Dritten.

Wenn du Feed-back gibst, sprich nicht *über* das Verhalten des anderen, denn du kannst nicht wissen, ob du es objektiv und realistisch wahrgenommen hast. Sprich nicht in einer bewertenden und normativen Weise. Vermeide Interpretationen und Spekulationen über den anderen.

Sprich zunächst einfach von den Gefühlen, die durch das Verhalten des anderen bei dir ausgelöst werden. Danach kannst du versuchen, das Verhalten des anderen so genau und konkret wie möglich zu beschreiben, damit er begreifen kann, welches Verhalten deine Gefühle ausgelöst hat. Lass dabei offen, wer der ‚Schuldige' an deinen Gefühlen ist. Du benötigst dabei keine objektiven Tatsachen oder Beweise – deine subjektiven Gefühle genügen, denn auf diese hast du ein unbedingtes Recht.

Versuche vor deinem Feed-back die Einwilligung deines Gesprächspartners einzuholen, ihm dieses zu geben.

11. Wenn du Feed-back erhältst, hör ruhig zu

Wenn du Feed-back erhältst, versuche nicht gleich, dich zu verteidigen oder die Sache ‚klarzustellen'. Denk daran, dass dir hier keine objektiven Tatsachen mitgeteilt werden können, sondern subjektive Gefühle und Wahrnehmungen deines Gegenübers. Freu dich zunächst, dass dein Gesprächspartner dir sein Problem erzählt, das er mit dir hat. Diese Haltung wird dir helfen, ruhig zuzuhören und zu prüfen, ob du auch richtig verstanden hast, was er meint. Versuche zunächst nur zu schweigen und zuzuhören, dann von deinen Gefühlen zu sprechen, die durch das Feed-back ausgelöst worden sind, und erst dann gehe auf den Inhalt ein.

(Lutz Schwäbisch/Martin Siems, Anleitung zum sozialen Lernen für Paare, Gruppen und Erzieher, Kommunikations- und Verhaltenstraining, Rowohlt, Reinbek 1974, S. 266ff.)

1. Führen Sie ein Gespräch über ein frei gewähltes Thema und beachten Sie dabei die o.g. Regeln.
2. Diskutieren Sie, ausgehend von den Erfahrungen, die Sie mit diesen Regeln gemacht haben, ob und inwiefern Sie diese Regeln für Ihre Arbeit im Kurs für geeignet halten.
3. Welche der beiden vorgestellten Konfliktlösungsstrategien (Dallas-Methode – TZI) halten Sie für geeigneter zur Konfliktlösung?
4. Diskutieren Sie abschließend, inwiefern Konflikte und deren Lösung in Gruppen eine erzieherisch positive Bedeutung haben.

Gruppenleitung – muss das sein?

Ob eine Gruppe tatsächlich zu einer Gruppe wird, ob die gruppendynamischen Kräfte einer Gruppe positiv wirksam werden und somit zur persönlichen Entwicklung ihrer einzelnen Teilnehmer und Teilnehmerinnen führen können, hängt zu einem großen Teil vom Führungs- bzw. Erziehungsstil des Gruppenleiters/der Gruppenleiterin ab. Lesen Sie dazu zunächst in Kapitel 2.1 („Erzieherverhalten/Erziehungsstile") den Text „Erziehungsstile: permissive, autoritäre und demokratische Erziehung".

1. Diskutieren Sie die in dem o.g. Text genannten einzelnen Stile
   a) hinsichtlich der jeweiligen Möglichkeiten der Gruppenentwicklung,
   b) hinsichtlich der Möglichkeiten und Probleme von Konfliktlösungen.
2. Ist es möglich und sinnvoll, Gruppen ausschließlich demokratisch zu führen?

Führung durch die Gruppe?

Führung ist lediglich eine bestimmte Art der Interaktion. Diese Definition geht davon aus, dass es für die Zusammenarbeit einer Gruppe notwendig ist, dass die Teilnehmer eine gewisse Arbeitsteilung vornehmen müssen. Diese Arbeitsteilung ordnet den verschiedenen Teilnehmern verschiedene Rollen zu, und diese Rollen werden mit einem ganz bestimmten Verhalten verbunden. Demgemäß ist also auch die Führungsaufgabe nur eine ganz bestimmte Rollendefinition in der Gruppe und resultiert aus dem Zwang zur Arbeitsteilung.

Moderne Gruppentheorien versuchen sogar, den Begriff der Führung ganz fallen zu lassen, und sprechen nur noch von einer spezifischen Interaktionsweise einer Gruppe.

Damit kommen wir zur Forderung nach einer Führung durch die Gruppe selbst. Führung wird hier nicht mehr als die Funktion eines Leiters oder Vorsitzenden angesehen, sondern als eine Funktion der Gruppe selbst. In einer solchen Gruppe sind die verschiedenen Rollenfunktionen zugleich Führungsfunktionen, die ständig wechseln und an denen alle in dem Maß ihrer individuellen Fähigkeiten spontan und voll partizipieren. Da wir in dieser Form der Führung wenig geübt sind, sind wir meistens noch relativ stark auf einen festen Leiter fixiert, und wir werden verhaltensunsicher, wenn wir gezwungen sind, Kooperation in einer Gruppe selbst organisieren zu müssen. Führung durch die Gruppe selbst ist also nur möglich, wenn das dazu erforderliche neue Verhalten eingeübt wird.

Ungeübte Gruppen sind in der Regel nicht fähig, sich selbst im Sinne einer „Führung durch die Gruppe" zu strukturieren. Hier ist zunächst ein partizipativer Leitungsstil notwendig. Hierbei geht es darum, aus einer kooperativen Grundhaltung heraus die Gruppe zu kooperativen Verhaltensweisen untereinander zu führen. Der Leiter ist Vorbild in dem Sinne, dass er die anderen Teilnehmer als gleichwertige Partner achtet – mit einem Recht auf Selbstbestimmung und Selbstentfaltung. Die Gruppe wird zum Raum, in dem gelernt werden kann: Anhören anderer Meinungen, Tolerieren des Andersseins, gegenseitiges Mitteilen von Interessen und Bedürfnissen, die Fähigkeit, eigene Ansichten und eigene Interessen in angemessener Form zu vertreten.

(Klaus W. Vopel/Rainer E. Kirsten, Kommunikation und Kooperation, München 1974, S. 225f.)

---

1. Welche Voraussetzungen müssen gegeben sein, damit eine Gruppe sich selbst führen kann?
2. Diskutieren Sie folgenden Satz: „Die Aufgabe von Pädagoginnen/Pädagogen besteht darin, sich überflüssig zu machen."

Vertiefung

Eine Gruppe pädagogisch verantwortungsvoll zu leiten ist eine sehr schwierige und anspruchsvolle Aufgabe. Häufig tauchen in der Praxis trotz der Hilfestellungen, die die Theorie bietet, bzw. trotz des Wissens um Stadien der Gruppenentwicklung, um Konfliktlösungsstrategien und um Führungsverhalten immer wieder Probleme auf, die oft genug unlösbar scheinen. Der folgende Text von Gisela Hundertmark soll Ursachen solcher Schwierigkeiten aufdecken und Lösungen aufzeigen, diese Probleme zu bewältigen.

Hilfen für Pädagogen/Pädagoginnen zur Kontrolle ihres erzieherischen Verhaltens

Wir wollen hier vor allem überlegen, wie die Erzieherin ihr eigenes Verhalten auch während ihrer Berufstätigkeit überprüfen und ändern kann. [...]
l. Die Erzieherin kann durch Gedankenlosigkeit, Unerfahrenheit oder Unsicherheit eine gegebene Situation nicht meistern und kommt so zu einem Verhalten, das im Ge-

gensatz zu einer wünschenswerten Führung der Gruppe steht und auch im Widerspruch zu ihrem eigenen Verhalten während anderer Zeiten im Tageslauf: Sie ist unfreundlich und heftig, und die Kinder werden dirigiert, ungerechtfertigt angefahren und getadelt. [...]

a) Eine wesentliche Ursache für Disziplinschwierigkeiten, auf die die Erzieherin dann wiederum mit Schärfe reagiert, ist eine erzwungene Untätigkeit der Kinder, wie sie sich vor allem in Übergängen zwischen verschiedenen Beschäftigungen ergeben kann (zum Beispiel wenn alle Kinder warten müssen, bis die Erzieherin die Vorbereitungen zum Frühstück getroffen hat). Hier muss überlegt werden, in welcher Weise die Kinder beteiligt und unnötige Wartezeiten vermieden werden können.

b) Der Erziehungsstil muss *situationsspezifisch* gewechselt werden. Während man sich meist darum bemüht, den Kindern ein hohes Maß von Selbstständigkeit und Spontaneität zu ermöglichen, sind in bestimmten Fällen dagegen von vornherein sehr genaue Anweisungen und eine völlige Lenkung des Ablaufs durch die Erzieherin notwendig, um gar nicht erst Verwirrung und Ärger aufkommen oder die Kinder in Gefahr geraten zu lassen.

c) Bei unerwartet auftretenden Schwierigkeiten sollte die Erzieherin den Mut haben, sonst geltende Ordnungen einmal außer Acht zu lassen und zuerst den vordringlichen Konflikt zu lösen. Vor allem die Berufsanfängerin versucht dann oft in ihrer Unsicherheit, die Situation durch Strenge und Kommandieren zu retten.

2. In Punkt 1 gingen wir von der Annahme aus, dass die Erzieherin selbst von bestimmten Situationen in ihrer Arbeit unbefriedigt ist (oder den Sachverhalt doch leicht erkennen kann) und dass sie die nicht genügend durchdachten Abläufe und damit ihr eigenes Verhalten verhältnismäßig leicht ändern kann. Schwieriger ist es dagegen, wenn die Erzieherin davon überzeugt ist, dass sie die Kinder mit Ruhe und Freundlichkeit zur Selbstständigkeit erzieht, es aber tatsächlich in viel geringerem Ausmaß tut, als sie annimmt; sie muss dann erst lernen, ihr eigenes Verhalten selbstkritisch zu sehen. Ein Ansatzpunkt können hier die Sprachvariablen von *A.-M. Tausch* sein. Durch die Mitschrift einer Kollegin oder durch Tonbandaufnahmen kann zum Beispiel überprüft werden, ob man viel zu oft auf die Kinder einredet. Diese Gefahr ist gerade auch bei den Erzieherinnen gegeben, die mit den besten Vorsätzen an die Gruppenarbeit herangehen, viel erreichen und die Kinder intensiv fördern wollen; sie haben gute Ideen und möchten diese auch rasch in die Tat umsetzen. Es fällt dann oft schwer, in Ruhe abzuwarten, erst einmal zu sehen, was das Kind vorhat, und es nicht gleich mit Vorschlägen, Erklärungen oder Ermahnungen zu überfahren. Man ist „allzu leicht geneigt, pädagogisch zu aggressiv zu sein und zu gewaltsam in das junge Leben einzugreifen ... Wir brauchen viel mehr Gelassenheit in der Erziehung" (*Blochmann* 1951, 593). Im Kindergarten liegt auch „die Gefahr, dass etwas von einem Machtverhältnis sich in den pädagogischen Bezug einmischt" (*Blochmann*), besonders nahe. Die Erzieher im Kindergarten haben allerdings nicht die Machtmittel in der Hand wie die Lehrer (Zeugnisse usw.), aber das Alter der Kinder wirkt sich aus: Es kann schwer fallen, in so kleinen Kindern schon Partner zu sehen, mit denen sich auch ein „Stil des guten geselligen Umgangs" praktizieren lässt, dessen Merkmale „eine freundliche Rücksicht, Distanz und respektvolle Schonung des anderen in seinem Bereich sind" (*Blochmann* 1951, 592).

Ebenso wie das zu häufige Einreden auf die Kinder können auch die anderen Sprachvariablen von *A.-M. Tausch* gut überprüft werden, zum Beispiel die Förderung der Selbstständigkeit in den partnerbezogenen Äußerungen. Wenn einmal registriert wird, was in einem bestimmten Zeitabschnitt gesagt wird, kann dem Erzieher bewusst werden, wie oft er unnötige Befehle und Anweisungen gibt, die dem Kind vorschreiben, was es tun soll – und die auch nicht dadurch besser werden, dass das Verb „dürfen" benutzt wird: „Du darfst jetzt den Bauwagen einräumen" – anstatt ihm dabei zu helfen, selbst eine Lösung zu finden, mit ihm zusammen zu überlegen, es zu fragen und Aufforderungen so an ein Kind oder an die Gruppe zu richten, dass sie auch Raum geben für selbstständiges Handeln (zum Beispiel: „Seht euch noch einmal um, ob alles Spielzeug ordentlich weggeräumt wurde"). Eine weitere Möglichkeit, das eigene Erziehungsverhalten kritisch zu sehen und zu ändern, bieten Hospitationen in anderen Kindergartengruppen. (Sie müssten wenigstens gelegentlich und stundenweise eingerichtet werden können, wenn eine Vertretungskraft für die eigene Gruppe da ist.) [...]

Es ist ebenfalls ein wichtiger Aspekt der teilnehmenden Beobachtung, sich die eigenen Reaktionen auf das Verhalten der Kinder bewusst zu machen. Der Pädagoge, der in der praktischen Arbeit steht (oder darin gestanden hat), muss sich anfangs oft geradezu zwingen, in seiner Beobachter-Rolle zu bleiben. Er empfindet dabei dann sehr deutlich, wie rasch er geneigt ist, einzugreifen und in irgendeiner Weise zu handeln, und wie oft er sich nicht genügend Zeit nimmt, um erst einmal zuzuhören. [...]

Die Fragen, die sich aus der Beobachtung in anderen Gruppen und auch aus der Überprüfung des eigenen Verhaltens durch Tonbandaufnahmen oder eine Mitschrift ergeben, werden am besten in kleinen Arbeitsgruppen gemeinsam durchdacht und geklärt. Wichtig ist aber dabei, dass nicht das Erkennen und Reflektieren der Aufgaben im Vordergrund steht, sondern das wesentliche Ziel ist die Verhaltensänderung. Hier können auch Fortbildungskurse eine Hilfe sein, in denen die Erzieher ihr eigenes Verhalten als Gruppenmitglieder erfahren, und zwar in den Gruppenprozessen, die von einem ausgebildeten Beobachter bewusst gemacht und geklärt werden. Dabei wird nicht nur ein besseres Verständnis für Gruppenprozesse und damit für die Vorgänge in der eigenen Kindergartengruppe geweckt, sondern auch die eigenen Reaktionen und Verhaltenstendenzen werden deutlicher und selbstkritisch erkannt.

Bei den bisherigen Überlegungen gingen wir von der Annahme aus, dass sich Verhaltensweisen der Erzieherin, die negative Auswirkungen auf die Kinder haben können, gegen ihre eigenen Absichten und Ziele herausbilden, etwa durch Überforderung in der Praxis, ungenügende Möglichkeiten zur Weiterbildung, fehlende Anregungen (besonders wenn die Erzieherin als einzige Fachkraft in einem kleinen Kindergarten tätig ist, keine Kolleginnen in der Arbeit sieht und sich nie mit einer erfahrenen Leiterin besprechen kann) oder eine ungünstige Beeinflussung durch Mitarbeiter, die in der täglichen Arbeit zu einer gewissen Routine und Abstumpfung gekommen sind. Hier kann durch gemeinsame Arbeit in kleinen Gruppen und durch selbstkritisches Beobachten der eigenen Arbeit vieles geändert und verbessert werden. Wenn aber zum Beispiel ein autoritärer Erziehungsstil persönlichkeitsspezifisch ist oder andere grundlegende Fehleinstellungen den Kindern gegenüber vorhanden sind, reichen Hilfen dieser Art nicht aus, hier könnte nur durch intensive Beratung, etwa durch einen Supervisor, eine Änderung erreicht werden.

(Gisela Hundertmark, Soziale Erziehung im Kindergarten, Stuttgart 1988, S. 122–127)

Zeichnen Sie zwei lebensgroße Figuren (der ideale Gruppenleiter/die ideale Gruppenleiterin bzw. der ideale Teilnehmer/die ideale Teilnehmerin) auf einem ausreichend großen Stück Karton oder Tapete. Tragen Sie dort Anforderungen ein, die a) ein idealer Gruppenleiter/eine ideale Leiterin erfüllen muss, b) ein idealer Teilnehmer/eine ideale Teilnehmerin erfüllen muss.

Pädagogische Anwendung

Dass Erziehung in und durch Gruppen sowohl für die Gruppe als auch für ihre einzelnen Teilnehmer und Teilnehmerinnen positiv wirksam werden kann, setzt u.a. die Bereitschaft der Gruppenmitglieder voraus, sich in die Gruppe einzubringen und gruppendynamische Prozesse sowie das eigene individuelle Gruppenverhalten zu reflektieren. Die folgenden Übungen sollen Ihnen bei dieser Aufgabe helfen. Es ist sinnvoll, die (kopierten) nachstehenden Fragebögen jeweils zu Beginn und am Ende einer Unterrichtsreihe oder einer Unterrichtseinheit auszufüllen und die Ergebnisse miteinander zu vergleichen.

Fragen zur Gruppenprozessanalyse

Geben Sie auf einer Skala von 1–9 den betreffenden Wert an.

1. Heute fühlte ich mich in der Gruppe
   nicht wohl   1 2 3 4 5 6 7 8 9   sehr wohl.

2. Ich fühlte mich den anderen gegenüber
   unfrei, gehemmt   1 2 3 4 5 6 7 8 9   frei, gelöst,
   voreingenommen   1 2 3 4 5 6 7 8 9   unvoreingenommen.

3. Ich wurde von der Gruppe heute
   ausgeschlossen   1 2 3 4 5 6 7 8 9   angenommen.

4. Unsere Gespräche empfand ich als
   nicht sachbezogen 1 2 3 4 5 6 7 8 9   sachbezogen,
   unrealistisch   1 2 3 4 5 6 7 8 9   realistisch.

5. Die Teilnehmer/innen waren heute
   nicht bereit   1 2 3 4 5 6 7 8 9   sehr bereit,
   andere Meinungen zu hören und aufzunehmen.

6. Die gemeinsame Arbeit war für mich heute
   uninteressant   1 2 3 4 5 6 7 8 9   sehr interessant.

7. Die Arbeitsschritte bzw. die bearbeiteten Handlungsziele haben mich heute
   nicht interessiert 1 2 3 4 5 6 7 8 9 interessiert.

(Monika Jostes/Reinhold Weber, Projektlernen, Handbuch zum Lernen von Veränderungen in Schule, Jugendgruppen und Basisinitiativen, AOL Verlag, Lichtenau 1992, o.S.)

Das Ergebnis der Befragung können Sie mithilfe folgenden Schemas in der Gesamtgruppe auswerten:

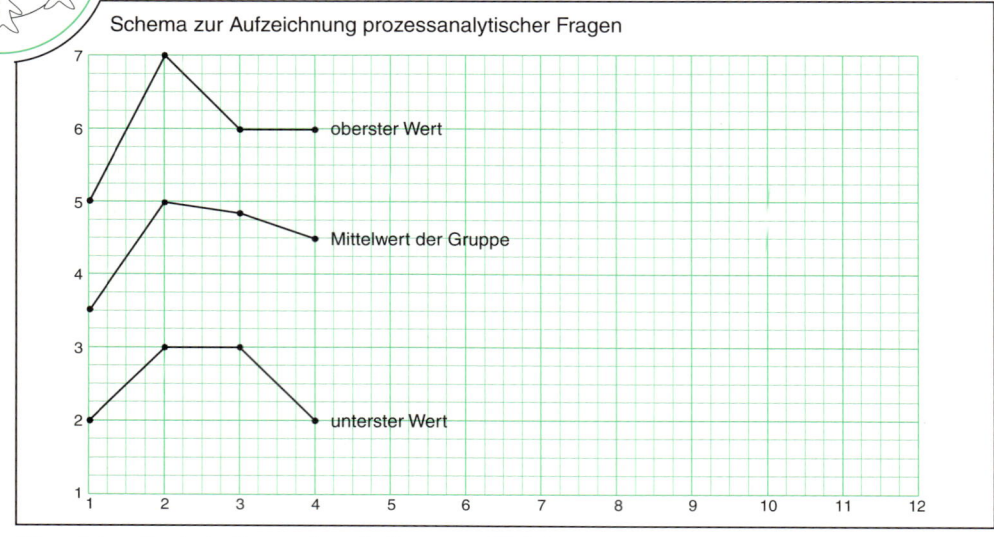

Schema zur Aufzeichnung prozessanalytischer Fragen

(Klaus Antons, Praxis der Gruppendynamik. Übungen und Techniken, Hogrefe, Verlag für Psychologie, Göttingen 1992, S. 204)

Fragen zur Analyse der persönlichen Fähigkeiten und Verhaltensweisen in Gruppen

1. Habe ich meine Gedanken klar ausgedrückt?
2. Habe ich die Fähigkeit gezeigt, aufmerksam und verstehend zuzuhören?
3. Habe ich anderen gesagt, was ich fühle?
4. Habe ich dazu geneigt, die Gruppe in die Hand zu nehmen?
5. Wie wurde mein Verhalten im Kurs kommentiert oder bewertet?
6. Hatte ich Verständnis für die Gefühle anderer in diesem Kurs?
7. Konnte ich Konflikte und Widerstände in der Gruppe aushalten?
8. Konnte ich Zuneigungsäußerungen und Freundlichkeiten aushalten?
9. Konnte ich andere in der Gruppe beeinflussen?
10. War ich bereit, mich von anderen beeinflussen zu lassen?

(Vgl. Klaus Antons, Praxis der Gruppendynamik, Hogrefe, Verlag für Psychologie, Göttingen 1992, S. 210)

Kopieren Sie die Fragen und malen Sie hinter jede Frage ein lachendes bzw. weinendes Gesicht, je nachdem, ob Ihre Antwort positiv oder negativ ausfällt.

Die Auswertung des Fragebogens kann auf verschiedene Arten durchgeführt werden:
a) Sie können sich einen Partner oder eine Partnerin wählen, mit dem/der Sie Ihre Antworten besprechen, oder
b) wenn Sie möchten, können Sie Ihre Antworten der gesamten Kursgruppe mitteilen, oder
c) die gesamte Kursgruppe schreibt ihre Antworten zu den jeweiligen Fragen anonym auf Zettel, die anschließend eingesammelt und ausgewertet werden.

Projektvorschlag zum selbstständigen Weiterarbeiten

A Erkundigen Sie sich, welche Selbsthilfegruppen es in Ihrer Stadt gibt.
Tipp: In vielen Städten gibt es Kontaktstellen für Selbsthilfegruppen, die Ihnen ausführliche Hinweise geben können.

B Führen Sie ein Expertengespräch mit einer Selbsthilfegruppe (z.B. Anonyme Alkoholiker oder Stotterer-Selbsthilfegruppe) durch. Folgende Fragestellungen könnten Sie leiten:
- Wie und warum ist die Selbsthilfegruppe entstanden?
- Wie arbeitet die Gruppe?
- Gibt es einen Gruppenleiter/eine Gruppenleiterin?
- Inwieweit hilft die Gruppe bei dem Gesundungsprozess?

Hinweise

Wichtige Informationen und Anregungen für die pädagogische Leitung von Gruppen sowie Ideen für Gruppenübungen und -spiele finden Sie beispielsweise in folgenden Büchern:
- Antons, Klaus: Praxis der Gruppendynamik. Übungen und Techniken; Hogrefe, 5., überarbeitete und ergänzte Aufl. Göttingen 1992
- Baer, Ulrich (Hrsg.): 666 Spiele für jede Gruppe für alle Situationen, Kallmayersche Verlagsbuchhandlung, Seelze (Velber) 1994
- Jokisch, Wolfram: Steiner Spielkartei. – Bayrischer Mütterdienst der Evang.-luth. Kirche Stein (Hrsg.): Elemente zur Entfaltung von Kreativität, Spiel und schöpferischer Arbeit in Gruppen, Ökotopia, 4. Aufl. Münster 1994.

Exkurs Expertenbefragung

Die Expertenbefragung ist eine Unterrichtsmethode, bei der Fachleute aus der Praxis zu einem bestimmten Thema interviewt werden. Unter Experten sind nicht nur Fachleute wie Jugendrichter und -richterinnen, Jugendamtsleiter und -leiterinnen etc. zu verstehen, sondern Experten in gewissem Sinne sind auch von einer bestimmten Problematik Betroffene, wie z.B. Drogenabhängige oder Mitglieder von Selbsthilfegruppen.
Expertenbefragungen bieten sich zu vielen Themen im Pädagogikunterricht zur Ergänzung und Vertiefung des theoretisch Erarbeiteten an. Vielfach ermöglicht eine Expertenbefragung eine Erweiterung, Differenzierung oder Korrektur des bisher im

Unterricht auf der Basis von Texten Erarbeiteten. Der oben genannte Effekt kann somit vor allem durch Gespräche mit Betroffenen erzielt werden, wobei jedoch gerade auch Gespräche mit Betroffenen nicht immer unproblematisch sind, sodass sich bestimmte Gespräche verbieten. Beispielsweise sollten Sie von der Einladung eines/einer Betroffenen dann Abstand nehmen, wenn sich der/die Betroffene z.B. als Schauobjekt missbraucht fühlen könnte. Verzichten sollten Sie z.B. auch bei einem Besuch einer therapeutischen oder psychiatrischen Einrichtung auf die Räume der Klienten und Klientinnen. Positive Erfahrungen liegen jedoch mit folgendem „Modell" vor: Zum Unterrichtsgegenstand „Drogenabhängigkeit" wurden Mitarbeiter und Mitarbeiterinnen einer Entgiftungsstation eingeladen, die die pädagogische Konzeption dieser Einrichtung vorstellen wollten. Dieser Einladung schlossen sich aus eigener Motivation einige Klienten und Klientinnen der Station an um über ihre Erfahrungen mit dieser Form der Entgiftung zu berichten.

Bevor Sie eine Expertenbefragung durchführen können, müssen Sie sich eine Reihe von Fragen beantworten:

1. Wo soll die Expertenbefragung stattfinden?
a) Soll der Experte/die Expertin in den Unterricht eingeladen werden?
b) Soll die Befragung am Arbeitsplatz des Experten/der Expertin stattfinden? (Hierbei ist weiterhin zu überlegen, ob die gesamte Kursgruppe an der Befragung teilnehmen soll oder ob nur einige „Abgeordnete" diese Aufgabe übernehmen sollen.)

2. Wie soll die Befragung formal gestaltet werden?
a) Soll der Experte/die Expertin zunächst ein Referat halten und die Kursgruppe stellt anschließend Fragen?
b) Soll die Befragung von vornherein in Form eines Interviews stattfinden? (Hierbei ist zu klären, wer die Fragen stellt: alle Kursmitglieder oder vorher bestimmte Sprecher bzw. Sprecherinnen?)
c) Soll der Experte/die Expertin als Berater bzw. Beraterin in eine Unterrichtsaktivität, wie z.B. ein Simulationsspiel, einbezogen werden?

3. Welche Vorbereitungen müssen getroffen werden?
Außer den o.g. Fragen sollten Sie folgende Fragen mit der Kursgruppe klären, damit die Expertenbefragung gelingt:
a) Welche Fragen sollen gestellt werden? (Sammeln Sie hierzu vorher Fragen im Unterricht und halten Sie diese schriftlich fest.)
b) Wer informiert den Experten/die Expertin über das im Unterricht Vorausgegangene, das Ziel der Expertenbefragung und über die Fragen, die der Kurs stellen will?
c) In welcher Form sollen die Ergebnisse festgehalten werden? (Sollen sich alle Kursmitglieder Notizen machen oder sollen zwei Schüler/Schülerinnen ein Protokoll führen oder soll die Befragung mit einem Kassettenrekorder aufgenommen werden?)
d) Welche Sitzordnung soll gewählt werden? (Bei Expertenbefragungen ist eine Sitzordnung zu empfehlen, die eine lockere, entspannte Atmosphäre ermöglicht.)
e) Wer informiert die Schulleitung über den Besuch?

2.5 Kulturspezifische Aspekte von Erziehung

(Zeichnung: © Hayati Boyacıoğlu, Berlin)

Schreiben Sie spontan Ihre Gedanken und Ideen zu dem Bild auf einen Zettel.
Sammeln Sie im Kurs alle Gedanken und Ideen.
Ergeben sich daraus Fragen und/oder Anregungen für die Arbeit zum Thema ‚Kulturspezifische Aspekte von Erziehung' ?
Halten Sie diese Fragen schriftlich fest und
überprüfen Sie sie nach Abschluss der Reihe.

Jegliche Erziehung ist kulturbedingt. Den Einfluss der Kultur auf die Erziehung zu veranschaulichen, Probleme und Konsequenzen des Wechsels von Kindern und Jugendlichen von ihrer Heimatkultur in eine fremde Kultur aufzuzeigen und Möglichkeiten der Pädagogik, diese Probleme erzieherisch aufzufangen, werden Themen des folgenden Kapitels sein.

Vorgestellt werden soll die türkische Kultur. Diese Auswahl begründet sich damit, dass die hier lebenden türkischen Mitbürger und Mitbürgerinnen die längste Gastarbeitertradition in der BRD haben; zudem stellt die türkische Bevölkerung den größten Anteil der in der BRD lebenden Ausländer und Ausländerinnen.

Einführung

Befragung

Befragen Sie in Kleingruppen ausländische Schüler und Schülerinnen darüber, wie sie erzogen wurden. Überlegen Sie vorher gemeinsam, welche Fragen Sie stellen wollen. Sie können z.B. Fragen zu folgenden Aspekten stellen: Erziehungsziele, Erziehungsmittel, Ge- und Verbote, Normen und Werte, Bedeutung der Religion, Erziehung von Jungen und Mädchen, Feste und Feiern, Spiele und dgl. Vergleichen Sie die Erziehung in ausländischen Familien mit der Erziehung in deutschen Familien.

Die Türken kommen

Treffpunkt in der Stadt
Die Karstadt-Cafeteria
Dort begegnen sich
Einheimische und Fremde

Gleich mir gegenüber
Die blonde junge Frau
Mutter eines kleinen Jungen
Nippte an ihrem Kaffee

Der Kleine, quirlig, lebhaft
Nicht zu bremsen der Schlingel
Die Mutter verlor die Geduld
Stefan, Stefan!

Bleib hier, sonst kommen die Türken
Rutschte ihr heraus
Lauf da nicht rum
Komm sofort her

Betroffen
Stand ich auf, ging ihm nach
Streichelte sanft seine Wange
Stefan, du bist in Ordnung

Er strahlte mich an
Seine Augen glänzten
Ich bin Türke, sagte ich
Und der Kleine lachte mich an

(Bahattin Gemici, Sing' weiter dein Lied, Verlag Ortadoğu, Oberhausen 1989, S. 48f.)

1. Welche Gründe können Sie für das jeweilige Verhalten der drei Personen nennen?
2. Wie hätten Sie als Beobachter/Beobachterin der im Gedicht beschriebenen Situation reagiert?

Grundbegriffe und Grundthesen

Erziehung in anderen Kulturen am Beispiel der Türkei

> Bevor Sie die nachstehenden Texte lesen und erarbeiten, überlegen Sie zunächst selbst, was Sie über die türkische Kultur und über den Islam wissen bzw. was Sie damit verbinden und welche Voreinstellungen Sie dazu haben. Sammeln Sie stichwortartig alle Einfälle.

Die erzieherische Bedeutung der Religion als Bestandteil von Kultur

Grundzüge islamischer Glaubenslehre

Der Islam ist, wie das Christentum, eine monotheistische Religion: Sie kennt nur einen Gott. Das religionsgeschichtliche Fundament ist die von Muhammed empfangene Offenbarung von Gottes Wort. In der muslimischen Überzeugung stellt diese Offenbarung die letzte und einzig unverfälschte dar, in der Gott die Menschen ermahnte, ihr Glück in der ihm zu erweisenden Verehrung und Ergebenheit zu suchen.

Der Islam stützt sich auf verschiedene Glaubens- und Erkenntnisquellen (101): Im Koran sind die zentralen Glaubenssätze, die religiösen Grundpflichten und Empfehlungen für über diese Pflichten hinausgehende Verhaltensweisen enthalten. Die Glaubenssätze umfassen (1) den Glauben an einen einzigen Gott, (2) den Glauben an die Engel, deren Aufgabe die Überbringung göttlicher Offenbarung ist, (3) den Glauben an den Koran, das letzte der heiligen Bücher, (4) an die Propheten Gottes, die im Koran vorkommen und deren letzter und erhabenster Muhammed ist, (5) den Glauben an ein jüngstes Gericht, bei dem die Menschen für ihre irdischen Taten im Jenseits zur Verantwortung gezogen werden und (6) den Glauben an die Vorsehung.

Für alle Muslime verbindlich sind 5 religiöse Grundpflichten, die 5 „Säulen" des Islam, die zur Stützung des Islam, des Glaubens und des sozialen Verhaltens dienen: Die erste Pflicht des Muslims ist das Glaubensbekenntnis an einen einzigen Gott als das oberste Prinzip des Handelns. Die zweite Pflicht ist das Gebet, das jeder erwachsene Muslim fünfmal am Tag zu verrichten hat. Den Ort für das Gebet kann der Gläubige selbst bestimmen; wo der Gläubige sich auch befindet, kann er den Gebetsteppich ausbreiten und sich gen Mekka wenden und beten. Nach der dritten Pflicht ist jeder gesunde Muslim verpflichtet, im Monat Ramadan zu fasten. Die vierte religiöse Pflicht umfasst die Almosenabgabe. Jeder Muslim ist verpflichtet, einen gewissen Anteil seines Vermögens (1/40 seines Einkommens) an Arme und Bedürftige zu spenden. Als fünfte Pflicht sollte jeder Muslim einmal in seinem Leben eine Pilgerfahrt nach Mekka unternehmen, vorausgesetzt, er ist dazu physisch, wirtschaftlich und was seine sozialen Einbindungen betrifft in der Lage.

Wenn auch das Leben des Muslims in vielfacher Weise durch koranische Regeln und Richtlinien festgelegt ist, so bleibt doch ein viel größerer Bereich ohne genaue Vorschriften. In diesen offenen Fragen des Verhaltens richtet sich der Muslim nach dem traditionellen Verhalten und der traditionellen Lebensführung des Propheten Muhammed. Dieses Vorbild des Propheten ist die „Sunna" (davon die Bezeichnung „Sunniten" in Abgrenzung zu den „Aleviten", die neben dem Propheten auch noch dessen Schwiegersohn Ali verehren). Die Einzelheiten seines Verhaltens, Aussprüche und Bemerkungen des Propheten sind von seinen Zeitgenossen genau vermerkt und weitergegeben worden. Diese Überlieferungen tragen den Namen „Hadis".

Koran und Hadis sind zugleich die Hauptquellen des islamischen Rechts (Şeriat). Neben diesen beiden Hauptquellen sind die normsetzende Übereinstimmung (Icma) zu erwähnen, d.h. die Urteile der islamischen Würdenträger zu bestimmten Angelegenheiten, und der Analogieschluss (Kiyas), d.h. die logischen Regeln, die die islamischen Gelehrten für die untergeordneten Gebiete des Lebens von den Hauptquellen hergeleitet haben. Der Islam ist in dieser Gesamtheit ein alle Bereiche des individuellen wie des gesellschaftlichen Lebens durchdringendes Prinzip mit universalem Anspruch.

Das bisher geschilderte Bild des Islam stellt den Hochislam dar, von dem sich der Volksislam unterscheidet. (102) Volksislam ist die Sammelbezeichnung für vielfältige religiöse Phänomene im Zusammenhang mit den Lebensstationen des Einzelnen, Jahresfesten, regional-kulturellen Gegebenheiten, die über die am Koran, vor allem an Pflichten und Geboten wie den 5 „Säulen" des Islam orientierte Religionspraxis der Orthodoxie hinausgehen, aber dennoch integrativer Bestandteil islamischer Volksfrömmigkeit sind. Im Volksislam, der eine starke emotionale Komponente enthält, finden sich häufig traditionelle Bräuche einer bestimmten Region, eines bestimmten Bevölkerungsteils, die aus den Zeiten vor dem Islam herrühren. Zum Teil widersprechen sie sogar den eigentlichen Lehren des Islam. Ein Beispiel ist die Verehrung heiliger Männer und Frauen, denen häufig besondere Wunderkräfte zugesprochen werden.

(Zentrum für Türkeistudien [Hrsg.], Türkei-Sozialkunde. Wirtschaft, Beruf, Bildung, Religion, Familie, Erziehung, Leske + Budrich, Opladen 1994, S. 118f.)

Die fünf Säulen des Islam

Die fünf Säulen des Islam heißen die Pflichten, die jeder gläubige Muslim erfüllen soll. Sie sind die Grundlage des Islam und gelten auf der ganzen Welt für die Gläubigen, obwohl es sonst sehr große Unterschiede gibt.

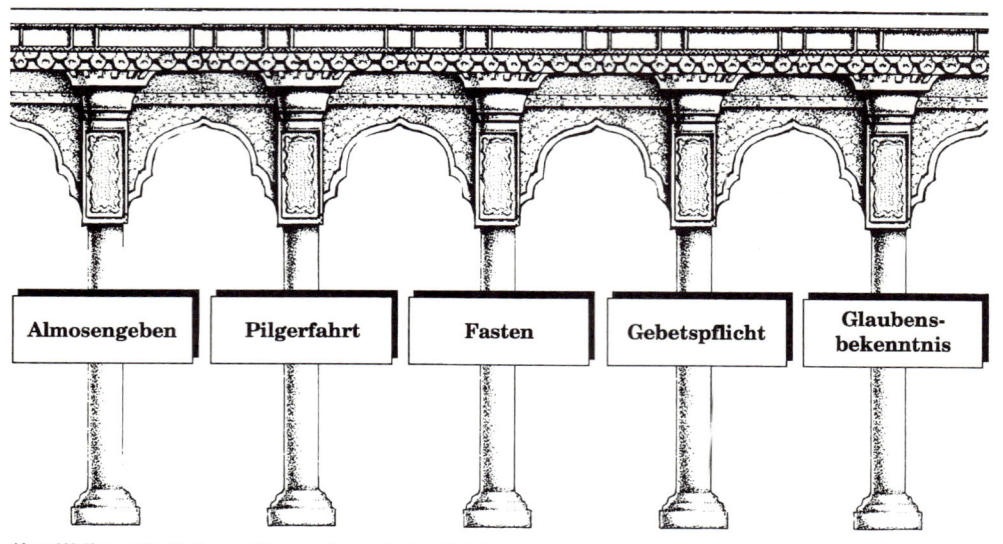

| Almosengeben | Pilgerfahrt | Fasten | Gebetspflicht | Glaubensbekenntnis |

(Aus: Wolfgang Barth/Henny Küppers, Leben in der Türkei, Verlag an der Ruhr, 45472 Mülheim, 1994, S.22)

Koranschulen

Koranschulen: auf der Pflicht zur Lektüre des Korans beruhende, meist mit einer Moschee verbundene islamische Leseschule. In der BR Deutschland unterhalten islamische Vereine K., in denen türkische Kinder und Jugendliche in der Auslegung des Korans, in religiösen Traditionen und in islamischer Lebensweise unterrichtet werden.

(Meyers Lexikonredaktion in Zusammenarbeit mit Gerhard Eberle u. Axel Hillig [Hrsg.], Schüler-Duden Die Pädagogik, Dudenverlag, Mannheim/Wien/Zürich 1989, S. 236)

(Foto: Henning Christoph/ DAS FOTOARCHIV)

(Foto: Henning Christoph/ DAS FOTOARCHIV)

1. Lassen Sie die Bilder eine Weile auf sich wirken. Tauschen Sie mit einem Mitschüler oder einer Mitschülerin spontan Gedanken, Einfälle, Empfindungen zu den Bildern aus.
2. Stellen Sie aufgrund der Texte und Bilder Vermutungen darüber an, wie sich die islamische Religion konkret in der Erziehung türkischer Kinder und Jugendlicher auswirken könnte.

Zentrale Werte und soziale Rangordnung

Werte und Normen bilden sich im Zusammenhang mit den Lebensbedingungen einer Gesellschaft oder Teilgesellschaft heraus. Innerhalb einer Gesellschaft variiert nicht nur die Bedingungslosigkeit, mit der die Einhaltung von Werten und Normen eingefordert wird, und die Grenze, ab der von einer Verletzung gesprochen wird, je nach einzelnen sozialen Gruppierungen, es nötigen auch die Veränderungen der je konkreten Lebensumstände dem Einzelnen, der Familie oder Gemeinschaft Lernprozesse auf, die zur Aufweichung eines zuvor uneingeschränkt gültigen Wertemusters führen. „Şaygi", „Namus", „Seref", die drei zentralen Pfeiler eines Wertgefüges, das in seinem vollen Umfang ohnehin nur in der ländlichen Türkei Bedeutung hatte, unterliegen dem gleichen Prozess der Aufweichung.

- „Saygi" heißt in der Übersetzung soviel wie „Respekt" oder „Achtung" und regelt als zentraler Wert die Beziehungen zwischen den Familienmitgliedern und den Mitgliedern der Gemeinschaft. „Saygi" muss allen höher gestellten Personen entgegengebracht werden: Der Sohn schuldet dem Vater Achtung und Respekt, die Ehefrau dem Ehemann und die jüngeren Geschwister den älteren. Im Lebenszyklus und in dem Maße, wie Jüngere und Niedergestellte nachwachsen, ändert sich die Stellung in diesem Beziehungsgefüge.

„Saygi" äußert sich in Handlungen und Verhaltensweisen, die unabhängig davon sind, was die eine Person von der anderen denkt. So kann der Sohn durchaus eine zum Vater konträre Meinung haben, mit den Anordnungen des Vaters nicht einverstanden sein, gleichwohl kommt dem Vater größte Achtung zu, und seinen Anweisungen ist ohne Widerspruch Folge zu leisten. „Saygi" drückt sich auch in der Form aus, in der Personen angesprochen werden. Höher Gestellte und Ältere werden nicht lediglich mit ihrem Namen, sondern mit ihrer sozialen Rolle, der vielleicht der Name hinzugefügt wird, angeredet. Der jüngere Bruder etwa spricht den älteren nicht mit dessen Vornamen an, sondern mit „agabey" (älterer Bruder) oder mit „Mehmet agabey" (älterer Bruder Mehmet).

- Der zweite zentrale Wert ist „Namus", was soviel bedeutet wie „Ehre" oder „Ehrenhaftigkeit". Die Bedeutung von „Namus" ergibt sich aus der klaren Grenzziehung zwischen dem inneren Bereich des Haushaltes – besonders dem Bereich der Frauen – und dem äußeren Bereich der – männlichen – Öffentlichkeit des Dorfes. Die Ehre einer Familie, und das heißt insbesondere die Ehre ihrer Männer, wird verletzt, wenn diese Grenze von Fremden überschritten wird, wenn jemand einen Angehörigen des Haushaltes, vor allem eine seiner Frauen, belästigt oder angreift. Der Verlust der Ehre würde den Verlust des sozialen Status in der Gemeinschaft, im Dorf bedeuten. „Namus" ist ein prinzipieller Wert, der keine Abstufungen zulässt: „Ehre" kann man nur haben oder nicht haben.
Der Ehrbegriff gilt für Männer und Frauen gleichermaßen. Nicht „ehrenhaft" ist z.B. jemand, der stiehlt oder lügt oder ehebrecherische Handlungen vollzieht. Die Ehre einer Frau steht in direkter Verbindung mit ihrer Keuschheit, die Ehre des Mannes bemisst sich eher danach, ob man sich auf sein Wort verlassen kann, ob er sich nicht an fremdem Eigentum vergreift und ob er seine Frau, seine Schwester und seine Töchter, aber auch alle sonstigen Angehörigen seines Haushalts schützt.

- „Şeref", der dritte zentrale Wert, bedeutet soviel wie „Ansehen". Gemeint ist damit eine Verbindung aus Großzügigkeit, Wissen, andererseits auch Reichtum, Macht und Einfluss. „Şeref" wird also durch persönliche Vorzüge oder durch Vorzüge der Gruppe, der man angehört, erworben und ist deshalb bei den einzelnen Personen in unterschiedlichem Ausmaß vorhanden.

„Şeref" können vor allem Männer und auch ältere Frauen, die sich wegen ihres Alters relativ ungezwungen innerhalb der Öffentlichkeit bewegen dürfen, besitzen. Während der Wert „Namus" vor allen Dingen auf den Innenbereich des Haushaltes bzw. auf das Verhalten der Haushaltsmitglieder in Bezug auf den Haushalt bezogen ist, ist der Wert „Şeref" auf die Öffentlichkeit gerichtet.

Innerhalb einer engen Gemeinschaft, d.h. insbesondere auf dem Dorf, stehen diese drei zentralen Werte in einem untrennbaren Zusammenhang. Bringt man etwa dem Mann innerhalb seines Haushaltes wenig Respekt und Achtung entgegen, so wird darunter auch sein Ansehen in der Öffentlichkeit leiden. Ebenso verliert derjenige, der seine Ehre verloren hat, auch sein Ansehen. Alle diese Werte entfalten ihre Wirkung durch die Ritualien des Verhaltens. Wenn z.B. die Ehre verletzt wurde, so ist es zunächst notwendig, sie wiederherzustellen, unabhängig von der Frage, weshalb sie verletzt wurde. Wenn ein Mitglied eines Haushaltes angegriffen wird oder in Streit gerät, verlangt es die Ehre, ihm beizustehen – unabhängig von einer abstrakten Schuldfrage.

Alter und Geschlecht sind in der traditionellen, ländlichen Türkei die zwei hauptsächlichen Kriterien, nach denen sich der soziale Rang einer Person bemisst. Je nach der erreichten Stufe auf dieser Rangordnung bemessen sich auch die Freiräume bzw. Verhaltenseinschränkungen und Aufgaben.

• Die Stufen, über die ein männliches Familienmitglied in der sozialen Rangordnung aufsteigt, sind markiert durch die Beschneidung, die zwischen dem 6. und 10. Lebensjahr erfolgt, durch die Heirat, die Rückkehr vom Militärdienst und die Gründung eines eigenen Haushaltes. Noch innerhalb der Familie bemisst sich der Rang des Sohnes nach seiner Position in der Geschwisterfolge. Der jeweils älteste Sohn, der in Abwesenheit des Vaters auch die Aufgaben des Familienoberhauptes zu übernehmen hat, nimmt gleich nach dem Vater die oberste Stufe der Rangordnung innerhalb der Familie ein.

• Die Töchter der Familie stehen prinzipiell in der Rangordnung hinter den Söhnen zurück. Nach der Heirat wechseln die Mädchen in den Haushalt der Familie des Mannes. Dort nehmen sie in der Frauenhierarchie, an deren Spitze die Frau des Haushaltsvorstandes und Mutter des Ehemannes steht, als jüngste Schwiegertochter (Gelin) den untersten Rang ein. In den Haushalten, in denen mehrere Generationen unter einem Dach wohnen, übernehmen sie den größten Anteil der Hausarbeiten. Ihre Stellung verändert sich, wenn neue Schwiegertöchter ins Haus kommen, wenn sie ein Kind, vor allem wenn sie einen Sohn geboren haben. Die Spitze der Rangskala erreichen sie schließlich, wenn die eigenen Söhne wiederum Schwiegertöchter ins Haus bringen.

• In der Frauenhierarchie rangiert an oberster Stelle die Großmutter. Hat eine Frau mit 40 bis 50 Jahren ihr Maß an Arbeitsleistung erbracht und Kinder geboren und aufgezogen, sind diese Kinder gar Söhne, die ihrerseits schon wieder einen Hausstand gegründet und Kinder in die Welt gesetzt haben, dann kommt ihr äußerste soziale Anerkennung zu. Sie wird sich der Ehrerbietung ihrer Söhne und aller ihrer jüngeren Frauen des Haushaltes erfreuen und im Alter von Söhnen und Schwiegertöchtern versorgt werden. Als Greisin wird sie auch bei Besuchen und anderen Zusammenkünften im Kreise der Männer Platz nehmen dürfen.

(Zentrum für Türkeistudien [Hrsg.], Türkei-Sozialkunde. Wirtschaft, Beruf, Bildung, Religion, Familie, Erziehung, Leske + Budrich, Opladen 1994, S. 98f.)

1. Kennen Sie in der deutschen Kultur vergleichbare Normen und Werte?
2. Können Sie fünf Werte und Normen nennen, die Sie in Ihrer Erziehung erfahren haben und die für Sie eine zentrale Bedeutung erlangt haben?

Schulische Erziehung türkischer Kinder und Jugendlicher

Erinnerungen an die Schule

„Die Volksschule habe ich bis zur dritten Klasse besucht, dann bekam meine Mutter Rheuma , und ich musste zu Hause bleiben und sie pflegen."

Franger 1984, S. 56

„Unsere Schule bestand aus einem Zimmer, und alle 5 Klassen wurden dort zusammen unterrichtet. Der Lehrer gab immer pro Klasse eine Stunde Unterricht, die anderen Klassen hörten zu."

Straube/König 1982, S. 108

„In unserem Dorf gab es eine dreiklassige Grundschule. Die erste Klasse hatte alleine Unterricht, die zweite mit den Drittklässlern zusammen, die vierte und fünfte Klasse wieder in einem Raum. Es gab sowieso nur drei Lehrer.
Wie jeder Schüler kauften wir Hefte, Bleistifte und ein schwarzes Schulkleid mit weißem Kragen. So sehr schön waren meine Sachen nicht, aber das kümmerte mich nicht [...].
Am ersten Schultag versammelten wir uns alle auf dem Schulhof. Wir wurden in einer Reihe aufgestellt. Wir sangen die Nationalhymne. Wir gingen nach drinnen, das heißt in die Klasse. Wir bekamen unsere Plätze und setzten uns hin, wir begannen mit dem Unterricht. Zuerst lernten wir die Buchstaben [...]. Zu Hause war niemand, der mir bei meinen Hausaufgaben half. Meine Mutter konnte nicht lesen und schreiben [...] In unserem Dorf gab es keinen Strom; mit der Gaslampe las ich meine Bücher."

Yusuf Toprakoğlu

Ich bin im Dorf zur Schule gegangen. Meine Mutter durfte noch nicht zur Schule gehen, aber zu meiner Zeit sind auch die Mädchen zur Schule geschickt worden. Früher galt das als ayip (unanständig).
Aber unsere Schule war klein. Wir hatten nur ein Klassenzimmer. Eine Lehrerin hat die erste und zweite Klasse am Nachmittag unterrichtet. Ein Lehrer hat morgens ungefähr 5 Stunden die Klassen drei, vier und fünf unterrichtet. Jede Klasse hat in einer Reihe gesessen. Der Lehrer konnte sich natürlich immer nur mit einer Klasse beschäftigen.

Eine türkische Schülerin

Die Schriftstellerin Aysel Özakin erzählt von ihrer Erfahrung in der türkischen Schule:

Ich bin sieben Jahre alt.
Schule heißt für mich: Jeden Tag einen schwarzen Kittel und einen weißen, steifgestärkten Kragen tragen und jedes Mal, wenn man den Kopf wendet, spüren, wie sich der Kragen in den Hals bohrt. Im Hof nach Reihen ausrichten. Beim Sitzen die Hände auf dem Tisch halten. Fünf Stunden still sitzen. Lernen, dass man mit dem Nachbarn nicht reden darf. Nur den Lehrer anschauen, nur dem Lehrer zuhören, nur an den Lehrer denken.

Ich bin acht Jahre alt.
Ich bin Türkin, ich bin aufrichtig, ich bin fleißig. Mein oberstes Gebot lautet: Ich muss die Kleinen schützen und die Großen achten. Mein Ideal ist, vorwärts zu gehen und meine Heimat mehr als mich selbst zu lieben. Mein Leben soll meiner türkischen Heimat geweiht sein. Wir stehen alle gleichzeitig auf, die ganze Klasse. Ohne uns zu bewegen, ohne zu lachen, schreien wir laut.
Samstag heißt für mich: Mit der ganzen Schule gegen Mittag im Hof Habt-Acht stehen. Die Kleinen vorne, die Großen hinten, bilden wir eine geometrische Form. Der

größte Schüler steht allein auf einer Stufe. Mit gespitztem Mund brüllt er ‚Hab' keine Aaaangst!' Wenn er zum zweiten Mal ‚Hab' keine Aaaangst!' ruft, fangen wir an, die Nationalhymne zu singen: ‚Hab' keine Angst, das Banner am Horizont wird nie untergehen!'

(Wolfgang Barth/Henny Küppers, Leben in der Türkei, Verlag an der Ruhr, Mülheim 1994, S. 31f.)

Grundriss eines Schulgebäudes in Haceri

A = Klassenraum
B = Flur
C = Abstellraum
a = Tafel
b = Gestell für Buchstaben
c = Regal
1 = Block Klasse 3
2 = Block Klasse 4
3 = Block Klasse 5

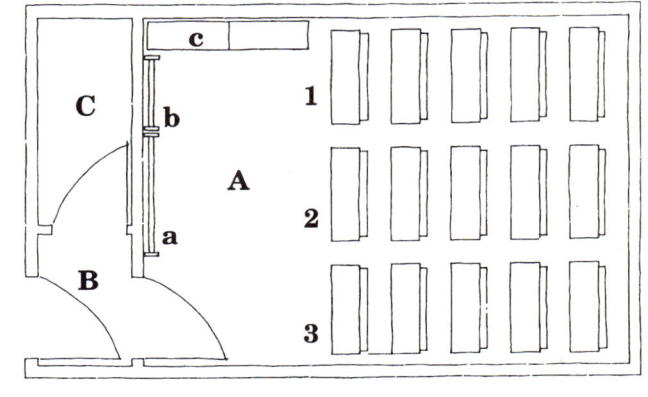

(Aus: Wolfgang Barth/ Henny Küppers, Leben in der Türkei, Verlag an der Ruhr, 45472 Mülheim)

Vergleichen Sie die schulische Erziehung in der Türkei mit der deutschen hinsichtlich der formalen Strukturen, der Unterrichtsmethoden und der Lern- bzw. Erziehungsziele.

Schulischer Eid

Der Unterricht beginnt. Der Lehrer betritt die Klasse. Die Schüler stehen auf. Der Lehrer grüßt die Schüler mit *Günaydin* (Guten Morgen). Die Schüler antworten mit *Sag ol* (Danke). Bevor die Schüler sich setzen, legen sie einen Eid ab.

Hier ist der Text:

*Türküm, doğruyum, çaliskanim
Yasam, büyüklerimi saymak, küçüklerimi korumak
Vatanimi milletimi özümden çok sevmektir
Ülküm yükselmek ileri gitmektir
Varliğim Türk varliğina armağan olsun
Ey bu günümüzü gösteren ulu Atatürk
Açtigin yolda, kurduğun ülkede gösterdiğin amaçta
hiç durmadan
Ne mutlu Türküm diyene.*

Die Übersetzung lautet:

*Ich bin Türke, aufrichtig und fleißig.
Mein Gesetz ist, die Größeren (Älteren) zu achten,
die Kleineren (Jüngeren) zu beschützen.
Mein Vaterland mehr als mich selbst zu lieben.
Mein Ideal ist, vorwärts zu gehen
und einen höheren Entwicklungsstand zu erreichen.
Meine Existenz soll der türkischen Existenz
gewidmet sein.
Großer Atatürk, der uns diese Tage ermöglicht hat,
ich schwöre, ständig auf dem Weg,
den du für uns eröffnet hast,
in dem Land, das du für uns errichtet hast,
vorwärts zu gehen.
Wie glücklich ist, wer sagen kann: Ich bin Türke.*

(Wolfgang Barth/Henny Küppers, Leben in der Türkei, Verlag an der Ruhr, Mülheim an der Ruhr 1994, S. 33)

1. Welches Ziel wird Ihrer Ansicht nach mit dem Sprechen des Eides verfolgt?
2. Diskutieren Sie, ob es an deutschen Schulen möglich wäre, einen vergleichbaren Eid einzuführen. Wie könnte er lauten?

Türkisches Ehepaar mit seinen Enkelkindern (Ruhrgebiet)   (Foto: Brigitte Kraemer)

1. Beschreiben Sie die abgebildete Situation und erläutern Sie die Wirkung, die das Foto auf Sie ausübt. Worauf beruht die Wirkung des Fotos?
2. Stellen Sie sich vor, die auf dem Foto abgebildeten Großeltern unterhalten sich über die Erziehung ihrer Enkelkinder: Was könnten sie sagen?
3. Konnten Sie bereits selbst türkische Familien in vergleichbaren Situationen beobachten? Welche Schlüsse können Sie daraus über das Familienleben in türkischen Familien ableiten?

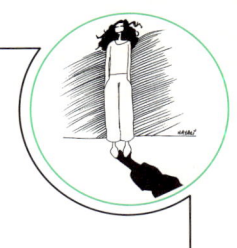

Familiale Erziehung türkischer Kinder und Jugendlicher

Viele Kinder, vor allem Söhne, zu haben, gilt bei einem großen Teil der türkischen Familien immer noch als Prestigegewinn und vor allem als Garantie für die Altersversorgung angesichts verbreiteter materieller Mängel und fehlender sozialer Sicherungssysteme. Die Verpflichtung der Kinder gegenüber den Eltern stellt umgekehrt einen im Islam religiös abgesicherten, zentralen Wert dar. Traditionelle Grundprinzipien der Erziehung sind die Einübung in Gehorsam, in das Autoritätsgefüge und die klar umrissenen Geschlechterrollen. Mit welcher Rigorosität diesen Prinzipien gefolgt wird, steht in Abhängigkeit von einer Vielzahl von Faktoren. Vor allem, in welchem Ausmaß die Erziehung einem strikt geschlechtsspezifischen Muster folgt, ist abhängig von Merkmalen wie ländliche oder städtische Lebensumwelt, Zugehörigkeit zu verschiedenen sozialen Schichten, Bildungsgrad und Grad der religiösen Wertorientierung der Eltern. Je nachdem, wie sich die Familien in diese und weitere Differenzierungen einordnen, folgt die Erziehung mehr oder weniger einem traditionellen Muster.

Die traditionelle Erziehung verläuft für Söhne und Töchter sehr unterschiedlich. Ihre ersten Lebensjahre verbringen die Kinder, die Jungen und Mädchen, noch gemeinsam unter der Obhut der weiblichen Familienmitglieder, der Mutter, der älteren Schwester oder anderer weiblicher Verwandter. Die Geschlechtertrennung beginnt, wenn sich die Kinder selbstständig bewegen können. Der erste Unterschied betrifft die häuslichen Arbeiten. Ein Junge wird nicht zu Hausarbeiten herangezogen, während das Mädchen schon frühzeitig den häuslichen Arbeitsprozess kennen lernt.

Bereits im Alter von 5 bis 6 Jahren wird der Junge allmählich in den Geltungsbereich des Mannes, d.h. des Vaters, einbezogen und erlernt so die ersten geschlechtsspezifischen Tätigkeiten. Sofern der Arbeitsbereich des Vaters es zulässt, begleitet der Junge ihn, ebenso wie der Junge auch in den öffentlichen Bereich vom Vater mitgenommen wird. Der Junge entfernt sich damit zunehmend aus der Sphäre der Frauen. Der Wechsel aus der Welt der Frauen in die Welt der Männer wird durch die Zeremonie der Beschneidung (Sünnet) markiert. Den Übergang von der Jugendzeit zum „Mann" bildet die Absolvierung des Militärdienstes, der in traditionell orientierten Familien als „Verteidigung von Glauben und Vaterland" nicht nur ein nationales Anliegen, sondern ein religiöses Gebot ist. Mit etwa 20 Jahren, zur Zeit der Einberufung oder der Entlassung aus dem Militärdienst und der häufig damit zusammenfallenden Heirat, tritt der Sohn endgültig in die Sphäre der Erwachsenen ein. Solange er lebt, wird er seinen Eltern und älteren Brüdern mit Hochachtung und Respekt begegnen, eine Haltung, die er selbst wiederum von seinen jüngeren Geschwistern und Kindern erwartet.

Die Erziehung der Mädchen verläuft in streng traditionell orientierten Familien von Anfang an unter viel stärkerer Kontrolle als die Erziehung der Söhne. Im Vordergrund steht die Vorbereitung auf die spätere Rolle als Ehefrau und Mutter. Dazu gehören anerzogene „Sittsamkeit", die sich in demütigem, bescheidenem Verhalten, nicht herausfordernder Körperhaltung und züchtiger Bekleidung dokumentiert. Die Tochter wird frühzeitig in ihre zukünftigen Aufgaben als Ehefrau und Mutter eingeübt. Sie hilft der Mutter im Haushalt und übernimmt bei Tisch die Bedienung der männlichen Verwandten und zieht sich zurück, wenn Besuch von Nicht-Familienangehörigen erscheint. Es ist selbstverständlich für die Eltern, dass das größte Gut ihrer Tochter deren Jungfräulichkeit ist, denn die Berührtheit der Tochter würde eine Eheschließung gefährden. Die Ehre einer Familie hängt von dem untadeligen Verhalten der Frauen und Töchter ab. Dazu gehört ebenso die Vermeidung von Situationen, die den Ruf des Mädchens bzw. der Frau und damit der Familie schädigen könnten. Um dieses Gebot nicht zu gefährden, darf das Mädchen den häuslichen Bereich nach Möglichkeit nicht verlassen. Tut sie es doch, wird jeder ihrer Schritte überwacht, eine Aufgabe, die die Brüder in Vertretung des Vaters wahrzunehmen haben. Insgesamt ist diese streng traditionelle Erziehung durch eine starke Kontrolle sowohl der Jungen als auch der Mädchen gekennzeichnet. Die Kontrolle über die Kinder fällt auch den jeweils älteren Geschwistern zu. Es ist daher für ein Kind von großer Bedeutung, welche Stellung es in der Geschwisterreihe hat.

Wie sich die Familienstrukturen insgesamt unter dem Eindruck des wirtschaftlichen und sozialen Wandels in der Türkei ändern, so ändern sich auch die Erziehungsorientierungen und entfernen sich mehr und mehr von dem traditionellen Erziehungsmuster. Wurde in der Vergangenheit die zukünftige Rolle der Tochter auch in breiteren Schichten der städtischen Bevölkerung ganz selbstverständlich als Hausfrau und Mutter gesehen, so erzwingt heute die wirtschaftliche Not, gerade in den jungen Familien, dass auch die Frau zum Haushaltseinkommen beitragen muss. Die Eltern können nicht mehr selbstverständlich davon ausgehen, dass ihre Töchter nach der Eheschließung über den Ehemann finanziell versorgt sein werden. In den einkommensstarken Familien in den Großstädten bestanden diese geschlechtsspezifischen Unterscheidungen ohnehin nie. Dass auch die Töchter eine akademische Ausbildung erhalten sollen, die es ihnen ermöglicht, später einen der sozial hoch angesiedelten Berufe zu ergreifen, ist in diesen Familien eher selbstverständlich.

Es wurde darauf hingewiesen, dass die starke familiale Orientierung, die eine an den Prinzipien „Gehorsam" und „Autorität" orientierte Erziehung hervorbringt, zugleich die Zukunftssicherung der Eltern gewährleistet. Dass diese Zukunftssicherung nicht nur materielle Aspekte hat, wird daran deutlich, dass auch bei finanzieller Unabhängigkeit der Eltern von ihren erwachsenen Kindern das Verpflichtungsgefüge erhalten bleibt, was sich etwa darin äußert, dass es für die Kinder beschämend wäre, wenn sie ihre Eltern in ein Altersheim schicken würden. Bei diesem sehr emotionalen Verpflichtungsgefüge treten jegliche Unterschiede nach städtischen oder ländlichen Gruppierungen zurück.

(Zentrum für Türkeistudien [Hrsg.], Türkei-Sozialkunde. Wirtschaft, Beruf, Bildung, Religion, Familie, Erziehung, Leske + Budrich, Opladen 1994, S. 148ff.)

1. Stellen Sie die Unterschiede zwischen der Erziehung der Mädchen und der Jungen dar.
2. Inwiefern unterscheidet sich die Erziehung in ländlichen Gegenden von der in städtischen Gebieten? Welche Erklärung gibt es dafür?
3. Inwiefern spiegelt sich in der Beschreibung der familialen Erziehung die Bedeutung der Religion wider?
4. Welches Verständnis von Kindheit liegt der dargestellten Erziehung zugrunde?

5. Diskutieren Sie mithilfe der bisher erarbeiteten (Text-)Materialien zur türkischen Kultur einen möglichen Lebenslauf eines oder einer türkischen Jugendlichen. Welche Ereignisse könnten den Lebenslauf entscheidend prägen und verändern?
6. Vergleichen Sie die durch die Texte gewonnenen Informationen über die türkische Kultur mit Ihren zu Beginn genannten Vorkenntnissen und Voreinstellungen. Gibt es Unterschiede und Veränderungen?

Leben zwischen zwei Kulturen – Problemlagen türkischer Jugendlicher in der BRD

Die folgenden Texte stellen die besondere Problematik Jugendlicher dar, die in dem Spannungsfeld zweier unterschiedlicher Kulturen aufwachsen. Bevor Sie diese Texte erarbeiten, versuchen Sie zunächst sich in die Lage einer bzw. eines türkischen Jugendlichen zu versetzen, die bzw. der aus der Türkei in die BRD zieht, und schreiben Sie einen Bericht über die ersten Eindrücke der bzw. des Jugendlichen von der BRD.

Problemlagen türkischer Mädchen in der BRD – zwei Fallbeispiele

Beispiel 1 – Zeynep

Zeynep wächst bis zum Alter von 6 Jahren in K. auf. Gemeinsam mit Großeltern und Eltern zieht sie dann nach Ankara um, wodurch sie auch einen Schulwechsel einschließlich einer Klassenwiederholung erlebt. Sie fühlt sich dort anfangs fremd und nicht anerkannt. Erst allmählich findet sie Freunde. Als sie im 2. Schuljahr ist, ziehen
5 ihre Eltern nach Deutschland. Zeynep bleibt bei den Großeltern. Sie leidet sehr darunter. Sie fühlt sich allein gelassen und nicht verstanden von ihrer Umwelt. Zu ihren Großeltern hat sie kein gutes Verhältnis. Sie empfindet sie als streng und erhält auch Schläge. In dieser Situation hat sie keinen Ansprechpartner. Schließlich bittet sie ihre Eltern in einem Brief, sie nachzuholen.
10 Die Eltern wollen, dass sie die Schule in der Türkei beendet. Auf ihr Drängen hin nehmen sie sie aber in den Ferien mit nach Deutschland, wo sie in einem kleinen Dorf wohnen. Sie bekommt dort eine Ohrentzündung, die behandelt werden muss. Dadurch kann sie bei den Eltern in Deutschland bleiben.
Zeynep wird trotz ihres Schulbesuchs in der Türkei in die erste Klasse einer Grund-
15 schule eingestuft, in der sie die einzige Ausländerin ist. Z. versteht kein Deutsch. Dies hat zur Folge, dass sie ungewollt an einem Kirchenbesuch teilnimmt, worüber die Mutter verärgert ist. Sie kommt auch mit den deutschen Mitschülern nicht aus.
Wenn sie auf Deutsch von Mitschülern angesprochen wird, rennt sie weg, weil sie nicht weiß, ob es gut oder böse gemeint ist. Schließlich lernt sie nachmittags ein türki-
20 sches Mädchen kennen, mit dem sie eine feste Freundschaft schließt und viel Zeit verbringt. Auch die Eltern schließen Freundschaft untereinander.
Aufgrund von Spekulationen des Hausbesitzers muss Zeynep mit ihrer Familie in einen anderen Ort umziehen, wodurch sie wieder die Schule wechseln muss. Abermals

wird sie ins 1. Schuljahr eingestuft, weil sie immer noch kein Deutsch versteht. Zeynep empfindet diesen Wechsel wiederum als sehr schwierig. Sie verliert die Lust an der Schule und bleibt dem Unterricht wiederholt fern, weil sie sich nicht in die Klasse traut.

Nach einem halben Jahr wird sie ins 3. Schuljahr hochgestuft. In dieser Klasse verändert sich ihre Situation zum Positiven. Es entwickelt sich ein enges Vertrauensverhältnis zur Klassenlehrerin. Sie erhält begleitend Hilfe von der Mutter einer Mitschülerin, mit der sie sich anfreundet. Allmählich werden ihre schulischen Leistungen besser sowie auch ihr Verhältnis zu den Mitschülern.

Schon vor ihrem Nachzug zu den Eltern in die Bundesrepublik ist für Zeynep aufgrund vorgängiger Erfahrungen Migration als Wechsel aus einer vertrauten in eine fremde Umgebung negativ besetzt.

Die Binnenmigration in die Großstadt Ankara hat sie erlebt als Verlust sozialer Kontakte, als soziale Isolation, die nur schwer überwindbar ist.

Die gleichzeitige Migration beider Elternteile in die Bundesrepublik erlebt sie als Verschärfung sozialer Deprivation, als Verlust der Vertrauenspersonen, die weder durch die Großeltern noch durch andere Bezugspersonen ersetzt werden können. Im Gegenteil, es wird dadurch Misstrauen erzeugt, das sich störend auf die sozialen Beziehungen, z.B. zu Gleichaltrigen, auswirkt und Isolationstendenzen verstärkt.

Ihr starkes Bedürfnis nach Nähe zu den Eltern artikuliert Zeynep in einem Brief, der quasi ein Hilferuf an ihre Eltern ist. Aufgrund ihres Drängens gelingt es ihr, in der Ferienzeit zunächst vorübergehend nach Deutschland geholt zu werden, obwohl ihr Wunsch nicht dem Willen der Eltern entspricht, die das Weiterführen der Schulzeit in der Türkei als vorrangig ansehen. In dieser Situation erkrankt Zeynep, sodass eine langwierige Behandlung erforderlich ist. Es ist anzunehmen, dass es sich bei dieser Krankheit um ein psychosomatisches Symptom handelt, ausgelöst durch die Angst vor wiederholter Trennung von den Eltern. Dadurch erzwingt sie ihr Verbleiben bei den Eltern.

Zeyneps subjektive Orientierung zum Zeitpunkt der Einreise ist also nicht der Wunsch, in der Bundesrepublik zu leben, sondern ausschließlich die Befriedigung ihres Bedürfnisses nach Nähe zu den Eltern. Dafür muss sie sich auf Rahmenbedingungen wie Besuch einer deutschen Schule einlassen, die sie zur Sicherung des Erkämpften eingehen muss, die aber nicht von ihr selbst gewollt sind.

Der erste Kontakt mit der deutschen Umwelt erfolgt für sie durch die Eingliederung in das deutsche Schulsystem, die Aufnahme in ein erstes Schuljahr. Hier werden ihr keine Eingliederungshilfen angeboten, sondern sie wird voll in die fremde Situation, fremde Sprache, fremde Umgebung etc. hineingeworfen.

Ihre Kommunikationsfähigkeit in einer anderen Sprache, ihre bereits erbrachten schulischen Leistungen scheinen dabei keinerlei Beachtung, geschweige denn Anerkennung, zu finden, sie wird als ausschließlich mit Defiziten behaftet angesehen. Die von Zeynep bereits in der Türkei erworbene Negativeinstellung gegenüber Migration erlebt hier eine Steigerung. So ist es nicht verwunderlich, dass sie in dieser Extremsituation fehlender Kommunikationsfähigkeit einerseits ihr Misstrauen gegenüber sozialen Kontakten beibehält, auf Annäherungsversuche Gleichaltriger mit Flucht reagiert und andererseits nach Vertrautem sucht und sich darauf orientiert (Freundschaft mit türkischen Mädchen).

Dies wird über ihr Elternhaus auch nicht aufgelöst, denn ihre Eltern reagieren ebenfalls auf die fremde Umgebung mit Orientierung auf die eigene kulturelle Gruppe und werden durch die Missachtung ihrer anderen Kulturzugehörigkeit, sei es mit Absicht oder aus Achtlosigkeit (Beispiel: Kirchenbesuch), darin bestärkt.

Diese Krisensituation erfährt eine weitere Verschärfung durch den der Familie aufgezwungenen Ortswechsel, mit dem ein erneuter Schulwechsel einhergeht. Wiederum erlebt sich Zeynep als Opfer gesellschaftlicher Missstände und erfährt die Machtlosigkeit ihrer Eltern.

Für Zeynep wiederholt sich an dem neuen Ort zunächst die Erfahrung von Stigmatisierung und sozialer Isolation, was von ihr beantwortet wird mit zunehmender Resignation und zunehmenden Fluchtversuchen, um sich den an sie gestellten Forderungen (Schulbesuch, Deutsch lernen etc.) zu entziehen. Eine Wende tritt nach einem halben Jahr ein, erstaunlicherweise in Verbindung mit einer Aufstufung vom 1. in das 3. Schuljahr, also an sich einer Situation, in der die Leistungsanforderungen sogar zunehmen. Trotzdem verändert sich an dieser Stelle Zeyneps Situation grundlegend zum Positiven: Sie findet sowohl im Leistungsbereich den Anschluss als auch den Anschluss an die Mitschüler.

Dieser gravierende Wandel liegt in der Person der Klassenlehrerin begründet. Sie wendet sich Zeynep zu und nimmt sie so an, wie sie ist. Ihr gelingt es, zu Zeynep ein Vertrauensverhältnis aufzubauen, aus dem Zeynep Selbstvertrauen und Stärke entwickeln kann: „Sie hatte keine Kinder, und da hat sie ihre Liebe ganz uns gegeben." (S. 7) Sie vermittelt über die Schule hinaus eine begleitende Betreuung für Zeynep, deren Wirkung darin begründet liegt, dass sie sie aus ihrer sozialen Isolation führt und ihr gleichzeitig tragfähige soziale Beziehungen und Anerkennung verschafft.

(Lena Schaumann/Ingrid Haller u.a., Lebenssituation und Lebensentwürfe junger türkischer Frauen der zweiten Migrantengeneration. Forschungsbericht, Hess. Landesregierung, Elektra, Wiesbaden 1988, S. 39–42)

Schreiben Sie einen Bericht über das Leben Zeyneps, aus der Sicht von Zeynep: Wie würde sie ihr Leben schildern?
Achten Sie darauf, vor allem ihre möglichen Gefühle auszudrücken.

Beispiel 2 – Esin

Esin lebt seit ihrem dritten Lebensjahr in der Bundesrepublik. Bis zum Alter von sieben Jahren wohnt sie mit ihrer Familie in einem deutschen Mittelschichtgebiet einer Kleinstadt. „Wo wir wohnten war sehr … gute Häuser und reiche Gegend, ne".

Ihre Wohnbedingungen in einem Zwei-Familien-Haus bei einem älteren deutschen Ehepaar liegen allerdings unter dem Standard der Umgebung (kleine Räume, kein Bad, gemeinsame Toilettenbenutzung mit den Hausbesitzern).

Da sie die einzigen Türken in der Gegend sind, leidet ihre Mutter sehr unter Einsamkeit:

„Die erzählt mir auch heute noch davon, dass sie damals, ähm, äh sie wollte auch unbedingt mit anderen Türkisch reden und wir hatten niemand."

Esin empfindet zunächst auch Fremdheit: „Mit der Zeit kam mir alles sehr fremd vor, die Menschen und so, und ... und da hatten sie 'ne andere Sprache und, ich und mein Vater und meine Mutter, wir immer unter uns geredet, konnten nie die anderen verstehen."

Insbesondere durch die Einschulung in eine Vorschule lernt Esin schnell Deutsch und findet Kontakte zu den Mitschülern. Sie hat eine koreanische Freundin und fühlt sich dort sehr beliebt.

„Weil ich ziemlich (lacht), ha ha, die Jungens zusammengeschlagen hab' damals." Daraufhin bauen sich auch Nachbarschaftskontakte auf.
Aus dieser Zeit memoriert sie als herausragende Erlebnisse:

• Sie wird von Nachbarskindern in deren Garten eingeladen:
„Ganz toll war das, einmal dort eingeladen, und die hatten Schaukel und die, was weiß ich, Sandkasten, ne, und so Fahrrad, so was hatt' ich net, Fahrrad." Sie drängt daraufhin ihre Eltern, ihr ein Fahrrad zu kaufen:
„Ich immer: Ich will'n Fahrrad, und wenn nit, dann klau' ich mir eins."
Als ihr dieser Wunsch nicht erfüllt wird, entwendet sie das Fahrrad einer Freundin mit der Absicht, es später wieder zurückzubringen. Da sie jedoch bis spät in die Nacht hinein fährt, wird sie mit dem Fahrrad erwischt. Ihr Vater nimmt an, dass sie das Fahrrad gestohlen hat und verprügelt sie zur Strafe.

• Auf einem nahe gelegenen Gartengelände nimmt Esin auf Einladung der Besitzer an einem Grillfest im Sommer teil. Da sich alle leicht bekleidet sonnen, legt auch Esin ihre Kleidung bis auf den Slip ab und spielt mit den Kindern Verstecken. Als sie sich wieder ankleiden will, findet sie ihre Kleidung nicht wieder. Wie sie ihrer Mutter so gegenübertritt, ist diese entsetzt: „Was sollen die Leute denken?" Esin erhält daraufhin wieder Prügel.

Esin bezeichnet sich selbst als freches Kind, das immer wieder gegen die Gebote der Eltern verstößt, z.B. kehrt sie oft erst in der Nacht heim, obwohl sie zur Essenszeit zu Hause sein soll.
Aber auch wenn Esin mit ihrem jüngeren Bruder zu Hause spielt, gibt es Ärger, weil sich die Hauseigentümer über den Krach beschweren.
Der Vater bestraft in solchen Fällen seine Kinder mit Prügel, was wiederum von den Hausbesitzern kritisiert wird:
„Kinder darf man nicht schlagen und so, die müssen einfach spielen, und wenn schon, dann muss man mit denen reden und so ... Und mein Vater: Nix, Schläge ist besser." [...]
Aufgrund der beengten Wohnverhältnisse und des zunehmenden Streits mit Nachbarn (z.B. „klaut" Esin in Nachbargärten Obst) zieht die Familie schließlich in ein Gebiet um, in dem fast nur Türken wohnen.
Esin fühlt sich dort zunächst sehr fremd:
„Und kam ich halt und war total blöd und so, Scheißhäuser und so, weil, wo wir wohnten, waren sehr ... gute Häuser und reiche Gegend, ne. Und alle Kopftücher, da kam mir alles fremd vor, obwohl meine Mutter auch Kopftuch getragen hat, ne, aber ... bei uns da, damals die Gegend war sehr schlimm, und Kopftücher und dies und das, alles drum und dran, ne. Hab' ich gedacht: Ist denn das denen nicht zu heiß? und so, immer, Gedanken gemacht, und da hab' fand ich's nit gut, ne, dort ne, fehlte mir halt, ich hab's richtig vermisst so mit meinem, wo ich früher gewohnt hab, naja' ... Und dann konnt ich kein Wort Türkisch, doch Türkisch schon, aber ich konnte so richtig Türkisch überhaupt eigentlich nicht, ne, weil, ich hab' wo ich in A. gewohnt hab', bin ich ... irgendwie wie Deutsche erzogen worden ... total wie 'ne Deutsche, mit Deutschen gespielt, kannte, ich war also die einzige Ausländerin da ... war sehr beliebt und so, ne, bei, mit jedem ... Und naja, wenn du dann halt herkommst, gucken sie dich an erstmal, und ich immer vor die Tür gesetzt, war immer traurig, die Kinder immer alle miteinander gespielt ... naja, und Türkisch konnt' ich auch nit, und die immer: Ha, 'ne Türkin, und kann kein Türkisch! Immer gehänselt und so. Naja, bei so was bin ich dann, hab' ich immer zugeschlagen."

Allmählich verändert sich das Verhältnis:
„Und dann, ich weiß nicht, mit der Zeit, dann hat's, sind wir dann, weil, von uns, das Mädchen ihre Eltern, hab' ich gesehen, dass die dann ab und zu mal zu uns gekommen sind, weil, wir waren die Neuen, ne, und da mussten ja alle hinkommen und so, ne (...) Ja, mit der Zeit dann, ging's dann besser, wir haben dann auch miteinander gespielt, nur die haben mich immer geärgert, dass ich immer so ziemlich, öhm, offen mich angezogen habe, ne, dass sich's nit gehört hier so anzuziehen und ... ich immer kurze Hose und so, ganz kurzes Oberteil, ... Und, äm ... da mit dem Spielen und so, das ging dann, weil ich immer fast die Beste war und: Ja, komm zu mir, die immer, ja komm zu mir, mit der Zeit ging's dann. Die Eltern sind auch ab und zu mal gekommen, und die Tochter auch dann, und dann ging das schon besser. Und dann war ich sehr beliebt beim Laufen, Schnellaufen war ich immer fast die Beste."
Gleichzeitig drängt sowohl ihre Mutter als auch die türkische Nachbarschaft auf Anpassung an die „Sitten von Türken", nicht nur weil Esin unter Türken lebt, sondern auch weil sie nun „langsam erwachsen" wird.
„Ja, mir wurde... vieles verboten... Ich konnte mir nichts mehr so leisten, wie ich so früher mich angezogen oder ... meine Frechheit, das konnten die Nachbarn net haben, meinten: Du bist hier nicht da, wo du zwischen den Leuten gewohnt hast, so, bei den Deutschen, hier ... bist du woanders, ne, und ich hab' das nie verstanden und so, klar, kannste auch nicht verstehen..." [...]
Parallel zum Wechsel in die türkische community beginnt auch Esins Grundschulzeit. sie kennt niemanden aus ihrer Klasse, findet aber allmählich Anschluss: „Ich kannte die nicht, ne, war ganz fremd, und 'n Freund hatte ich auch nit. Naja, mit der Zeit, dann ging's dann schon, in den Pausen und so ..."
Im 4. Schuljahr beginnt sie, gemeinsam mit Schulkameraden heimlich zu rauchen: „Naja, und, natürlich, ich hab' da immer welche gesehen, die Älteren, immer geraucht und so, ich fand das immer schön, ne. Wie sie dann, hier gezogen haben und so, angeben wollt' ich auch damit."
Etwa im gleichen Alter erwacht ihr Interesse für Jungen:
„So zwischen 13 oder 12 war ich da, glaub' ich, ... hat sich dann, so, hmm, die Jungens interessieren und so, auch so langsam angefangen (lacht). Ach, wir haben uns gleich, jeder war hübsch angezogen, vielleicht war der mal schön, der mal schön, der hatte schöne Augen und sofort, oh, echt (lacht)!!... Aber nie was Ernstes, wir immer ... und den angemacht, mal den, und die wollten auch was von uns, und wir die immer verarscht, ne, immer!"
Esin wechselt nach dem 4. Schuljahr in die Hauptschule über. Sie beklagt, dass ihr von da an verschärfte Restriktionen auferlegt werden:
„Ja damals war's, tja, je älter man wird, desto schlimmer wird's mit den Eltern, strenger... Da durft' ich... fast damals nie etwas, ich immer, nie zu spät nach Hause kommen [...]. In der Grundschule, da fing's schon langsam an... aber ... auf der Hauptschule, im 5. Schuljahr, wurd's schon schlimmer... Weil, es wurde dir alles verboten, alles, fast alles. Und wir immer erst das getan." Als Begründung für die Verbote sagen ihre Eltern: „Du, du, du lebst zwar in Deutschland, ne, aber du wirst net... unsere Sitte ist nicht so wie Deutsche, ne."
Konkrete Konfliktpunkte sind insbesondere:
• Abends ausgehen:
„Ich wollte auch mal weggehen, aus, klar, ich ging aus, aber... es gab Grenzen, ne."
• Rauchen in der Öffentlichkeit:
„Ich rauche manchmal auf der Straße, ne, und so, ne, jetzt net mehr... Ein Arbeiter,

Arbeitskollegen von meinem Vater haben's gesehen ... Natürlich, die sofort haben's meinem Vater gesagt, ist ja wohl klar!"

• Kontakt zu Jungen:
„Oder wenn ich mich mit jemandem unterhalte auf der Straße, ne ... ein guter Kumpel, ne, Jungs, ne, von meiner Klasse, ne [...]. Und die immer: Ja deine Tochter, redet da mit 'nem Jungen in der Ecke da und so." Esin leidet darunter, dass ihre Eltern ihr nicht stärker vertrauen: „Ich hab' dann immer gesagt: Vertraut mir! Solange ihr mir vertraut, vertrau' ich euch auch und dann... kommen wir näher zusammen, ne... Aber solange ihr mir immer misstraut, ne, gegenüber, dann kann ich euch irgendwie net...meine Wärme zeigen." [...]

Nach dem Schulabschluss bemüht sich Esin um einen Ausbildungsplatz. Nach einigen vergeblichen Versuchen findet sie schließlich eine Stelle, in der sie auch jetzt noch ist. Obwohl sie mit Deutschen zusammenarbeitet, hat sie keine tiefe Freundschaft zu einem deutschen Mädchen: „Ich hab' zwar Freundinnen, aber ... net so richtige jetzt wie früher. Jetzt bin ich eher mit... also mit türkischen Mädchen zusammen. Weiß nit, ob die Deutschen einen so verstehen können, die sind schon anders ... als wir Türken [...]. Die, die verstehen dich nit, wie kannst du so leben, und so, gesagt: Hast du noch nie mit einem Jungen geschlafen, ne. Die können, die verstehen das nicht, ich sag: Das ist ... Ich find' das so viel besser, ne. Und, ich mein' die verstehen das nicht [...].
Ich telefonier' ab und zu mal mit meinen Freundinnen, mit den deutschen und so, ne... die kommen mal zu mir, wir reden über dieses und dieses und jenes und dann... sehen wir uns net mehr wieder. Vielleicht ein paar Monate danach, so ist das, keine enge Freundschaft so..."

(Lena Schaumann/Ingrid Haller u.a., Lebenssituation und Lebensentwürfe junger türkischer Frauen der zweiten Migrantengeneration. Forschungsbericht. Hess. Landesregierung, Elektra, Wiesbaden 1988, S. 46–52)

1. Erstellen Sie zur besseren Übersicht in tabellarischer Form die Lebensläufe von Esin und Zeynep mit den wichtigsten Daten.
2. Vergleichen Sie die Lebensläufe von Esin und Zeynep. Wie erleben Esin und Zeynep die Realität in der BRD und wie reagieren sie auf diese Realität?
3. Erklären Sie die Ursachen der unterschiedlichen Reaktionen der beiden Mädchen auf die Migration.
4. Zeigen Sie Bedingungen für eine gelingende Migration auf.
5. Stellen Sie sich vor, Esin würde eine Beratungsstelle aufsuchen.
    a) Diskutieren Sie, welche Hilfen eine Sozialarbeiterin Esin anbieten könnte um den Konflikt zwischen Esin und ihren Eltern zu lösen. Wie sollte die Sozialarbeiterin reagieren? Welche pädagogischen Ziele sollte sie verfolgen und wie lassen sich diese begründen?
    b) Wie könnte eine argumentative Auseinandersetzung zwischen Esin, ihren Eltern und der Sozialarbeiterin aussehen? Welche unterschiedlichen Argumente und Positionen lassen sich für die am Konflikt Beteiligten ausmachen? Stellen Sie dies in einem Rollenspiel dar.

Psychosoziale Befindlichkeit jugendlicher Ausländer und Ausländerinnen in der BRD

J. Mansel und K. Hurrelmann haben mithilfe einer repräsentativen Jugendstudie versucht die Ursachen für eine erhöhte psychosoziale Belastung jugendlicher Ausländer und Ausländerinnen in der BRD aufzuzeigen. Der folgende Text beschreibt diese Ursachen.

Bei der Darstellung der potenziell stresserzeugenden Bedingungen in den vorangegangenen Abschnitten wurden die gravierendsten Unterschiede bei jungen Deutschen und Ausländern in der Wahrnehmung ihrer Lebenssituation im Bereich der beruflichen Ausbildung bzw. der ersten Erwerbsarbeit nach dem Statusübergang von der Schule in
5 den Beruf ermittelt. Die in dieser Lebensphase erfahrenen strukturellen Benachteiligungen sind für die jungen in der Bundesrepublik Deutschland aufwachsenden Ausländer mit Sicherheit ein gravierender Belastungsfaktor. Aber sie allein können nicht den Haupteffekt für die höhere emotionale Anspannung ausmachen. Da sich die jüngeren Ausländer im Rahmen der schulischen Ausbildung trotz der objektiv ungünstigeren
10 Bildungschancen gegenüber den Deutschen nicht benachteiligt fühlen, hätten in diesem Falle die Differenzen im Ausmaß der psychosozialen Belastung zwischen der jüngeren und älteren Alterskohorte der Ausländer erheblich höher ausfallen müssen als bei den Deutschen. Für die Ausländer ließen sich jedoch keine spezifischen Alterseffekte im Ausmaß der psychosozialen Belastung nachweisen. Offensichtlich verarbeiten die
15 jungen Ausländer die erfahrenen Benachteiligungen im Statusübergang dergestalt, dass sie sie als die Folge ihrer nicht-deutschen Nationalität erklären. Sie erfahren tagtäglich, dass Nicht-Deutsche in der Bundesrepublik Deutschland benachteiligt werden. Damit empfinden sie sich nicht selbst als Verursacher, sodass sie diese Belastungen offensichtlich ohne erhebliche Belastungssymptome zu ertragen lernen.
20 Auch eine unzureichende Integration in die „Gastgesellschaft" scheint nicht die Hauptursache für die erhöhte Belastung der jungen Ausländer zu sein. Eine mangelhafte Integration müsste sich insbesondere in der Interaktion in der Gleichaltrigengruppe einerseits in der Freizeit und andererseits in der Schule niederschlagen. Bei dem Vergleich der potenziell stresserzeugenden Bedingungen in der Freizeitsituation und auch bei der Akzeptanz
25 durch die Klassengemeinschaft ließen sich jedoch keine Unterschiede ermitteln.
Dass ausländische Jugendliche ihre Position in der Gleichaltrigengruppe ähnlich wie Deutsche wahrnehmen, ist aber nur bedingt ein Indikator für das Ausmaß der Integration. Für den Fall, dass die Gleichaltrigengruppe ausschließlich oder überwiegend aus Personen der eigenen Ethnie besteht, sagt das Ausmaß der Anerkennung und die Posi-
30 tion in der Gleichaltrigengruppe nichts über die tatsächliche Integration in die „Gastgesellschaft" aus. Dass dies bei den ausländischen Jugendlichen nicht selten der Fall ist, geht mit Beobachtungen einher, aus denen gefolgert wird, dass die Ausländer in „zwei Kulturen" leben. Und gerade dieser Faktor kann dann zu Belastungen und Schwierigkeiten führen. Hintergrund der Probleme ist demnach, dass die Mehrzahl der
35 Nachkommen von Arbeitsmigranten aus Südeuropa in Familien aufwächst, die in Wohngebieten mit einem hohen Ausländeranteil leben. Deutsche sind in diesen „Gettos" häufig in der Minderzahl. In diesen häufig von Personen der gleichen Ethnie bewohnten Stadtvierteln haben sich Migrantenkulturen herausgebildet, die sich von der der Deutschen teilweise erheblich unterscheiden. Ausländische Kinder und Jugendli-
40 che wachsen deshalb häufig in Lebensräumen auf, die in Kultur und Lebensstil, in Normen und Wertvorstellungen nicht in Einklang stehen mit denen der Deutschen. Spätestens mit der Einschulung werden die ausländischen Kinder aber mit der Lebensweise der Deutschen und deren Vorstellungen über angemessenes Verhalten und

im „Gastland" geltenden Kommunikationsformen konfrontiert. In der Schule wird von den Kindern ein Verhalten erwartet, welches diesen Regeln entspricht. Im Gegenzug wird in den Familien von den Eltern auf Verhaltensweisen insistiert, die denen des Heimatlandes bzw. der Migrantenkultur entsprechen.

Das Aufwachsen in zwei sich teilweise widersprechenden Kulturen kann nun – so die Vermutung – zu inneren Spannungen und Konflikten bei ausländischen Kindern und Jugendlichen, zu Verunsicherungen und Ungewissheiten über richtiges und angemessenes Handeln und letztendlich zu Orientierungslosigkeit führen. Das Leben in den zwei Kulturen und der Versuch, beiden Kulturen gerecht zu werden, kann für sie zu einer enormen Belastung werden. Unter diesen Bedingungen fällt es schwer, ein in sich konsistentes Normen- und Wertesystem zu entwickeln. Die Entwicklung eines positiven Selbstkonzeptes und einer eigenständigen Identität wird behindert.

Ist das Aufwachsen in zwei unterschiedlichen Kulturen Ursache für die erhöhte psychosoziale Belastung, so müssten die konkreten Hintergründe sich vor allem in der familialen Interaktion in Form häufiger Meinungsverschiedenheiten und in weniger guten Beziehungen zu den Eltern niederschlagen, wenn die Eltern auf die Einhaltung der Regeln der Migrantenkultur pochen, aber auch in der Interaktion in der Schule, wenn Lehrer und Mitschüler darauf drängen, dass sich die Ausländer den Regeln der „Gastkultur" unterordnen. Bei den potenziell stresserzeugenden Bedingungen im Rahmen der schulischen Interaktion konnten wir jedoch nur marginale Unterschiede in der Wahrnehmung der Situation durch Ausländer und Deutsche ermitteln. Und auch die Differenzen in der Beurteilung des Belastungsgehalts der familialen Interaktion waren unter Ausnahme von zwei Aspekten zu geringfügig, um die teilweise doch massiven Unterschiede in der emotionalen Anspannung und die geringere Selbstwertschätzung der Ausländer erklären zu können.

Was bleibt – und dies wird mit den Belastungsindikatoren, die unserer Studie zugrunde liegen, so gut wie überhaupt nicht erfasst –, sind die alltäglichen Diskriminierungen, die sozialen Benachteiligungen und die Ablehnung, die die Ausländer bei der Integration mit den Einheimischen, in den deutschen Verwaltungseinrichtungen und Behörden durch ihren rechtlichen Status und die Medienberichterstattung erfahren. Diese Diskriminierungen sind in der weiteren Forschung dringend zu beachten, wenn ein realistisches Bild von den Hintergründen der psychosozialen Beeinträchtigungen junger Ausländer ermittelt werden soll. Wir sehen in diesem Bereich ganz entscheidende Faktoren für Benachteiligungen und Belastungen von Ausländern in der Bundesrepublik Deutschland und werden deshalb auf einige wesentliche *Strukturen der Ungleichbehandlung* eingehen.

Probleme kann dabei den Ausländern bereits die Überbetonung der kulturellen Unterschiede als Hintergrund für erhöhte psychosoziale Belastung, für sozial auffälliges und gegebenenfalls abweichendes Verhalten bereiten. Im politischen Diskurs werden nämlich mit dieser Sichtweise die Probleme und Schwierigkeiten, die junge Ausländer mit ihrem Leben in der Bundesrepublik Deutschland haben, überwiegend auf die „kulturelle Andersartigkeit" zurückgeführt und damit ihnen selbst angelastet bzw. auf ihr Verhalten zurückgeführt. Sie gelten als die Verursacher ihrer prekären Situation. Dass hierbei aber auch die deutsche (Ausländer)Politik, die Einstellungen bei Teilen der deutschen Bevölkerung und soziale Charakterstrukturen im „Gastland" von Bedeutung sind, wird unter dieser Sichtweise oft ausgeblendet werden. Übersehen wird damit zumindest zweierlei:

Dass sich die Mehrzahl der in der Bundesrepublik Deutschland lebenden Ausländer in sogenannten *„Ausländergettos"* ballt, ist nur bedingt das Resultat einer freiwilligen

Entscheidung der Migrantenfamilien. Zwar ist eine Vielzahl der Ausländer, die unter der Prämisse in die Bundesrepublik gekommen sind, im „Gastland" in möglichst kurzer Zeit möglichst viel Geld zu verdienen, um sich danach mit dem Verdienten in der Heimat eine eigenständige Existenz aufzubauen, eher bereit, auch unter solchen Wohnbedingungen zu leben, die von der Mehrheit der einheimischen Bevölkerung nicht mehr akzeptiert werden, aber zugleich wurden und werden die Ausländer durch den Ausschluss von einem Teil des Wohnungsmarktes an den Rand des Wohnungsmarktes und in diese Wohnviertel gedrängt.

Zum Zweiten wird häufig übersehen, dass das Entstehen und der Rückzug in eine eigenständige Migrantenkultur im „Gastland" zwar nicht nur, aber auch eine Reaktion auf erfahrene soziale Diskriminierungen und Diskreditierungen, auf Benachteiligung, auf die Behandlung als Statusniederer, als Person mit geringer Handlungskompetenz und als Mensch zweiter Klasse ist. Je mehr die Ausländer von Einheimischen zurückgewiesen werden, desto mehr steigt die Wahrscheinlichkeit des Rückzugs in die eigene Gruppe, wo sie als Gleichgestellte akzeptiert und ihre Bedürfnisse nach Gemeinsamkeit befriedigt werden. Mit der Ablehnung und der erfahrenen Diskriminierung – so ist zu vermuten – wird die Bereitschaft, sich zu segregieren, gestärkt. Um sich die Diskriminierungen und die soziale Benachteiligung erklären zu können, sehen sich Ausländer tendenziell gezwungen, sich anders zu verhalten als die einheimische Bevölkerung. Die Andersartigkeit kann dann als Ursache für die Ablehnung herangezogen werden. Um Andersartigkeit zu präsentieren, aber auch, um sich der eigenen Identität zu vergewissern, greifen die Migranten dabei oft auch auf traditionelle Verhaltensweisen und Handlungsmuster, auf Normen und Werte, Kleidungstraditionen und religiöse Riten zurück, die auch in ihrer Heimat längst der Vergangenheit angehören. Solange sie sich als „Menschen zweiter Klasse" behandelt fühlen, werden sie die grundlegenden Wertmaßstäbe der „Gastkultur," aufgrund derer sie als minderwertig angesehen werden, nicht akzeptieren können und versuchen, ihre Kinder vor der Übernahme der Kultur zu bewahren.

Diskriminierungserfahrungen machen die Arbeitsmigranten nicht nur in der alltäglichen Interaktion mit den Deutschen, die Benachteiligungen resultieren auch aus den *politischen und rechtlichen Strukturen* der bundesrepublikanischen Gesellschaft. Allein die Existenz des *Ausländergesetzes* macht deutlich, dass die Ausländer als Bevölkerungsgruppe in der Bundesrepublik einen gesonderten Status innehaben. In § 2, Abs. 1 des AuslG wird festgeschrieben, dass in der Bundesrepublik lebende Ausländer eine Aufenthaltserlaubnis benötigen, die sie gegebenenfalls im jährlichen Rhythmus verlängern lassen müssen. Die Erteilung der Aufenthaltserlaubnis basiert dabei auf einer Kann-Bestimmung, d.h., dass auch ein seit längerer Zeit hier lebender Ausländer keinen Rechtsanspruch auf Verlängerung seines aufenthaltsrechtlichen Status hat (§§ 2 und 9 des AuslG). Diese zu einem Leben in der BRD notwendige Erlaubnis kann zusätzlich auch räumlich auf spezifische Regionen beschränkt werden (§ 7 AuslG). Diese Rechtsgrundlage bewirkt, dass die Arbeitsmigranten in ständiger Unsicherheit über ihren weiteren Verbleib in der Bundesrepublik Deutschland leben müssen. [...]

Die aus diesen Diskriminierungen und Degradierungen resultierenden Belastungen müssen in ihren Wirkungen als so massiv eingestuft werden, dass es verwundert, dass die Ausländer bei den hier berücksichtigten Formen der psychosozialen Belastung lediglich bei der emotionalen Anspannung und die Ausländerinnen zusätzlich bei der negativen Selbstwertschätzung höher als die Deutschen belastet sind und sich nicht auch in weiteren psychosozialen und gesundheitlichen Beeinträchtigungen niederschlagen. Aber offensichtlich verfügen die jungen Ausländer über psychische Mechanismen und/oder soziale Ressourcen, die eine Abwehr vieler Belastungsfaktoren erlauben. Die weiterführende Frage müsste deshalb eigentlich nicht lauten: „Warum sind die jungen Ausländer höher belastet als Deutsche?", sondern: „Warum sind aufgrund ihrer Lebenssituation die Ausländer psychosozial nicht höher belastet, als sie es in der Tat sind?"

(Jürgen Mansel/Klaus Hurrelmann: Psychosoziale Befindlichkeit junger Ausländer in der Bundesrepublik Deutschland, S. 182–188. In: Bundesarbeitsgemeinschaft Kinder- und Jugendschutz [Hg.], Soziale Probleme, Heft 2, Centaurus Verlagsges., Pfaffenweiler 1993, S. 165–192)

1. Nennen Sie stichwortartig die wesentlichen stresserzeugenden Faktoren.
2. In dem Text von Klaus Hurrelmann und Jürgen Mansel ist die Rede von Diskriminierungserfahrungen, die auf den rechtlichen und politischen Strukturen der BRD beruhen.
   a) Nennen Sie neben den im Text genannten Diskriminierungen weitere Ihnen bekannte Diskriminierungen, die auf rechtliche und politische Strukturen zurückzuführen sind.
   b) Welche Diskriminierungserfahrungen von Ausländern und Ausländerinnen in der alltäglichen Interaktion mit deutschen Staatsbürgern und Staatsbürgerinnen sind Ihnen bekannt?
   c) Informieren Sie sich bei dem oder der Ausländerbeauftragten Ihrer Stadt oder Gemeinde über Diskriminierungen und Problembelastungen von Ausländern und Ausländerinnen.
3. Worin besteht die Hauptursache für die erhöhte Belastung jugendlicher Ausländer und Ausländerinnen?
4. Diskutieren Sie pädagogische Möglichkeiten, der von Mansel und Hurrelmann aufgezeigten Problematik entgegenzuwirken.
5. Ist bei dieser Problematik allein von der Pädagogik Hilfe zu erwarten?

Vertiefung

Die Wechselbeziehung zwischen Kultur und Erziehung

Erziehung wurde und wird oft als ein unabhängiger, autonomer Akt, als „reiner pädagogischer Bezug" begriffen, der nur den Leitvorstellungen des Erziehers einerseits und dem Eigengesetz und der Reifung des Zöglings andererseits unterworfen ist. Erziehung wird aber gerade in jüngerer Zeit auch nicht selten als technologischer Pro-
5 zess verstanden, in dem ein Erziehungstechnologe nach vorgegebenen Plänen Verhaltensmodifikationen am jungen Menschen, der völlig als Objekt gesehen wird, herbeiführt. Die modernen Verhaltenswissenschaften, insbesondere die Sozialisationstheorie und die Ethnologie, machen aber darauf aufmerksam, dass hier eine Täuschung vorliegt. Ein näherer Blick auf das Erziehungsgeschehen lehrt nämlich, dass sich Er-
10 ziehung, das heißt Menschwerdung und Menschsein überhaupt, nur im Medium, im Umraum einer jeweiligen Kultur vollziehen kann.
Unter Kultur wollen wir hier das Gesamt der vom Menschen hervorgebrachten und vorgefundenen Bedingungen verstehen, die ihm die verantwortliche Führung seines Lebens erlauben und ihm eine unverwechselbare eigenständige Prägung geben. Die Kon-
15 stituentien der Kultur wie Sprache, Gesellschaftssystem, Weltanschauung, Wertsystem und geographischer Raum bestimmen auch Wesen und Charakter der Erziehung.

Andererseits setzt Kultur immer schon den erzogenen Menschen als Kulturträger voraus. Kultur kann ohne Erziehung, das heißt ohne Tradierung ihrer Grundstrukturen nicht fortbestehen. Kultur ist also auf
20 Erziehung angewiesen, denn der heranwachsende Mensch muss lernen, die überkommene Kultur auszufüllen und weiterzuentwickeln: Der Mensch ist nicht nur „Geschöpf der Kultur", sondern auch „Schöpfer der Kultur" (Landmann), aber er muss erst in diese Schöpferrolle hineinwachsen.
(Friedrich Karl Rothe, Kultur und Erziehung – Umrisse einer Ethnopädagogik, Weltforum Verlag, Köln 1984, S. 1)

---

1. Belegen und erläutern Sie die von Rothe dargestellte These.
2. Welche Konsequenzen ergeben sich aus der These für die Zielsetzung einer interkulturellen Pädagogik?

Pädagogische Anwendung

Als Antwort auf die mit der Migration ausländischer Mitbürger und Mitbürgerinnen einhergehenden Probleme entwickelten sich Konzepte interkulturellen Lernens und einer multikulturellen Gesellschaft. Im Folgenden soll dargestellt werden, was sich hinter den Schlagwörtern „Multikulturelle Gesellschaft" und „Interkulturelles Lernen" verbirgt.

Multikulturelle Gesellschaft und interkulturelles Lernen

Multikulturelle Gesellschaft

Das Konzept einer multikulturellen Gesellschaft ist ein Friedenskonzept. Es geht davon aus, dass es möglich und erstrebenswert ist, dass Menschen unterschiedlicher Nationalität, Hautfarbe, Ethnie auf einem Territorium nicht nur friedlich gleichberechtigt zusammenleben, sondern auch voneinander lernen können und Konflikte zwischen
5 Mehrheit und Minderheit auf dem Weg des Diskurses gelöst werden. Das setzt rechtlich-politische und soziale Integration voraus. Davon sind wir noch weit entfernt.
Wenn auch mittlerweile einige Straßenzüge in Großstädten orientalischen Charakter tragen, so darf es nicht darüber hinwegtäuschen, dass dies eben nicht zuletzt auch wegen seiner *exotischen Anziehungskraft* geduldet wird und um soziale Konflikte einzu-
10 grenzen. Solange Flüchtlinge in Sammelunterkünften leben müssen, verpflegt durch Essenspakete, Arbeitsverbot und Einschränkung der Bewegungsfreiheit, getrennt von Familienangehörigen und Freunden, ihnen alles genommen wird, was ihre kulturelle Identität ausmacht, von ausländerfreundlichen Gruppen ab und zu aus ihrem Getto geholt werden, *um bei einem Fest einen kulturellen Beitrag zu leisten,* solange nehmen
15 wir sie und ihre Kultur nicht ernst.
Kultur ist umfassender, *Kultur ist gesellschaftliche Praxis, Lebenspraxis, Orientierungssystem* – differenziert nach Alter, Geschlecht, sozialem Status, etc. Kultur vermittelt Identität, Boden unter den Füßen.

Interkulturelles Lernen

1. Interkulturelles Lernen will die Bedingungen aufzeigen und die Voraussetzungen dafür schaffen, dass Ausländer und Deutsche gemeinsam leben sowie miteinander und voneinander lernen können. Es betrifft nicht nur die Jugendarbeit, sondern die Gesellschaft als Ganzes und die Art und Weise, wie in einer Gesellschaft mit ethnischen Minderheiten umgegangen wird. Es leistet nicht nur Orientierung für das Jugendhaus, sondern es verlangt eine völlige Neuorientierung auch in der Gesellschaft:

Die Bereitschaft, die anderen Kulturen wahrzunehmen und sich mit ihnen unter Relativierung des eigenen Standpunktes auseinander zu setzen, ihre Formen und Ausdrucksarten auch da ernst zu nehmen, wo sie uns (den Deutschen) fremd vorkommen, Anpassungsleistungen nicht nur von den Ausländern, sondern auch von den deutschen Jugendlichen und Erwachsenen zu erwarten. Interkulturelle Erziehung in diesem Sinne leugnet die Konflikte nicht, sondern schließt die Bewältigung von Konflikten ausdrücklich mit ein.

Deutsche und ausländische Jugendliche haben in einzelnen Bereichen unterschiedliche Deutungsmuster, Deutsche und Ausländer besitzen unterschiedliche Orientierungen und Verhaltensformen, die ein Zusammenleben und ein Miteinanderumgehen erschweren können. Bei Kommunikationen mit Angehörigen einer ethnischen Gruppe kann das Gefühl von Fremdheit in besonderer Weise auftreten. Erst wenn Konflikte und Fremdheit nicht mehr geleugnet oder verdrängt, sondern bewusst aufgenommen werden, ist eine Voraussetzung für interkulturelle Erziehung gegeben. Dabei wird interkulturelles Lernen in kleinen Schritten vor sich gehen müssen und sich nicht von heute auf morgen erledigen.

Einer der ersten zielt auf die Wahrnehmung der anderen Kultur und Relativierung des eigenen Standpunktes.

2. Einen zweiten Schritt stellt die Toleranz anderer Kulturen und die Akzeptanz der Sinnhaftigkeit dieser Kulturen (auch Religionen) sowie ein Ernstnehmen ihrer Lebenspraxis dar. Dies erfordert die Bereitschaft aller Gesellschaftsmitglieder, die eigene Plausibilität und Würde der jeweiligen Kultur und Religion zu verstehen und zu akzeptieren, auch und gerade dann, wenn deren Formen den eigenen Gewohnheiten, vielleicht sogar den eigenen Selbstverständlichkeiten der eigenen Kultur entgegenstehen.

3. In einem dritten Schritt wird es dazu kommen, dass die jeweils anderen Kulturen als gleichwertig akzeptiert werden. Zumindest in diesen ersten drei Schritten bleibt die ständige – manchmal als Bedrohung angesehene – Erfahrung von Fremdheit, von Unberechenbarkeit, bestehen, erreicht wird aber ein reflektierter und nicht mehr von (gerade uns Deutschen so eigener) selbstverständlicher Abwertung begleiteter Umgang mit der Fremdheit.

4. Erst in einem vierten Schritt kann vielleicht erwartet werden, dass Elemente der anderen Kultur auch für die eigene akzeptiert werden und als erstrebenswert gelten.

„Ich bin stolz, anders zu sein"

Schüler der Marschallstraßen-Grundschule über ihre Erfahrungen:

„Ich war gestern aus der Türkei gekommen und stand zum ersten Mal in einer deutschen Klasse. Ich musste mich in die allererste Reihe setzen. Das war mir im Grunde ganz recht, weil so die anderen Schüler sich nicht andauernd umdrehen und mich anstarren konnten. Irgendwie war ich da vorne geschützt. Ich fiel gleich auf. Die meisten Schüler trugen damals schon Jeans, und ich kam an in einem rosafarbenen Cordrock mit Weste. Das war sozusagen mein bestes Stück, ich hatte es gerade zum Abschluss in der Türkei bekommen. Und hier war es peinlich. Später bekam ich keine Noten, weil ich nicht ausreichend Deutsch konnte. Das war für mich ein bisschen erniedrigend. Ich wollte ja mitstreiten. Die Eingliederung in das Schulgeschehen war schwierig. Ich meldete mich, und wenn ich aufgerufen wurde, sprang ich auf und begann mit lauter Stimme zu sprechen. Sofort fingen alle anderen an zu lachen. Ich wurde jedesmal knallrot.

Schließlich fragte mich meine Lehrerin, ob das in der Türkei so üblich wäre, und ich sagte ja. Es verging viel Zeit, bis ich mir dieses Verhalten abgewöhnt hatte. Ich hatte ja auch niemanden, der auf mich zugegangen wäre. Obwohl meine Lehrerin sehr bemüht darum war. Ich habe dann sehr schnell versucht, mein Aussehen zu verändern: Die Haare wurden immer kürzer, dann kam der Kajalstift für die Augen, die ersten Jeans. Das ist wie ein Überlebenskampf. Ich wollte ja nicht immer eine Außenseiterin bleiben, und ich wollte nicht immer alleine hinten in der Ecke stehen. Es war für mich vielleicht leichter als für andere, weil ich deutsche Verwandte hatte und im Allgemeinen nicht für eine Türkin gehalten wurde. Es gab noch eine Marokkanerin in der Klasse, die eine relativ dunkle Hautfarbe hatte. Sie hatte es viel schwerer als ich."

Fremd sein = Mängel haben

Während Einheimische das Fremde oft als Abweichung, als Abwesenheit von Normalität wahrnehmen, ist der Begriff für Betroffene ebenfalls negativ besetzt. Fremd sein heißt: angestarrt werden, (unangenehm) auffallen und dabei nicht wissen, was gleich auf mich zukommt – „Fremd sein, wenn man alleine ist". Ein türkisches Kind kommt neu in eine Kindergruppe. Ali spricht nicht oder jedenfalls kein Deutsch. Erst als eine türkischsprachige Erzieherin zu der Gruppe stößt und sich mit Ali unterhält, nehmen die anderen Kinder in der Gruppe wahr, was es mit den fremden Lauten auf sich hat, die sie bis jetzt für Gestammel gehalten haben mögen. „Ach, kann er denn sprechen?", fragen sie. „Er spricht Türkisch", erklärt die Erzieherin.

„‚Merhaba' heißt zum Beispiel ‚Guten Tag'. Das könnt ihr auch sagen." Die anderen wollen mitmachen. Mit einem Mal ist Ali kein Mängelwesen, sondern hat eine besondere Fähigkeit, von der auch andere lernen können.

Die Frage, wie Kinder mit Fremden umgehen, ist kaum zu trennen von der Frage, wie wir als Pädagoginnen und Pädagogen ihre Wahrnehmung des Fremden gestalten. „Das fängt ja auf dem Spielplatz schon an. Da siehst du die deutschen Mütter alle zusammen auf einer Bank sitzen. Und auf einer anderen Bank sitzen die türkischen Mütter. Wenn es genug Bänke gibt, sitzen deutsche Mütter nach Möglichkeit noch jede allein auf ihrer Bank. Aber die Kinder gehen immer aufeinander zu, wenn man sie lässt."

Der Druck zur Anpassung ist groß. Hinter der Annahme „Alle Menschen sind gleich" steht allzu oft ein heimliches „.... vorausgesetzt, sie sind so wie wir". Wenn Rahmenbedingungen außerordentlich günstig sind, mögen einzelne auch unter diesem Druck noch ihren Weg finden.

„Früher war es für mich schwer, offen zu sagen, dass ich Türkin bin. Erst als ich in der Ausbildung war, habe ich angefangen nachzudenken. Ich habe eben etwas von beiden Seiten. Heute habe ich einen Weg gefunden. Ich bin stolz, anders zu sein." Ein „Anderssein", das sich bekennen kann, anstatt verschämt zu sein, bedeutet auch: wachsen können, Wissen und Erfahrungen haben sowie insgesamt mehr Wahlmöglichkeiten haben. Wichtig ist zu wissen, wer ich selbst bin, meine Geschichte und meinen Hintergrund zu kennen und dabei offen zu sein für Neues. „Ich habe auch immer bei Religionsstunden mitgemacht. Es ist mir egal, welchen Glauben andere Menschen haben. Für mich war das nicht anders, als zum Mathematikunterricht zu gehen. Meine Zeit dort ist ja nicht verloren, weil ich etwas über andere Menschen erfahren kann. Ich habe immer über mich selbst nachgedacht und auch Vorbilder gehabt. Ich bin ich selbst. Und ich entscheide, was für mich ein guter Weg ist oder nicht."

Vielfalt statt Fremdheit
Begegnung mit Fremden sollte eine Chance für alle sein, die eigenen Möglichkeiten zu entfalten. Die Frage ist, ob wir als Erwachsene Kindern diese Chance vermitteln.
Die Frage ist auch, was Schulen und andere Einrichtungen tun können, um diesen Prozess zu erleichtern.
Der Satz „Alle Menschen sind gleich" wäre zu erweitern: „Alle Menschen sind gleich, aber trotzdem sind wir alle verschieden." Ohne daraus gleich ein Problem zu definieren (in der Art von: „Ausländer" sind ein Problem oder haben eines). Kann es nicht spannend sein, miteinander umzugehen und Gelegenheit zu finden, sich anderen Menschen zu öffnen? An jeder Stelle des Schullebens bzw. im Unterricht ergeben sich Ansatzpunkte, um zu zeigen, wie jede/r Welt anders erlebt, wie wir aber auch von außen unterschiedlich geprägt sind.
„Nachdem wir jetzt das Erntedankfest mit allen im Stadtteil vertretenen Konfessionen gemeinsam in der evangelischen Kirche gefeiert haben, kamen die türkischen Mädchen aus dem 4. Schuljahr und sagten, als Nächstes sollten wir eine gemeinsame Feier in der Moschee haben. Aber sie müssten dann ein Kopftuch benutzen. Wir haben dann darüber gesprochen, dass das in diesem Fall für uns alle gilt. Weil wir ehren wollen, was für andere Menschen wichtig ist. Für die gesamte Klasse war klar, dass das Kopftuch keine Diffamierung, sondern eine Wahlmöglichkeit ist."
Die Gemeinschaftsgrundschule an der Marschallstraße in Gelsenkirchen versucht, in Zusammenarbeit mit anderen Einrichtungen den Weg der Einheit in der Vielfalt mit allen Betroffenen und Beteiligten zu gehen. Wer durch das Gebäude streift, bemerkt schon an der äußeren Gestaltung, dass hier Menschen verschiedener Kulturen leben und lernen. Über den Stadtteil hinaus richtet sich dabei der Blick auch auf das globale Dorf Welt mit seinen Schwierigkeiten und Möglichkeiten. Ausstellungstische und Wandbilder informieren derzeit über die Ergebnisse des Projekts ‚Wie leben indianische Kinder?'.
„Es geht nicht um Gegenüberstellung, dieses ‚Ich deutsch – du Ausländer'. Es geht darum, in der Vielfalt zu zeigen, wie wir sind. Die höhere Wertigkeit des Fremden entsteht ja dadurch, dass wir gerade nicht gegenüberstellen, sondern verschiedene Lebensformen vorstellen.
Auch unser eigenes Leben ist eine von verschiedenen Möglichkeiten, jede Bewegung heißt dann auch: ‚Wir lernen uns kennen'."
Die Folge ist keineswegs, dass jede/r weiterhin im eigenen Saft kocht. Durch die Akzeptanz des Fremden entstehen für alle Beteiligten unabhängig von Berufsrolle, Alter und Nationalität vielmehr auch Wahlmöglichkeiten und Offenheit nicht nur im Hinblick auf Kulturen, sondern etwa auch typische Geschlechterrollen:

Zwei weiblich besetzte Fußballgruppen gibt es inzwischen an der Schule, in der die türkischen Mädchen die führende Rolle spielen. Nachbarschaftsschule sein heißt auch, Eltern einzubeziehen, das Umfeld zu aktivieren und sich für allgemeine Belange einzusetzen. Durch den Einbezug der Erwachsenen wächst nicht nur die Akzeptanz von Schule, sondern auch die Akzeptanz der Kinder untereinander.

„Der Mehmet war lange Zeit der Prügelknabe. Doch seit seine Mutter in der Klasse den anderen Kindern gezeigt hat, wie türkisches Fladenbrot gebacken wird, stand er plötzlich ganz anders da."

Gemeint ist nicht Exotismus und nicht Schönfärberei. Es geht nicht um Kebab-Stände beim Schulfest. Es geht unter anderem darum, dass auch die allen Grund haben, stolz durchs Leben zu gehen, die nach gängiger Lesart angeblich weniger oder das Falsche vorzuweisen haben. Als Neclas' Mutter sich entschloss, den Alphabetisierungskurs zu besuchen, war die Tochter am ersten Morgen beschämt:
„Nun wissen es alle." In der Klasse wurde das Thema aufgegriffen. Wie es kommt, dass nicht alle Erwachsenen lesen und schreiben können, und was für eine großartige Leistung es ist, wenn jemand sich dazu entschließt, dies nachzuholen. Gegen Mittag kam Neclas' Mutter aus dem Kurs, lachend. Unten wartete Neclas stolz. Nun wussten es alle, dass ihre Mutter versuchte, dazuzulernen. Und auch, dass wir alle in der einen oder anderen Form dazugelernt haben.

(Ralf-Erik Posselt/Klaus Schuhmacher, Projekthandbuch: Gewalt und Rassismus, Verlag an der Ruhr, Mülheim an der Ruhr 1993, S. 298–304)

---

1. Definieren Sie die Begriffe „Multikulturelle Gesellschaft" und „Interkulturelles Lernen". Stellen Sie dabei auch Begriffsunterschiede heraus.
2. Stellen Sie Ziele und Methoden des Konzeptes einer multikulturellen Gesellschaft sowie interkulturellen Lernens heraus.
3. a) Diskutieren Sie den Satz „Alle Menschen sind gleich, aber trotzdem sind wir alle verschieden".
   b) Entwerfen Sie zu dem Satz ein Plakat, einen Werbespot oder ein Rollenspiel.
   c) Welche Bedeutung hat dieser Satz für Ihren Kurs?
4. Prüfen Sie, ob es Möglichkeiten interkulturellen Lernens an Ihrer Schule gibt.

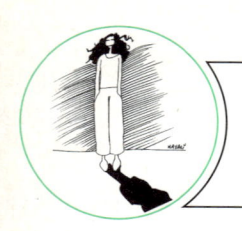

Ein-Spruch

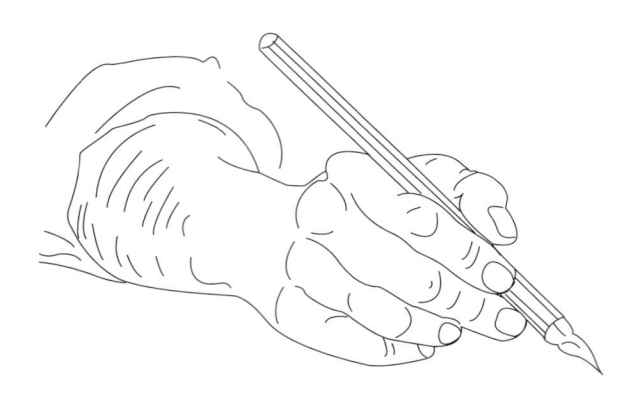

„*Das Problem der Multikulturalität besteht darin, dass wir keine Multikulturalität bekommen, sondern Ethnozentrismus. Die Leute reden nicht mehr miteinander, weil sie sich Sorgen machen, der andere könnte sich verletzt fühlen. Wenn Sie heute mit dem Vertreter einer anderen Rasse sprechen, ist Ihre Konversation so steril, dass Sie aus lauter Angst, ihn zu beleidigen, nie über Wesentliches reden.*"

(Sam Pickering)

(Shosana Gilbert, Die multikulturelle Schule funktioniert nicht, Süddeutsche Zeitung vom 23. Juni 1993)

1. Schreiben Sie einen Kommentar zu dem Zitat und beziehen Sie Stellung dazu.
2. Ist das Gegenteil auch richtig?
3. Welche Konsequenzen hat die Aussage von Sam Pickering für Erziehung?

Projektvorschlag
zum selbstständigen Weiterarbeiten

A Befragen Sie ausländische Mitbürger und Mitbürgerinnen darüber, wie sie erzogen wurden bzw. wie sie ihre eigenen Kinder erziehen.
Diese Befragung kann in Form von Straßeninterviews erfolgen. In vielen Städten und Gemeinden gibt es jedoch auch Ausländerzentren oder Asylantenwohnheime.
Veröffentlichen Sie Ihre Ergebnisse auf einer Stellwand in Ihrer Schule.

B Führen Sie eine Expertenbefragung mit einer Sozialarbeiterin oder einem Sozialarbeiter durch, die ausländische Jugendliche beraten und betreuen. Mit welchen Aufgaben und Problemen werden sie konfrontiert?

C Erkunden Sie in Ihrem Wohnort, in welchen Einrichtungen nach interkulturellen Konzepten pädagogisch gearbeitet wird. Erste Informationen dazu erhalten Sie beim örtlichen Ausländeramt bzw. bei der oder dem Ausländerbeauftragten der Stadt oder Gemeinde.

Hinweise

Einen umfassenden Einblick in die türkische Kultur und in die Problemlagen türkischer Jugendlicher, die in der BRD aufwachsen oder dort zeitweilig leben, geben folgendes Buch sowie die Filme:

- Ismet Elci, „Sinan ohne Land", Verlag Clemens Zerling, Berlin 1988

- Izzet Akay/Jasmin Akay, „Sinan Ohneland", Deutschland 1988 (ZDF)
- Hanno Brühl, „Sehnsucht", Deutschland 1990 (WDR)

2.6 „Als ich in deinem Alter war...!" – Erziehung in den 50er-Jahren

(Titelbild von Magda Trott, Försters Pucki, Titania Verlag, Stuttgart)

„Das Buch aber, wenn da z.B. Schwierigkeiten in der Schule waren oder mit Freunden oder mit dem Freund: – dass dann auch die Eltern von Pucki immer so mit einer helfenden Hand da standen und so, das fand ich irgendwie ganz toll.
Ja, also dass sie im Zweifelsfall halt immer so ein Zuhause hatte, wo ihr geholfen wurde, oder wo sie Trost bekam."

(Entnommen den Eindrücken einer Leserin über dieses Buch, aus: Rainer Noltenius [Hrsg.], Alltag, Traum und Utopie, Essen 1988, S. 79)

Einführung

Erster Schultag, Ostern 1958

---

1. Beschreiben Sie die Fotos möglichst genau und überlegen Sie, wie der erste Schultag dieses Schülers ausgesehen haben könnte. Was wird in seiner Schultüte gewesen sein?
2. Was wird in seinem Kopf vorgegangen sein? Begründen Sie Ihre Vermutungen.
3. Interviewen Sie Personen in Ihrem Verwandten- oder Bekanntenkreis, die in den 50er-Jahren ihre Kindheit oder Jugend erlebten, und befragen Sie diese nach ihren Erfahrungen mit Erziehung in Elternhaus und Schule.

Was fällt uns zu den 50er-Jahren ein?

Ein kollektives Tafel-Brainstorming
Der Kurs versammelt sich im Halbkreis vor der aufgeklappten Tafel. Alle sind mit Kreide ausgestattet und schreiben ihre Assoziationen stichpunktartig an die Tafel. Danach kann das Notierte gesichtet, erklärt, strukturiert (z.B. mit farbiger Kreide), interpretiert und in Zusammenhang mit Erziehung gebracht werden. Zum Schluss ergeben sich daraus vielleicht Fragen und Thesen für die weitere Arbeit.

Kind sein in den 50er-Jahren

James Dean und die ‚Wilden Engel' vom Borsigplatz

Ludwig Mann (Jahrgang 1940) und Werner Kullmann (Jahrgang 1944) wachsen nach dem Krieg in zwar unterschiedlichen, aber für beide Jungen problematischen Familienverhältnissen auf – Werner verliert seinen Vater mit dem 6. Lebensjahr durch Scheidung der Eltern; Ludwig dagegen hat quasi gleich zwei Väter.

L. M.: 1951 kam mein Vater aus russischer Kriegsgefangenschaft wieder, den ich eigentlich gar nicht kannte. Ich war schon 11 Jahre alt und hatte den vorher nie gesehen. Es dauerte eine ganze Zeit, bis wir beide uns verstanden hatten. Für mich war eigentlich mein Vater der Großvater [...] Es gab auch viele Probleme dadurch, dass er (der Vater) Schwierigkeiten mit meinem Großvater hatte [...] Ich als Junge, ich wusste nicht, soll ich jetzt mit meinem Großvater oder soll ich mit meinem Vater [...] Der hat nie mal gesagt, so jetzt ist 9 Uhr, ab ins Bett. Der hat höchstens mal gefragt: Wollt ihr jetzt schlafen gehen? Dann ist der Großvater dazwischen und sagt, die Blagen müssen ab ins Bett.

W. K.: Als meine Mutter mit mir allein war, musste die auch arbeiten gehen. Ich bekam dann aber keinen Schlüssel, sodass ich nach der Schule immer draußen warten musste [...] Meine Mutter hat mich schon da in gewissen Dingen sehr vernachlässigt. Nach der Arbeit ging sie oft gleich weg, ohne mich mit Essen zu versorgen. [...]

L. M.: Bei uns, das war 'ne einfache Erziehung. Wenn mal einer was gemerkt hat, dann wurde nicht lange gefackelt, da gab's was hinter die Ohren. Da wurde nicht diskutiert oder was. Zack, das war die schnelle Methode. Auch so, wir hatten ja noch in der Schule die Prügelstrafe. Wenn man dann nach Hause gekommen ist und hat gesagt, man hat ein paar durch die Hände bekommen, weil man auf dem Schulhof Blödsinn gemacht hat oder so, dann hat man zu Hause noch mal 'ne Tracht Prügel bekommen: Der Lehrer hatte immer Recht. [...]

W. K.: Wie gesagt, das Haus war zur Hälfte weggebombt, und wir wohnten im ersten Stock. Überall war der Putz los, und ich hab' immer Späßchen gehabt, mit 'ner Stange große Flächen von dem Putz abzubrechen.

Das hat nie einer gemerkt, dass ich das war. Im Keller waren Ratten. Unsere Wohnung war ein großes Zimmer, das war durch einen Vorhang unterteilt. Die Wohnung war nicht tapeziert, Holzfußboden. [...]

L. M.: In der Schule haben wir immer auf die Tafel geschrieben und hatten nur ein Heft. Aber da durfte man nur mit Bleistift reinschreiben, weil das hinterher wieder ausradiert wurde. Wenn man ein neues Heft haben wollte, musste man 3 Säcke Altpapier sammeln und abgeben.

W. K.: Auch wenn ich mal die Schule geschwänzt habe, war ich immer in den Trümmergrundstücken. Wir haben auch Steine gepickt für 'ne Baufirma. Da bekamen wir dann für 3 Steine 1 Pfennig. [...]

Wir haben auch Schrott gesammelt und beim Klüngelpitter verkauft. Das war immer 'ne Mordsanstrengung, wenn ich überlege, was wir für 5 Pfennige alles gemacht haben. [...]

L. M.: Da erinner' ich mich, dass wir immer sehr viel Hunger hatten und dass ich so mit sechs Jahren mit dem Großvater die erste Hamsterfahrt ins Münsterland gemacht habe.

W. K.: Dann kam ich in die Kreuzschule, da hatte ich auch einen anderen Schulweg. Das waren dann auch wieder neue Abenteuer. Wir haben schon mal Kohlen gesammelt auf dem Bahndamm, die die Züge da verloren hatten. Das musste ich noch morgens vor der Schule machen. Oder in den Schrebergärten haben wir Erdbeeren geholt. [...]

W. K.: Wir konnten auch in den Trümmern spielen. Wir haben uns das immer spannend gemacht. Wir haben uns dann vorgestellt, da wären noch Tote. Einmal haben wir einen alten Keller voll mit Holz und altem Plunder gefunden. Wir hatten uns Fackeln gemacht, aber vergessen, die anschließend wieder auszumachen. Auf jeden Fall, wir waren schon zu Hause, da kam auf einmal die Feuerwehr, weil der Keller in Flammen stand. Die kriegte auch raus, dass wir das waren, aber es passierte uns nichts. [...]

W. K.: Banden gab's immer. Banden gab's auch schon, als ich 10 war. Wenn wir irgendwas hatten, dann waren wir 'ne Bande. Auch wenn wir mit Knicker gespielt haben, ne. Wenn wir fünf Mann waren, dann waren wir 'ne Bande. Das war ganz klar. Wir waren immer 'ne Bande. 'Ne Bande, was sich heute schlimm anhört, das war damals nicht schlimm. 'Ne Bande wurde erst später schlimmer, das wurde dann krimineller.

W. K.: Auf den Garagendächern hinter unserem Haus haben wir uns immer verschanzt und ‚unsere Festung' dann verteidigt gegen den Angreifer. Da flogen dann schon mal Pfeile und Steine. Da mussten wir dann immer aushandeln, wer schon tot war und wer nicht. Das waren immer richtige Kämpfe, aber eher so halbernste [...] Denn wir haben uns im Grunde genommen ziemlich gern gehabt. Wir kannten uns jedenfalls gut [...] Ah, und dann kamen wir zurück und waren aufgeregt. „Wir haben 'ne Riesenschlägerei gehabt" und „die Hüttenmannstraße haben wir sicher im Griff, da können wir nochmal hingehen". Das hat immer Laune gemacht. [...]

L. M.: Bei Schule erinnere ich mich nur daran, dass es die ersten Jahre noch die Prügelstrafe gab. Dass man wegen jedem Schittgen auch in der Schule mit dem Rohrstock Senge bekommen hat. Und das nicht zu knapp. Und die ersten Jahre, dass man da sein Mittagessen bekam [...] Die Lehrer, das waren so alte Preußenköpfe: Zucht und Ordnung in der Schule. Jeden Morgen, wenn der Lehrer reinkam, aufstehen, beten, noch 'n Lied singen und dann ging der Trallala erst richtig los. [...]

L. M.: Und wie es damals in Eving so üblich war, wurde man Berglehrling auf der Schachtanlage Minister Stein. Ich weiß noch, wie wir damals auf der Zeche mit 350 Lehrlingen angefangen sind und es für uns gar keine Arbeit gab. Wir mussten tagelang Drähte gerade hämmern, und wenn der Draht gerade war, haben wir ihn dem Vorarbeiter gezeigt. Der hat ihn dann wieder krumm gemacht, und dann haben wir ihn wieder gerade gebogen. Das ging tagelang so. Die schlimmste Arbeit im Bergbau als Lehrling war am Leseband. Man musste jedes halbe Jahr einen Monat zum Leseband. Am Leseband musste man die Steine aus den Kohlen raussuchen. Das war eine schwere Arbeit, eintönig und 'ne Idiotenarbeit.

W. K.: Das fand ich echt 'ne Sauerei mit der Schlägerei. Genauso in der Lehre. Da hat mich mal ein Geselle volles Rohr in den Arsch getreten, weil ich was vergessen hatte. Also, das find ich überhaupt nicht gut. Damals nicht und heute nicht [...] Trotzdem, früher das war schon ziemlich hart. Da bekamste in der Schule Prügel und in der Lehre.

W. K.: Konflikte gab's laufend. Wegen Benzingeld fürs Moped oder wegen Ersatzteilen fürs Fahrrad. Oder weil sie nicht da war und ich was zu essen haben wollte. Konflikte gab's auch wegen des Mannes, den meine Mutter später geheiratet hat. Der hat sich richtig platt machen lassen von meiner Mutter. Das macht mich richtig sauer, dass sich ein Mann so platt machen lässt von 'ner Frau. Also, es gab viele Konflikte zu Hause. Ich glaub', das fing so mit 15, 16 Jahren an. Das war nicht nur das Geld.

Das war auch, wenn ich nach Hause kam, und keiner da war. Ich hab' immer das ganze Geld zu Hause abgegeben. Erst hab' ich 3 DM die Woche Taschengeld bekommen. Später 20 DM im Monat.

Aber das verfährste, wenn du den ganzen Tag auf dem Hobel sitzst, auch wenn das Benzin billiger war. [...]

L. M.: Wir nannten uns der ‚Schrecken der Fauster Straße', weil wir ja auf der Fauster Straße wohnten. Das nannte sich damals aber noch Bande [...] Wenn wir in der Clique waren, waren wir stark. Wenn wir im Park saßen unter dem Pilz, dann sind die anderen alle woanders hergegangen, die Erwachsenen. Zu Hause und auf der Arbeit hat man immer nur Befehle bekommen, und da war man wenigstens jemand.

(Heinz H. Krüger/Hans J. von Wensierski, James Dean und die ‚Wilden Engel' vom Borsigplatz; in: Lutz Niethammer u.a. [Hrsg.], „Die Menschen machen ihre Geschichte nicht aus freien Stücken, aber sie machen sie selbst." Einladung zu einer Geschichte des Volkes in NRW, Bonn 1984, S. 205f.)

1. Was erfahren Sie über die Lebensumstände der beiden Befragten?
2. Was erfahren Sie über Erziehung? Bearbeiten Sie diese Aufgabe auf dem Hintergrund der Erziehungsdefinition aus Kapitel 1.
3. Welche Fragen ergeben sich für die Betrachtung der Erziehung in den 50er-Jahren?

Grundbegriffe und Grundthesen

Die Lebenswelt der 50er-Jahre – Kindheit, Familie und Erziehung

Die eigene Erziehung und die Erziehung der eigenen Kinder 1954–1984

Was heißt strenge Erziehung?

1955 wurden die Jugendlichen gefragt, wie sie die eigene Erziehung im Elternhaus einschätzen: sehr streng, streng, gütig-milde, zu milde? 1984 wiederholten wir die Frage wörtlich, und zwar stellten wir sie Jugendlichen und Erwachsenen (Tabelle unten).
5 Uns interessierte die Fragerichtung „Strenge der Erziehung". Verständlicherweise

Strenge der Erziehung im Elternhaus. Vergleich Jugend '55, Jugend '84, Erwachsene '84 - Angaben in Prozent -

	Jugend '55[1)] 15–24 J. (n = 1464)	Jugend '84[2)] 15–24 J. (n = 1472)	Erwachsene '84[3)] 45–54 J. (n = 729)
sehr streng	9	3	19
streng	36	32	44
gütig-milde	50	60	36
zu milde	4	4	1
K. A.	1	–	–
	100	99	100

Quellen: 1) Fröhner (1956, 169); 2) Frage 10; 3) Frage 10
Fragetext: „Wie sind Sie (du) Ihrer Meinung nach selbst erzogen worden: sehr streng, streng, gütig-milde, zu milde?"

behagte unserem zeitgenössischen Sprachempfinden die Ausdrucksweise für das Gegenteil, „gütig-milde" bzw. „zu milde", keineswegs – wie sich zehn Jahre zuvor das Emnid-Team unter Leitung V. Graf Blüchers daran gestört hatte. Diese verbesserten die Antwortvorgaben in „nicht streng" und „überhaupt nicht streng", differenzierten sinnvollerweise zwischen Vater und Mutter – und verunmöglichten damit leider ihr erklärtes Ziel, die Umfrage der 50er-Jahre zu wiederholen.

[...] Die Frage wurde natürlich in das Wiederholungsprogramm aufgenommen, weil wir deutliche Unterschiede zwischen der Jugend in den 50er- und der Jugend in den 80er-Jahren erwarteten. Vergleichen wir die Antworten, die Jugendliche '55 und '84 auf die Frage nach der Strenge der Erziehung zu Hause gaben, so finden wir – fast keine Differenz. Magere 10 Prozentpunkte hat sich die Einschätzung der elterlichen Erziehung in Richtung gütig-milde verschoben. Das zwingt uns, über den subjektiven Charakter einer solchen Bewertungsfrage nachzudenken. Die Maßstäbe für Strenge waren ja nicht in der Frage enthalten, sondern dem Gutdünken der Befragten anheim gegeben. Nun mag es sein, dass „streng" in den 50er- und in den 80er-Jahren für die Erzogenen etwas anderes heißt.
Beispielsweise ist es nahe liegend, dass Jugendliche 1955 manche elterlichen Verhaltensweisen als „gütig-milde" einstuften, die heutige Jugendliche – mit gesteigerter Sensibilität für Erziehungskritik – als „streng" definieren; etwa weil sie latente autoritative Ansprüche hinter einer freundlichen Fassade wahrzunehmen meinen.
Bei solchen Überlegungen hilft uns ein Blick auf die Antworten der Erwachsenen '84 weiter. Die Elterngeneration antwortet nämlich so, wie wir es erwarten durften. 63% stufen ihre Erziehung als streng bis sehr streng ein. Sie bewerten damit ihre Erfahrungen mit häuslicher Erziehung bedeutend kritischer, als sie es drei Jahrzehnte zuvor als Jugendliche taten. Damals, 1955, antworteten Vertreter der gleichen Generation nur zu 45% mit der Einschätzung streng/sehr streng.
Ein solcher Befund steht nicht für sich allein. Regelmäßig akzentuieren Vertreter der Elterngeneration, die pädagogische Handlungsweise und Institutionen der 50er-Jahre bewerten sollen, die Kritik an der damaligen Zeit. Beispielsweise beurteilt die Elterngeneration ihre Schulerfahrungen der Nachkriegszeit heute, mit 45–54 Jahren, erheblich negativer als zu der Zeit, zu der sie – als Jugendliche – unmittelbar davon betroffen waren.
Wir ziehen daraus den Schluss, dass die Erwachsenen im Laufe ihrer Lebensgeschichte und unter dem Eindruck soziokulturellen Wandels in den 60er- und 70er-Jahren gelernt haben, die eigene Kindheit und Jugend in den 40er- und 50er-Jahren neu zu bilanzieren. Sie betrachten die eigene Erziehung folglich unter einem vergleichenden Gesichtspunkt: Wie erscheint Erziehung in der Nachkriegszeit im Lichte der Erfahrungen und Maßstäbe, die sich seither herausgebildet haben? Ein entsprechender vergleichender Gesichtspunkt, in den historische und Lebenszeit mit einfließen, ist Jugendlichen, die noch unter dem Eindruck der zu beurteilenden Erziehungsvorgänge stehen, eher etwas fremd. Ihr wertendes Urteil dürfte eher davon bestimmt sein, dass sie die aktuell geltenden Maßstäbe auf die eigenen Erziehungserfahrungen anzulegen suchen. Das Ergebnis ist allerdings das gleiche: Beide Altersgruppen akzentuieren angesichts sich verschärfender Maßstäbe, was „Strenge" in der Erziehung heißt, die erfahrene elterliche Strenge besonders stark. So lässt sich erklären, dass trotz eines möglichen Zuwachses „gütig-milder" pädagogischer Verhaltensweisen aus der Sicht der Betroffenen die Strenge der Erziehung nicht nachlässt. Dafür sorgen die zugespitzten Maßstäbe, die eine voranschreitende Kritik der „alten" Pädagogik setzt. Ob unsere Vermutungen über

den Zusammenhang zwischen soziokulturellem Wandel und bilanzierender Erinnerungsarbeit zutreffen, können wir allerdings anhand dieser einen, zudem eindimensional-abstrakten Frage nicht entscheiden. Wir werden weiter unten, wenn wir empirische Unterlagen besprechen, die näher an der alltäglichen Erziehungsrealität liegen, auf die theoretisch wie methodisch bedeutsame Frage zurückkommen.

Es ist übrigens nicht einfach, den Bedeutungshof richtig anzugeben, den „Strenge" in der Erziehung der 50er-Jahre besitzt, und sich der Frage zu stellen, ob die Bedeutung des Begriffs sich bei Erziehern und Erzogenen seither deutlich gewandelt hat, wie eigentlich zu vermuten. Dazu wären sprachliche Inhaltsanalysen notwendig. Immerhin wird aus der Emnid-Umfrage 1955 soviel deutlich: „Strenge Erziehung" hat für viele Jugendliche der 50er-Jahre einen positiven Bedeutungshof. Darauf weist R. Fröhner (1956, 42) als Berichterstatter der dritten Emnid-Jugendstudie (1955) selbst hin. Bemerkenswert sei, dass fast alle Jugendlichen, die angeben, streng erzogen worden zu sein, „gleichzeitig äußern, dass sie es bei ihren eigenen Kindern genau so oder ähnlich halten würden. Nur 6 Prozent unter den streng Erzogenen würden andere bzw. ganz andere Erziehungsmethoden für richtiger halten. Das heißt, dass die Jugendlichen, die ihrer Meinung nach streng erzogen worden sind, diese straffe Erziehung größtenteils auch bejahen, und dass nur eine Minderheit diese Charakterisierung im Sinne einer negativen Kritik auffasst." Die Kritik beginnt erst mit dem Zusatz „zu streng". Dass erwachsene Autoritäten in ihrem persönlichen Umkreis „zu streng, zu kleinlich" seien, darüber beschweren sich 1953 19% der 15–24-Jährigen (Emnid 1954, 161f.). Darunter verstehen die Jugendlichen – es handelte sich um eine offen gestellte Frage – „zu kleinlich", „nörgelt zu viel", „jagt mich immer hin und her", „zu genau", „immer knöllerisch und nörgelt immer", „ein liebevoller Tyrann, der uns aus zu großer Liebe ausgesprochen drangsaliert", „beobachtet zu viel". Genauer müs-

---

Zeitvergleiche

gedrückter und strenger

Ich tät schon sagen, dass die Jugend in den 50er-Jahren anders erzogen worden ist, eben nicht so locker wie heute, dass jeder, sagen wir mal fast, machen kann, was er will. Es ist da einfach viel gedrückter und strenger zugegangen wie heut'. Ich hab' das ab und zu mal vorgehalten gekriegt: „Wenn wir das früher gemacht hätten!" Es hat auch andere Bestrafungen gegeben, z.B. Schläge und Hausarrest, was ich eigentlich nie gekriegt hab'.
(Friseurlehrling, weiblich, 18 Jahre, Hauptschule)

behütet

In den 50er-Jahren war man noch viel mehr behütet und aufgehoben im Elternhaus.
(Lehrer, 46 Jahre)

Gehorsam aus Mitleid

Man war damals gehorsamer und folgsamer. Wenn Mutter etwas gesagt hat, dann wurde das getan. Und man hatte nicht das Bedürfnis zu rebellieren oder auch ein bisschen lauter zu sein. Ich hätte mich das also nie getraut, weil mir auch meine Mutter Leid getan hätte.
(Hausfrau, 1 Kind, 45 Jahre, ehemals Fotografin und Fotomodell)

sen wir sagen, dass die zeitgenössischen Jugendforscher, die die Frage seinerzeit vercodeten, diese Kritik der Jugendlichen unter den Begriff „zu streng, zu kleinlich" subsumierten. Eine charakteristische Beschwerde einiger Jugendlicher Mitte der 50er-Jahre, die unter die gleiche Rubrik fallen könnte, heißt übrigens: „Kommandoton", „kommandiert", „brüllt zu viel", „zu viel Feldwebel" (S. 164).

Erwachsene '84 wurden in einer offenen Frage um Auskunft darüber gebeten, welche Probleme sie damals in den 50er-Jahren selber als Jugendliche hatten (Frage 19). Probleme mit den Eltern, mangelndes Verständnis und insbesondere Strenge der Erziehung durchs Elternhaus rangieren dabei mit 13% Nennungen hoch in der erinnerten Problemliste. Frauen beziehen sich häufiger auf dieses Problem als Männer (16% zu 8%). Die Jüngeren unter den Befragten (45–47-Jährige) führen Erziehungs- und Elternprobleme zahlreicher als die älteren (50–54-Jährigen) an (17% zu 8%). Bei 45–47-jährigen Frauen der Elterngeneration steigt der familiäre Problemgehalt auf 24% Nennungen an.

Sind diese Unterschiede als Generationenfrage oder als Frage des Lebensalters zu verstehen? Aufgrund unserer empirischen Unterlagen können wir darüber nicht gut eine Entscheidung herbeiführen.

Gehorsam – Ordnung – Selbstständigkeit 1951–1983

Die bekannteste und unseres Wissens einzige Zeitreihe, die bis Anfang der 50er-Jahre zurückreicht, stammt aus allgemeinen Bevölkerungsumfragen von Emnid. Diese wiederholt zitierte Reihe basiert darauf, dass die Befragten sich möglichst für eine von drei Gruppen von Erziehungszielen entscheiden sollen: Gehorsam und Unterordnung, Ordnungsliebe und Fleiß, Selbstständigkeit und freier Wille.

Der Fragetext lautet: „Auf welche Eigenschaften sollte die Erziehung der Kinder vor allem hinzielen: Gehorsam und Unterordnung, Ordnungsliebe und Fleiß oder Selbstständigkeit und freien Willen?" Den Emnid-Forschern ging es dabei laut eigenem Bekunden (Emnid Informationen 8/9/1983, 22) ursprünglich um das Gegensatzpaar von „autoritär" und „demokratisch"; eine Dichotomie, die in der Debatte um Erziehungs- und Führungsstile seinerzeit eine erhebliche Bedeutung hatte (Lewin; Lippitt; Tausch/Tausch). Man habe „die zusätzliche Antwortmöglichkeit ‚Ordnungsliebe und Fleiß' mit der Absicht eingeführt, den Befragten ein Ausweichen aus dem strikt dichotomischen Schema zu ermöglichen. Die Ergebnisse machten aber bereits bei den früheren Befragungen eine starke Korrelation zwischen der dritten Alternative und der Kategorie ‚Gehorsam und Unterordnung' sichtbar."

Der Stellenwert der drei Ziele im „Wertehimmel" durchläuft nun zwischen 1951 und 1981 charakteristische Wandlungen. Gehorsam und Unterordnung bleiben als Erziehungsziele in den 50er-Jahren und bis Mitte der 60er-Jahre recht stabil. Jeweils ein Viertel der Befragten gibt ihnen Priorität. Danach beginnt der Abstieg dieses Wertes, fortgesetzt bis zur Gegenwart. Das bestätigt unsere Interpretation, dass das Vokabular patriarchalischer Erziehung für eine nicht geringe Minderheit in den 50er-Jahren und darüber hinaus Geltung besaß. Die zeitgeschichtliche Karriere von „Ordnungsliebe und Fleiß" folgt einem anderen Muster. Sie hat einen gewissen Höhepunkt in den 60er-Jahren (mit 53% Zustimmung 1965). Das verweist uns auf die weiter oben geäußerte Einschätzung, dass mit der soziokulturellen Stabilisierung und der ökonomischen Prosperität zwischen Mitte der 50er- und Mitte der 60er-Jahre auch eine Renaissance klassischer, bürgerlicher Werte ihren Höhepunkt erreicht. Neben konventionellen Tugenden wie Fleiß und Ordnungsliebe sind dies beispielsweise Werte eines harmonischen Familienlebens. Die westdeutsche (Erziehungs-)Gesellschaft hat die „hässlichen" Seiten der Nachkriegszeit, die offen autoritären Züge des Post-Faschismus, die Nachkriegsarmut oder die kriegsbedingte Zerrüttung von Biografien und Familien weitgehend beseitigt und im Rahmen eines moderaten Modernisierungsprozesses überlieferte – und wirtschaftskonforme – bürgerliche Tugenden stabilisieren können. Das wird erst nach 1965 anders. (1967 erlebt die westdeutsche Nachkriegsgesellschaft ihre erste Wachstumskrise.) Der konventionelle Erziehungskatalog erhält ernsthafte Konkurrenz durch den individualistischen Wert: „Selbstständigkeit und freier Wille". Diese avanciert seit 1969 zur Mehrheitsmeinung der Bevölkerung. Der Bedeutungssprung für diesen Erziehungswert liegt zwischen 1965 und 1969 (+ 14%). Davor, von 1951 bis 1965, hatten konstant um 30% der Bevölkerung sich dafür entschieden, danach sind es rund die Hälfte der Befragten. Über dem Wandel sollte nicht vergessen werden, dass sich das Erziehungsziel, das sich – wenn auch in altertümelnder Begrifflichkeit – auf Leistungswerte der (kapitalistischen) Industriegesellschaft bezieht, über die Jahrzehnte recht gut behaupten kann. „Ordnungsliebe und Fleiß" werden 1951 von 41%, 1981 auch noch von 38% gewählt. Gerade für die 70er-Jahre gilt, dass man den Eindruck erhält, dass sich der auf Leistung und Disziplin beziehende Erziehungsgrundsatz – nach dem „Einbruch" Anfang der 70er-Jahre – recht gut in der Bevölkerung behauptet. Es war ja mehrfach die Auffassung geäußert worden, nach dem Wertesprung zwischen 1967 und 1972 würden ältere Werte erneut Boden gutmachen können. Dem war nicht ganz so. Immerhin ergab sich eine Stabilisierung auf neuem, „nach-antiautoritärem" Niveau.

(Jugendwerk der Deutschen Shell [Hrsg.]; Jugendliche und Erwachsene '85. Generationen im Vergleich, Bd. 3, Jugend der fünfziger Jahre – HEUTE, Opladen 1985, S. 151ff. [Auszüge])

Erziehungsziele 1951–1995. Elterliche Erziehungsziele in der Bundesrepublik Deutschland (ohne neue Länder) im Zeitverlauf

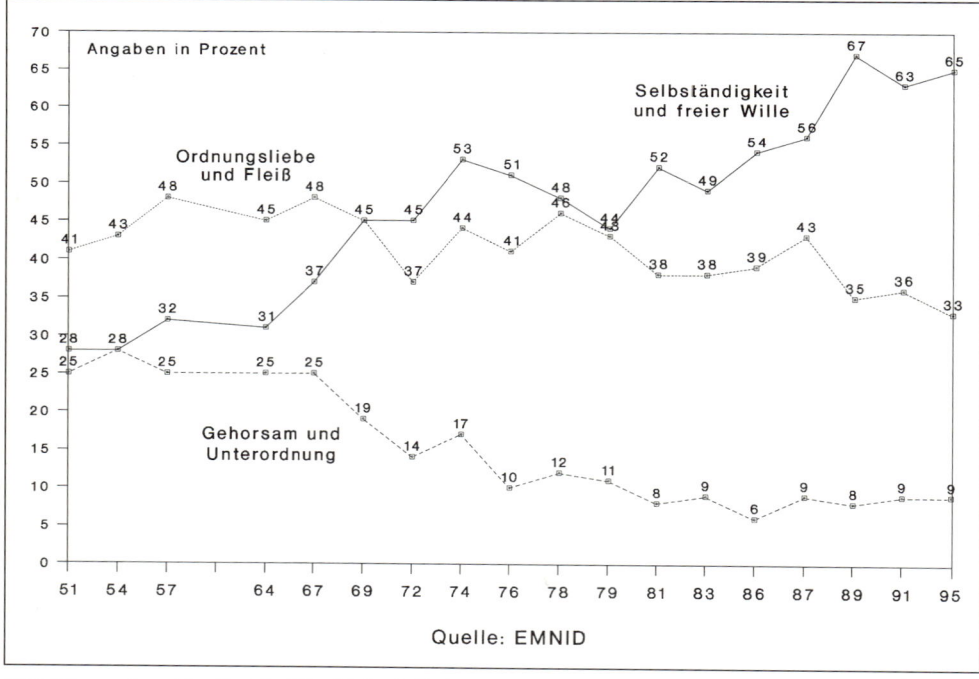

(Aus: Thomas Gensicke, Sozialer Wandel durch Modernisierung, Individualisierung und Wertewandel, in: Aus Politik und Zeitgeschichte, B42/96 v. 11.10.1996, S. 10)

1. Formulieren Sie die zentralen Ergebnisse der Vergleichsstudie zur Erziehung in den 50er-Jahren.
2. Welche wichtigen Unterschiede ermitteln die Jugendforscher bzw. Jugendforscherinnen für die Erziehung in den 80er-Jahren?
3. Auf welche methodischen Untersuchungsprobleme sind die Jugendforscher bzw. Jugendforscherinnen bei ihrer Arbeit gestoßen?
4. Kommentieren Sie die Weiterentwicklung der Erziehungsleitbilder bis 1995.

Ein Blick in Erziehungsratgeber

Vorwort

An dich habe ich gedacht bei diesem Buch, junge Mutter, als ich dich beim Alarm zum Bunker rennen sah, ein Kind auf dem Arm, ein anderes an der Hand, hastend, und scheltend zu dem dritten hin, das noch hinter dir trabte.
Dein Gesicht war von Sorge und Hetze angespannt, fast verzerrt, dein Rücken vorn-
5 übergebeugt, eine Haarsträhne fiel dir in die heiße Stirn, mit dem Handrücken strichst du sie unwirsch zurück, – du, die du das Recht und die Pflicht hättest, froh und schön durchs Leben zu gehen. Ach, deine Freude erlosch schon früh an jenem Tage in der Fülle der Pflichten. Keine Minute der Besinnung gönntest du dir, und so wurden deine Kinder unruhig und widerwillig und belasteten dich doppelt.
10 An dich habe ich gedacht, du hübsche junge Frau, strahlend und gepflegt, die du im Kaffeegarten mit deiner niedlichen Fünfjährigen am Tisch saßest. Du hattest ihr das Sonntagskleidchen angezogen, das deine geschickten Hände gerade am Tage vorher fertig gestellt hatten. Auch dein Kind strahlte und war glücklich und einig mit dir. Vor jedem stand ein Tellerchen mit Eis; die Sonne schmolz es schnell; das Kind war unge-
15 schickt, und die Flüssigkeit tropfte auf das neue Kleid; du konntest dich nicht halten, scharfe Klapse fielen auf die Kinderhände. Der kleine Mund, der eben noch so zutraulich geplappert hatte, war aufgerissen im Schreien und Schreck. War denn das Vergehen deines Kindes so groß? Oder waren die Schläge nur Ausdruck deines großen Ärgers, der gewiss berechtigt war? Der Fleck auf dem Kleid war doch wohl nicht unheil-
20 bar; aber der Riss in der Seele deines Kindes heilte nur langsam; die Narbe blieb.
An dich habe ich gedacht, du tüchtige, du übertüchtige Hausfrau. Wie hell und klar waren deine Fensterscheiben, wie glänzte der lackierte Fußboden, kein Stäubchen trieb sich auf den Möbeln umher, in Reih und Glied standen Töpfe und Teller. Du ruhtest nicht, bis nach jeder Mahlzeit deine Küche wieder in Ordnung war, alles weggeräumt,
25 und die saubere Decke kreuzweis über dem Küchentisch lag. Früh am Morgen standest du auf, wenn du dir eine große Wäsche vorgenommen hattest, und stolz blicktest du auf die schneeweißen wehenden Laken schon morgens um zehn Uhr.

Niemand durfte dir in die Ordnung des Haushaltes hineinfahren, sie stand bei dir an erster Stelle, in deinem Leben, in deiner Seele.

Und deine Kinder? Ja, die Kinder mussten sich eben einordnen. Früh schon lernten sie, dass die Decken nicht zum Herunterziehen, der Fußboden nicht zum Rollen für das Pferdchen, das Papier nicht zum Zerknittern oder Bekritzeln, und das Brennholz nicht zum Bauen da war. Spieleifer – ganz gut und schön –, aber die Hände durften beileibe nicht im sauberen Kittelchen abgewischt werden. Auch das ewige Fragen war unerwünscht und das Helfenwollen der ungeschickten kleinen Hände. Mutter macht das lieber selbst – Mutter hat jetzt keine Zeit – das wurde gewohnter Klang im Ohr des Kindes. Beim Zubettgehen ging es flott und scharf zu, Trödeln, Erzählen oder gar mit offenen Augen träumen, das gab es nicht. Spielzeug ins Bett nehmen, mit der Puppe im Arm einschlafen – nein, solche Dinge wolltest du gar nicht erst den Kindern angewöhnen, am besten überhörte man solche Bitten einfach. Sie hatten ihr sauberes Bett, ihr nahrhaftes Essen, ihre frisch gewaschenen Kleider, sie wurden zu Ordnung und Pünktlichkeit, zu gutem Benehmen und fleißigem Lernen erzogen, du tatest wahrhaftig deine Pflicht an ihnen. [...]

So soll es nun zu einer der Aufgaben dieses Buches gehören, die Erkenntnisse der psychologischen Wissenschaft so einfach und „natürlich" mit hineinzubeziehen, dass man möglichst gar nicht merkt, dass es sich um „Wissenschaft" überhaupt handelt.

Solche Betrachtungen sollen nicht etwa den ursprünglichen Mutterinstinkt, der den rechten Weg unbeirrbar findet, ersetzen, sondern sollen diesen Instinkt wecken und stärken; denn er ist ja manches Mal so verkümmert, dass wir erschreckt stehen bleiben, wie verständnislos doch zuweilen eine Mutter ihr Kind behandelt, als sei es ein Spielzeug oder ein lästiges Anhängsel, als hätte sie es gar nicht selbst getragen und geboren. Dies Buch soll versuchen, die ursprüngliche Begabung der Mutter zur Einfühlung in das Kind von neuem aufzurufen; nur dieser Aufgabe, nicht einer „Bildungsbereicherung", soll die gelegentliche Heranziehung der wissenschaftlichen Kinderforschung dienen.

Immer sollen wir den natürlichen, unverfälschten, gläubigen beschwingten Mutterinstinkt höher stellen als die wissenschaftlichen Forschungen; das entspricht der gottgegebenen Ordnung.

So entstand in der Mitte des Krieges der Wunsch in mir, durch dieses Buch zu den Müttern zu sprechen und sie zu stärken in ihrem Glauben an die Richtigkeit der leisen inneren Stimme ihres Mutterherzens, die von den überzeugenden Aufrufen der Propaganda, dem Schmettern der Fanfaren und den Alarmsirenen der Bombennächte grell übertönt wurde. Ja, das wollte ich, ihnen zeigen, dass die andere Welt, wo Gottes Atem weht, immer noch da war.

So schrieb und schrieb ich mit heißem Herzen, – nicht kämpferisch, – denn ich wollte ja nicht nur zu denen sprechen, die in einer Front mit mir standen. Im Gegenteil: Ich wollte gerade diejenigen, die sich willig für die Zwecke der Gewaltherrschaft hatten einspannen lassen, unmerklich hinüberziehen in das Reich der ewigen Ordnungen, wohin sie als Mütter ja gehörten, und wo alle Fronten aufgehoben sind.

Aber dann kam das Ende. Ganz langsam gewöhnten sich unsere Lippen wieder daran, die Wahrheit auszusprechen ohne Todesangst. Auch in dem, was ich noch an diesem Buch zu schreiben hatte, durfte ich nun offen sprechen. Man wird es spüren, z.B. in den letzten Teilen der Kapitel „Die heilige Wahrheit", und „Die heilige Freude", dass sie bereits unter geistiger Freiheit geschrieben sind.

Mütter! Was alles ist in eure Hand gelegt! Ihr seid mitverantwortlich, bedenkt es, für das, was die kommende Generation in Leistung oder Versagen, in Schuld oder Rechttun vollbringt. Ihr erzieht den Menschen von morgen! Nicht nur euren erwachsenen

Söhnen und Töchtern, – ihr seid unserm Volk, ihr seid der Geschichte verantwortlich. Denn in der Kinderstube beginnt, was später im Völkerleben sich auswirkt.

Und ich glaube, ihr braucht heute noch genau so sehr wie in den vergangenen Jahren Zuspruch, Stärkung, Klarheit und Besinnung, um das Urteil des Herzens und die Kraft des Glaubens wiederzugewinnen.

Und wir brauchen euch! Euch in erster Linie! Die Familie, das Volk, die Welt braucht euch, – wenn unser Stern Erde je wieder zu einer Wohnstätte werden soll für Menschen, die Gott nach Seinem Bilde schuf.

Auszug aus dem Kapitel „Die heilige Einfalt"

DER JUNGE WILL HERRSCHEN / Immer sind die bösen Triebe nur Verzerrungen von Gesundem. So hat auch jeder Junge den gesunden Trieb, Gewalt zu haben über etwas, – und sei es ein Tier oder ein Spielzeug, – zu führen oder zu herrschen. So will einer das Spiel bestimmen und seinen Kameraden ihre Rolle zudiktieren. Dem einen gelingt's, dem andern nicht. Der allerbeste Prüfstein dafür, ob er die innere Berechtigung zum Herrschen hat, ist das Verhalten der kleinen Kameraden: Erkennen sie ihn an oder nicht? Denn er hat ja kein Machtmittel in der Hand als die suggestive Art seines Wesens, einen gewissen Gerechtigkeitssinn, ohne den kein Zusammenspiel von Kindern von Dauer ist, und drittens die Fähigkeit, ein Spiel niemals langweilig werden zu lassen.

Wenn dein Junge über die drei Dinge verfügt, – und das erkennst du daran, dass die Kameraden ihm fröhlich gehorchen, – so lass ihn herrschen, vielleicht tobt sich in der Harmlosigkeit des Spieleifers sein Drang zum Herrschen genügend aus. Denn wenn du jetzt meinst, diesen Drang unterdrücken zu müssen, aus Furcht, einen herrschsüchtigen Menschen heranzuziehen, so erreichst du vielleicht gerade das Gegenteil: das unterdrückte Begehren bricht später hemmungslos hervor und richtet Unheil an.

Aber trotzdem beobachte oft still das Spiel und halte dein Kind zur *Gerechtigkeit und Rücksichtnahme* an. Lass es fühlen, dass die beglückendste Aufgabe des Herrschers die des Gralsritters ist, den Bedrängten und Schwachen beizustehen, den Rechtlosen zu ihrem Recht zu verhelfen.

DAS MÄDCHEN WILL GLÄNZEN ODER LIEBEN / Wir haben ganz unwillkürlich im vorigen Absatz uns einen Jungen vorgestellt und alles, was wir hier sagen, trifft auch wohl eher für die Jungen als für die Mädchen zu. Nicht immer allerdings; denn auch bei den kleinen Mädchen finden wir im Spiel tüchtige Herrscherinnen, und dann gilt für die Erziehung das Gleiche wie für die Jungen; zuweilen aber liegt beim Mädchen nur scheinbar ein Herrschenwollen vor, in Wirklichkeit aber der Trieb zu glänzen, zu gefallen, die eigene kleine Person ins rechte Licht zu rücken; darum ist solches Mädchen auch wohl am besten „in Form", wenn Erwachsene zusehen, während ein Junge seine kleinen Herrschertaten am liebsten ohne Zeugen vollführt.

Mit Trauer sieht man oft schon bei kleinen Mädchen ein Bewusstwerden sich entwickeln, das Reize hervorhebt, und manchmal fast als Koketterie bezeichnet werden könnte. Da sollte jede Mutter, Großmutter und Tante, – ja, ebenso sehr die Väter, Großväter und Onkel, sich fragen, wo sie da gesündigt haben an der frischen Kinderseele. Wenn man Szenen in der Bahn und unterwegs beobachtet, so ist es einem manchmal ganz unbegreiflich, mit welcher Blindheit oft die Geltungssucht kleiner Mädchen durch Bewunderung unterstützt wird, und sei es nur durch die lächelnde Aufmerksamkeit der fremden Mitfahrer. Hier müsste jeder sich verantwortlich fühlen und durch Gleichgültigkeit das kleine Persönchen von der Nichtigkeit seines Getues überzeugen.

Der Grundzug des Mädchens ist aber doch unverkennbar die Mütterlichkeit. Es will seine Puppen, seine Tiere pflegen, betreuen, weniger beherrschen. Aber es will sie auch ganz umhegen, sie sollen möglichst unselbstständig ganz in seine Hand gegeben sein.

Das Mädchen will, was es liebt, auch ganz besitzen; andere Ansprüche, andere Rechte werden eifersüchtig abgewehrt. Gefährlich wird diese Anlage, wenn diese Liebe sich in Egoismus verkapselt und gar nicht mehr das Wohl des Pfleglings, und sei es auch nur eine Puppe, meint, sondern im Grunde nur das eigene Selbst.

(Alma de L' Aigle, Eltern-Fibel. Die ewigen Ordnungen in der Erziehung, Hoffmann und Campe Verlag, Hamburg 1948, 4.–7. Tausend 1950, S. 5ff.)

Ein weiterer Erziehungsratgeber aus den 50er-Jahren

1. Das Erziehungsverständnis des Autors:

Fassen wir zusammen: Ein Kind bilden, erziehen, emporheben heißt, dem Kinde helfen, das zu werden, was es in seinen Anlagen und Fähigkeiten ist; ihm helfen, die Fülle und Reife seiner Persönlichkeit zu erreichen, alle seine in der Tiefe schlummernden Gaben wirksam werden und es endlich selbst zum Besitz Gottes gelangen zu lassen, – in dem unsere Glückseligkeit beschlossen ist. Erziehung kann darum folgendermaßen definiert werden: Sie ist die Wissenschaft (die Gesamtheit der theoretischen Grundlagen) und die Kunst (die Gesamtheit der angewandten Verfahrensweisen), die es dem Kinde nicht nur möglich, sondern auch leicht machen, „es selbst zu werden", indem sich sein ganzes Wesen als das keimhafte Vorgegebene und das Verheißene so entwickelt, dass es als erwachsener Mensch, herrlich erblüht, sein Leben in Fülle und Schönheit leben kann zum Wohl der andern und zur Ehre Gottes, seines Schöpfers und Meisters.

2. Praxisbeispiele

Das Kind an Ordnung gewöhnen

Schließlich ist es wichtig, das Kind an Ordnung zu gewöhnen. In jedem Kinde schlummert ein kleiner Tyrann, der nach Bestätigung verlangt und seine Wünsche und Launen all denen, die in seine Nähe kommen, aufzwingen will. Wenn die Eltern so schwach sind und den Rat des Dichters „Wir dürfen den Kindern keine Mühe, auch keine leichte, auferlegen", annehmen, wenn sie alle seine Forderungen gelehrig erfüllen und alles aufbieten, um dem Kind die geringsten Schwierigkeiten und Schmerzen zu ersparen, nähren und entfesseln sie seinen Egoismus, dessen erste Opfer sie selbst sein werden. Das einzige Mittel, solchen Katastrophen vorzubeugen und der Kinderseele schönes Gleichmaß zu geben, ist: ihm von Anfang an gute Gewohnheiten einzupflanzen. Das ist gewiss nicht leicht. Die Eltern können sich auf dieser frühesten Altersstufe noch nicht an das Denkvermögen und den Willen wenden, die noch im Unbewussten ruhen, sie haben lediglich die äußeren und inneren Sinne des Kindes als Stützpunkte. Darum brauchen sie eine gute Kenntnis des Seelenlebens, viel Geduld und viel Ausdauer.

So schwierig dieses Unterfangen auch sein mag: es ist notwendig. James Mill sagt: „Es ist eine Tatsache, dass die ersten Gewohnheiten den Charakter des Menschen wesentlich bestimmen." Die rein an die Sinne gebundenen und gleichsam passiven Gewohnheiten bahnen denen des sittlichen Lebens den Weg. Eltern aber, die gute Gewohnheiten jeglicher Art in einem Alter grundlegen, in dem sie die Kinder leicht nach ihren Wünschen formen können, schaffen ihnen die Möglichkeit, sich selbst ausgezeichnete Gewohnheiten mit geringerer Mühe und wenig Kampf zu erwerben, wenn der Wille erwacht ist und die Persönlichkeit sich zu entfalten beginnt. Ihren Leib an Ordnung gewöhnen bedeutet daher, ihnen gute Gesundheit und friedvolles, harmonisches Seelenleben zu sichern.

Unter den entstehenden Gewohnheiten sind vor allem zwei zu pflegen: *Regelmäßigkeit* und *Abhärtung*.

Zunächst die Regelmäßigkeit. Der kleine Körper, die Organe, der Appetit, ja sogar die Schreie des Säuglings müssen gehorchen lernen. Vom ersten Tag an sollen die Mahlzeiten dosiert und zu bestimmten, vorher festgesetzten Zeiten gereicht werden; das Kind muss den notwendigen Schlaf bekommen; wenn es ohne Grund schreit, müssen wir unnachgiebig sein und es still in seinem Bettchen liegen lassen. Sehr bald wird das Kleinkind begreifen, dass es nicht schreien soll; das Stillesein wird ihm zur Gewohnheit werden. Wenn ein Kind gehorsam, ein Schüler folgsam ist, so haben sie es in der Wiege gelernt. Durch diese Gewöhnung der ersten Stunde, fortgeführt und auf alle Lebensbereiche ausgedehnt, erreichen wir, dass wir ein leicht erziehbares und gut erzogenes Kind vor uns haben, das in späteren Jahren kraftvoll, gut und in treuer Pflichterfüllung lebt.

Eine gewisse strenge Lebensführung und wirkliche Abhärtung müssen mit der Regelmäßigkeit Hand in Hand gehen. Nichts schadet dem Kleinen mehr als übertriebene Schmeichelei und zur Unzeit angebrachte Zärtlichkeiten. Wir haben in den Darlegungen über die Einführung in das Geheimnis des Lebens davon gesprochen, dass zu viel Weichlichkeit die Seele kraftlos und schwach werden lässt und unfähig macht, sich auf der abschüssigen Bahn des Vergnügens und des Lasters aufzuhalten, ohnmächtig, den Schwierigkeiten des Lebens ins Auge zu sehen und sie zu besiegen.

Vaterlandsliebe

Die Sorge für andere muss sich erweitern und auf alle bis zu den Grenzen des Vaterlandes erstrecken, ohne sich jedoch vor den Angelegenheiten der anderen Völker und der gesamten Menschheit zu verschließen. Es ist Aufgabe der Eltern, den Herzen ihrer Kinder eine tiefe, jedoch nicht enge Liebe zum Heimatland einzupflanzen. – Sie müssen ihnen die Geschichte ihres Landes erzählen; es ist eine „erhebende Geschichte", die zu hören die Kinder nicht müde werden. Sie sollen von denjenigen sprechen, die es verteidigt haben, von den Künstlern, die es verschönerten, von den Männern und Frauen des Geistes, die es mit Schätzen bereicherten, und von den Heiligen vor allem, die seinen Ruhm begründet haben. Welch ergreifender Bericht lässt sich vom Leben der hl. Johanna geben! Die Eltern mögen sich nicht scheuen, den Kindern auch Leid und Trauer ihres Landes nahe zu bringen, wenn sich die Gelegenheit dazu ergibt. Sie können damit den Wunsch wecken, für die Wohlfahrt des Landes zu arbeiten und sich für das Vaterland zu opfern.

Abendunterhaltung zu Zweien

Gewöhnen wir unsere Kinder daran, sich zu beherrschen, damit sie nicht andern lästig werden? Die Spielsachen, die Arbeit, die Geschwister zu achten?

Halten wir sie dazu an, verträglich und zuvorkommend zu sein, andern einen Dienst zu erweisen und Freude zu machen, glücklich zu sein im Glück der anderen?

Vertrauen wir ihnen kleine Aufgaben im Hause an, um sie an frohes Helfen zu gewöhnen?

80 Verlangen wir von ihnen Höflichkeit im Umgang mit Angestellten, mit Arbeitern, die im Hause beschäftigt werden, mit Geschäftsleuten und Verkäufern, wenn wir sie zu Besorgungen fortschicken?

Erinnern wir sie Weihnachten daran, dem Jesukind in der Gestalt seiner Armen ein Opfer zu bringen und einen Teil ihrer Süßigkeiten oder Spielsachen wegzugeben? Behalten wir dabei im Auge, dass sie solch ein Geschenk frei und gern geben?

Raten wir ihnen, sich einer Jugendgruppe anzuschließen, damit sie dort Selbstvergessen, Großzügigkeit, Verbundenheit mit andern lernen?

Versuchen wir, unseren Kindern das harte, schwere Leben des Arbeiters begreiflich zu machen?

90 Ist unsere Art, die Armen aufzunehmen und ihnen zu helfen, für unsere Kinder ein gutes Beispiel?

(Joseph Duhr, Erziehen eine Kunst. Handbuch der praktischen Erziehungslehre [aus dem Französischen übersetzt], Schöningh Verlag, Paderborn 1955)

Bearbeiten Sie in arbeitsteiliger Gruppenarbeit die Auszüge aus den Erziehungsratgebern unter folgenden Fragestellungen:

1. Charakterisieren Sie das Verständnis der Autoren von Erziehung.
2. Wie äußert sich dieses Verständnis in ihren praktischen Vorstellungen?
3. Versuchen Sie diese Positionen in den Hintergrund der 50er-Jahre einzuordnen und erörtern Sie den politischen Gehalt der erzieherischen Ratschläge. Beachten Sie dabei, dass die Befreiung vom Nationalsozialismus erst wenige Jahre zurück lag.
4. Wie würde eine ‚Abendunterhaltung zu Zweien' in den 90er-Jahren aussehen? Schreiben Sie einen fiktiven Dialog oder konzipieren Sie ein Rollenspiel.

Vertiefung

Sozialer Wandel und seine Auswirkungen auf Kindheit, Familie und Erziehung

Tendenzen der ökonomischen Entwicklung und der politischen Kultur in der Bundesrepublik

Es wäre vermessen, auf wenigen Seiten eine differenzierte Darstellung der ökonomischen und der politisch-kulturellen Entwicklung unserer Republik vornehmen zu wollen. Es geht uns vielmehr darum, zentrale Entwicklungen und Ereignisse in der Geschichte der vergangenen 35 Jahre in Erinnerung zu rufen, von denen wir annehmen, dass sie Lebensbedingungen und Bewusstsein der Kinder- und Jugendgenerationen prägten. Vor dieser groben Folie sind Differenzierungen, Ungleichzeitigkeiten und gegensätzliche Prozesse vor allem in der Bedeutung für die unterschiedlichen sozialen Klassen, für die Land- und Stadtbevölkerung, für Männer und Frauen in den einzelnen Kapiteln dieses Buches herauszuarbeiten, soweit dies möglich ist.

Die ersten Jahre nach Faschismus und Krieg waren von zwei Momenten bestimmt: vom materiellen Überlebenskampf und von der Suche nach einer neuen politischen Identität. Die Wirtschaftspolitik der Besatzungsmächte und der ersten Regierungen zielte ebenso wie das Handeln der Unternehmer und der einzelnen Bürger auf Aufbau, Investition, geringen Verbrauch, Akkumulation. Unterstützt von internationaler (westlicher) Kapitalhilfe, von investitionsfreundlichen Gesetzen und einer enormen binnenwirtschaftlichen und, für industrielle Güter, auch außenwirtschaftlichen Nachfrage, verringerte sich bei extensiver Arbeitszeit allmählich die anfangs hohe Arbeitslosigkeit. Partiell stimmten die Interessen der Unternehmer und der Arbeitnehmer überein: Beseitigung der Trümmer, Aufbau der Betriebe, Schaffung von Arbeitsplätzen, Bau von Wohnungen und einer nutzbaren Infrastruktur; Schaffung sozialen Friedens durch steigende Löhne und Ausbau der Sozialgesetzgebung.

Die Rückerinnerung an Schwarzmarkt und Care-Pakete, kalte Wohnungen im Winter, an Kartoffel- und Holz-Sammelfahrten und an den Aufbau aus Trümmern lässt oft vergessen, dass der Nation noch anderes verloren gegangen war: ihre politisch-kulturelle Identität. In den Faschismus war, in der einen oder anderen Weise, nahezu die gesamte Nation verstrickt. [...]

Der 8. Mai 1945 war zwar Symbol für die Kompromittierung der bürgerlich-politischen Kultur (einschließlich der traditionellen antisemitischen und nationalistischen Komponenten), aber er konnte angesichts der politischen Realität nicht Ausgangspunkt für sozialistische Strukturen und Werte werden. In dieser Doppelseitigkeit zog sich das Adenauer-Deutschland darauf zurück, die *vorpolitisch-familialen Werte* zu den politisch einzig sicheren zu erklären, suggerierte selbst eine patriarchalische Herrschaftsstruktur und grenzte alle Widerstände durch direkte Unterdrückung aus. Angesichts des moralischen Desasters nicht nur des deutschen Faschismus, sondern auch des von ihm leicht absorbierten Bürgertums, auch angesichts der kampflosen Unterwerfung der organisierten Arbeiterschaft, gab es nur eine politisch-kulturelle Linie der Kontinuität: den *Anti-Kommunismus*. In idealer Weise verknüpfte er den Anti-Bolschewismus der Nazi-Zeit mit dem Kalten Krieg und mit der ideologischen Anbindung an den ‚Freien Westen' und damit mit dem militärisch-ökonomischen System der bürgerlichen Demokratien.

Vorpolitisch-kleinbürgerliche Familientugenden einerseits und Anti-Kommunismus andererseits waren also die zwei Grundlinien der restaurativen Adenauer-Ära, der ‚bleiernen Zeit' der 50er-Jahre. Dem zugeordnet war ein *euphorischer Pro-Amerikanismus*, der vor allem die jungen Intellektuellen, die Jugendlichen und die politischen Meinungsträger prägte. Der Pro-Amerikanismus drückte sich nicht nur in der offiziellen Westorientierung und in der Dankbarkeit für die materiellen und ideologischen Aufbauhilfen aus. Auch die jungen Intellektuellen sahen in der Anlehnung an amerikanische Kultur – vom Jazz über Bluejeans bis zu den Filmen James Deans – eine Chance, der kulturellen Zerstörung durch den Faschismus und der konformistischen Enge der 50er-Jahre einen geborgten, individualistischen Protest entgegensetzen zu können. Pro-Amerikanismus hatte also unterschiedliche Bedeutungen; erst der Vietnamkrieg zerstörte die Fiktion einer moralisch-demokratisch reinen Gesellschaft, und damit wurde auch das Ende der kulturellen Amerika-Orientierung eingeleitet.

Diese Republik lebte im Wesentlichen von der Verdrängung, die am besten durch fleißige Geschäftigkeit und das Anklammern an vorgeblich unpolitische, althergebrachte Alltagsnormen organisiert werden konnte. Jeder, der die bürgerliche Wohlanständigkeit und den Konsens des Schweigens brach, wurde ausgegrenzt. Erinnert sei an den Vorwurf der Nestbeschmutzung. Die Kommunisten boten sich für diesen Zweck am besten an. Aber auch die rückkehrenden Emigranten, die aktiven Anti-Faschisten wurden zu Fremden im eigenen Land (wenn sie sich nicht ebenso dem Syndrom von Fleiß und Schweigen unterwarfen). Das Gleiche geschah einer großen Zahl verzweifelt schreibender Literaten und Wissenschaftler (vgl. Vaterland – Muttersprache, 1979). Der lähmende Konsens des ‚das tut man nicht', diese Unkultur des Konformismus, ist die offizielle Philosophie der 50er-Jahre. Wer dagegen – und gegen das anti-kommunistische Ideologem – rebellierte, wurde verfolgt und ausgegrenzt: die kommunistischen Antifaschisten; die unverstandenen ‚Halbstarken' in ihrem hilflosen proletarischen Protest; die Sozialdemokraten, die regelmäßig, kämen sie an die Macht, als der ‚Untergang Deutschlands' und als Moskaus 5. Kolonne bezeichnet wurden; nicht zuletzt die jugendlichen Intellektuellen, die sich im Rückzug auf ausländische Kultur (den gettohaften Jazzkeller, den existenzialistischen Literaturzirkel) ihr „Abseits als sicheren Ort" (P. Brückner 1980) suchten.

Während sich so eine kapitalistische Gesellschaft unter dem Schutzschild der bürgerlichen Demokratien etablierte, vollzog sich zugleich ein starker sozialer Wandel: Die Städte gewannen zunehmend an Attraktivität, auch die Flüchtlinge siedelten sich vorwiegend in Stadträumen an. Der Anteil der Landbevölkerung, vor allem der agrarisch Tätigen, sank. Zugleich verstärkten sich die „neuen Mittelschichten" durch das Anwachsen der Angestelltentätigkeiten, des Dienstleistungs- und Zirkulationssektors. Deren Orientierung war auf sozialen Aufstieg, technischen Fortschritt, moralische Flexibilität und Wachstum gerichtet – Werte der späteren sozialliberalen Politik.

Wandel der Lebensbedingungen von Kindern und Jugendlichen

An welchen konkreten Stellen, in welchen Erscheinungsformen haben die ökonomischen, politischen und kulturellen Verhältnisse das tägliche Leben der Kinder und Jugendlichen betroffen? Alltag findet an bestimmten Orten, in bestimmten Institutionen, in Interaktion mit bestimmten Personengruppen und in bestimmten Herrschaftsverhältnissen statt. Wie waren die Familienwohnungen, das Gelände in der Nachbarschaft, die Kindergärten, Schulen und Freizeiteinrichtungen jeweils beschaffen? Mit was für Personen konnten Kinder und Jugendliche umgehen? Welche Medien der Welterfahrung gab es? Welches waren jeweils die vorherrschenden Interaktionsformen, welches die vorherrschenden sozialen Deutungen, Erziehungsnormen und Erziehungsstile der Eltern und Lehrer? Antworten auf solche Fragen finden sich in den Beiträgen dieses Buches. Das Bild des gesamten Wandlungsprozesses der Lebensbedingungen von Kindern und Jugendlichen seit 1945, das den Generationsanalysen zugrunde liegt, kann der Leser sich daraus zusammensetzen.

Das Ende des Zweiten Weltkrieges brachte mit der Zerstörung der Systeme gesellschaftlicher Arbeitsteilung die kurzfristige Rückkehr zu gleichsam vorindustriellen Lebensformen: zum Zusammenleben in Großfamilien, zur privaten Organisation und Herstellung von lebensnotwendigen Gütern und zu Verhältnissen, in denen es für Kinder keine besonderen Räume, keine besonderen Gegenstände und außer der Schule keine besonderen Institutionen gab. Säkulare gesellschaftliche Prozesse der Entwicklung von Kindheit und Jugend in industriellen Gesellschaften wurden in dieser besonderen Nachkriegssituation teils vorübergehend aufgehoben, teils beschleunigt: Abwesenheit der Väter und Zusammenrücken mit Verwandten und Freunden nach Verlust der Wohnung durch Bombenkrieg, Flucht oder Evakuierung durchbrachen häufig die Tendenz der isoliert lebenden Kleinfamilie, Mangel an Spielzeug, Kinderzimmern und Zeit zur Kinderbetreuung, unbeaufsichtigtes Spielen im Freien, Notwendigkeit zum Improvisieren sowie die Beteiligung an der Beschaffung des Lebensunterhalts für die Familie – vom Holzsammeln bis zum Schwarzhandel – betraf Kinder und Jugendliche aller sozialen Schichten und hob viele der Ungleichheiten zwischen bürgerlichen Kindern, Arbeiterkindern und Kindern auf dem Lande, die sich in den ersten Jahrzehnten des Jahrhunderts bereits abgemildert hatten, vorübergehend fast auf.

Kinder verdankten ihre relativ große Freiheit in der unmittelbaren Nachkriegszeit wohl mehr der Tatsache, dass die Erwachsenen wenig Zeit für sie hatten, als der vorübergehenden Lockerung konventioneller Denkweisen und Lebensformen nach dem Zerbrechen der ideologischen Zwänge des Nationalsozialismus. Von der neu aufgenommenen Diskussion reformpädagogischer Konzepte unmittelbar nach Kriegsende haben die Kinder und Jugendlichen wenig zu spüren bekommen. Sehr schnell etablierte sich nach wenigen Jahren mit der bürgerlich-konservativen Politik auch wieder das sozialselektive viergliedrige Schulsystem mit weitgehend traditionellem Curriculum und autoritär-patriarchalischem Stil. Auch die Familien stellten sich rasch wieder als patriarchalische Kleinfamilie her, nachdem die Väter, soweit sie den Krieg überlebt hatten, zurückgekehrt waren und der extreme materielle Mangel nach der Währungsreform überwunden war. Die Mütter, die sich und ihre Kinder selbstständig im Krieg ‚durchgebracht' hatten, beschränkten sich wieder darauf, Mann und Kindern als ordentliche Hausfrau zu dienen. Die Kinder und Jugendlichen mussten sich – in allen sozialen Schichten – in die tradierte Rolle des behüteten, nicht an der Sicherung des Lebensunterhalts beteiligten bürgerlich-kleinbürgerlichen Kindes fügen, das sich den Normen und Lebensweisen der Kleinfamilie anzupassen hatte. In den meisten Fällen hatten tradierte Erziehungsnormen und Erziehungsstile auch in den ersten Nachkriegsjahren weiter gegolten, waren aber oft nicht durchzusetzen gewesen. Jetzt lebten sie unreflektiert weiter fort. Ihre autoritäre Durchsetzung diente dazu, Wohlanständigkeit zu demonstrieren.

Materieller Mangel und Sparsamkeit ließen kaum noch besondere Ausstattungen der Kinder und Jugendlichen zu. Bis Ende der 50er-Jahre gab es wenig Kinderzimmer, wenig Spielzeug, keine besonderen Kinder- und Jugendmoden. Im öffentlichen Bereich wurden besondere Maßnahmen für Kinder nur ergriffen, wo es unumgänglich war: Für die „Schlüsselkinder" der – noch wenigen – erwerbstätigen Mütter wurden Kindergärten und Horte eingerichtet. Wo Wiederaufbau der Städte und wachsender Autoverkehr Kinderspiel auf der Straße gefährlich werden ließ, wurden seit Anfang der Fünfzigerjahre allmählich Spielplätze und organisierte Sportmöglichkeiten gebaut. Im Ganzen lässt sich sagen, dass sich die bundesrepublikanische Gesellschaft in den Fünfzigerjahren weder materiell noch pädagogisch besonders mit Kindern und Jugendlichen befasste.

(Ulf Preuss-Lausitz u.a., Kriegskinder. Konsumkinder. Krisenkinder. Zur Sozialisationsgeschichte seit dem Zweiten Weltkrieg, Beltz Verlag, Weinheim 1983, S. 15–17 [Auszüge])

1. Welche politischen, wirtschaftlichen und kulturellen Rahmenbedingungen beschreiben die Autoren?
2. Ergänzen Sie diese Beschreibungen durch eigene Recherchen.
3. Welche Auswirkungen auf Kindheit, Familie und Erziehung haben diese Rahmenbedingungen? Versuchen Sie diese Zusammenhänge in einem Schaubild darzustellen.

Pädagogische Anwendung

Veränderte Lebenswelt heute – veränderte Erziehung

Kinder sind Seismographen ihrer Umwelt

Kindheit bedeutet für viele, in einer ungesicherten sozialen Bindung aufzuwachsen, in einer Wettbewerbsgesellschaft zu leben, in der allein individuelle Leistung und sonst gar nichts zählt, in einer Freizeitwelt zu sein, die durch Konsum und kommerziellen Wettbewerb gekennzeichnet ist. Kinder sind der zunehmenden Verstädterung ausgesetzt, Spiel- und Freizeitflächen werden knapper, das unmittelbare Wohnumfeld steht als Lebens-, Spiel- und Erfahrungsraum nicht zur Verfügung. Bleiben nur die von den Erwachsenen vorbereiteten und selbst genutzten Räume, die konsequent auch von den Kindern aufgesucht werden.

Kinder gehen mit den alltäglichen Anforderungen, die denen der Erwachsenen so ähnlich geworden sind, spontaner und unverstellter um als die älteren. Sensibel und empfindlich wie sie sind, spiegeln sie in ihrem Gesicht, ihrer Haut und ihrem Verhalten die Anspannung und Unzulänglichkeiten des alltäglichen Lebens zurück, die wir Erwachsenen vielleicht gar nicht mehr in der gleichen Intensität erfahren und erleben. Sie zeigen uns unverstellt, wie ihre Lebenswelt und ihre Umwelt auf sie wirkt und wo sie diese Umwelt überfordert.

So gesehen sind Kinder soziale, kulturelle und auch gesundheitliche Seismographen, ja sie sind sogar politische Seismographen, die Erwachsene in aller Deutlichkeit auf die Unzulänglichkeiten unserer Lebensorganisation hinweisen. Kinder sind in den Alltag unserer Erwachsenengesellschaft voll einbezogen, aber sie haben noch nicht die Abgebrühtheit und die Verdrängungsmechanismen zur Verfügung, mit denen wir diese Welt ertragen und erträglich machen. Deswegen sind ihre Lösungen für die eigene Lebensgestaltung mitunter viel pfiffiger und einfallsreicher als die von uns Erwachsenen, deswegen sind aber auch oft ihre Leiden viel stärker, weil sie sie unvorbereitet und unbeeinflussbar treffen.

Kinder als „kleine Erwachsene" – wenn diese These stimmt, dann wirft sie ein Schlaglicht auf die Umorganisation des gesamten Lebenslaufs des Menschen in Industriegesellschaften heute. Die Lebensdauer hat sich immer mehr verlängert. Die durchschnittliche Lebenserwartung liegt heute schon bei 75 und mehr Jahren.

Der Lebenslauf besteht heute aus einer Vielzahl von Übergängen zwischen den einzelnen Lebensphasen. Das bedeutet: Das prägende Gewicht einer einzelnen Lebensphase für die Persönlichkeitsentwicklung verliert zwangsläufig an Bedeutung. So gesehen werden die Spielräume für die eigene Gestaltung des Lebenslaufes größer, auch weil durch den Eintritt in jeweils neue Lebensabschnitte Korrekturen des Lebensplans vorgenommen werden können.

Der Druck, dem Leben Sinn zu geben

Mit der Vielfalt von Lebensphasen und ihrer offenen Definierbarkeit schwindet aber auch die symbolische Bedeutung, die ein einzelner Lebensabschnitt noch haben kann. Der psychologische Preis dieser Entwicklung darf nicht übersehen werden: Welche subjektive und objektive Deutung ein einzelner Lebensabschnitt hat, ist nicht mehr, wie vielleicht noch in der ersten Hälfte unseres Jahrhunderts, durch einigermaßen klare symbolische Vorgaben geregelt. Es fehlt an kulturellen Symbolen, an Zeremonien und Riten, die Anhaltspunkte dafür geben, in welcher Phase des Lebenslaufes man sich gerade befindet und was das für einen selbst und für die Umwelt bedeutet. So kommt es, dass ein Kind von zehn Jahren sich heute als Jugendlicher fühlen und definieren, ein Jugendlicher von 16 Jahren sich als Erwachsener empfinden, umgekehrt aber auch ein Erwachsener von 30 sich auf der Stufe eines 15-Jährigen fühlen und befinden kann.

Diese Situation ist historisch gesehen übrigens gar nicht so neu. Die „Kindheit" ist eine recht späte Erfindung in der Sozialgeschichte des Abendlandes – eine Erfindung, die nun offenbar obsolet geworden ist.

Es lohnt sich, erneut in dem schönen Buch von Philippe Aries zu lesen, das im Original den Titel trägt „Das Kind und das Familienleben unter dem Ancien Regime", in der englischen Übersetzung „Kindheit im Wandel der Jahrhunderte" und in der deutschen Fassung „Geschichte der Kindheit" heißt. In dieser spannenden und eigenwilligen historischen Studie zeigt Aries, wie nach dem Zerfall der offenen mittelalterlichen Gesellschaft Kindheit und Jugendalter als soziale Konstruktionen entstehen, geradezu erfunden werden, und in eine enge und klar strukturierte Familienkonstellation eingehen.

Das wichtigste Ergebnis dieser Studie ist: Kindheit hat es nicht immer gegeben, jedenfalls nicht in dieser Abgrenzung zum Erwachsenenalter und heute auch zum Jugendalter, die wir als typisch und als selbstverständlich wahrnehmen. Im Mittelalter jedenfalls gab es diese Abgrenzung nicht. Kinder lebten schon gleich nach der Säuglingszeit in einem ganz natürlichen Verhältnis mit den Erwachsenen, trugen die gleichen Kleider, verrichteten die gleichen Arbeiten, sahen und hörten die gleichen Dinge wie die Erwachsenen. Aries beschreibt das so:

Im Mittelalter und am Anfang der Neuzeit – in den unteren Schichten auch noch viel länger – waren die Kinder mit den Erwachsenen vermischt, sobald man ihnen zutraute, dass sie ohne die Hilfe der Mutter oder der Amme auskommen konnten, ... also mit etwa sieben Jahren. In diesem Augenblick traten sie übergangslos in die große Gemeinschaft der Menschen ein, teilten ihre Freunde, die jungen wie die alten, die täglichen Arbeiten und Spiele mit ihnen. Die dem Gemeinschaftsleben eigene Dynamik zog alle Altersstufen und Stände in ihren Sog, ohne irgendjemandem Zeit zur Einsamkeit und zur Intimität zu lassen. Innerhalb dieser sehr intensiven, in hohem Maße kollektiven Lebensformen gab es keinen Raum für einen privaten Sektor. Die Familie erfüllte eine Funktion – sie sorgte für den Fortgang des Lebens, der Besitztümer und der Namen –, für das Gefühls- und Geistesleben spielte sie jedoch keine große Rolle.

Erst vom 15. Jahrhundert an entstand dann unsere Familie, wie wir sie heute kennen, und wurde zu einer zentralen Erziehungsanstalt der Gesellschaft. Sie war um das Kind herum konzentriert und verstand ihre Aufgabe darin, eine „Formung" der jungen Menschen vorzunehmen und sie auf das Leben in der Gesellschaft vorzubereiten. Als später die demokratische und industrielle Massengesellschaft entstand, trat neben die Familie die Schule, später der Kindergarten, um die Erziehung, Bildung und Ausbildung der Kinder und der Jugendlichen zu übernehmen. Kindheit wurde damit zur Familienzeit, Jugend zur Schulzeit.

Und nun, am Ende des 20. Jahrhunderts, beginnen diese klaren Konturen des Sozialisationsprozesses wieder zu verschwimmen.

Gebt den Kindern mehr Macht!

Natürlich werden von dieser Entwicklung nicht alle Kinder gleich stark betroffen. Sie können auch nicht alle in der gleichen Weise auf sie reagieren. Typisch für die Kindheit heute, genauso wie für das Erwachsenenleben, ist eine ungeheure Breite von Erscheinungsformen.

Besonders auffällig ist, dass sich die Schere zwischen Arm und Reich immer weiter öffnet. Wir haben inzwischen im Bundesgebiet Tausende von Straßenkindern, die ohne ihre Eltern und ohne jede finanzielle und soziale Unterstützung zwischen Hochhäusern und Brücken ihr Leben fristen. Wir haben es mit Hunderttausenden von Kindern zu tun, die in Armut leben und in Obdachlosenvierteln hausen müssen. Daneben gibt es immer mehr Kinder, denen von ihren Eltern ein Dreizimmer-Appartement mit eigenem Bad und mit Fernseh- und Videoanlage vom Feinsten geboten wird.

Keine Frage: Das Kind aus den armen Verhältnissen ist auf eine andere Weise „frühreif" als das aus den reichen Verhältnissen. Das arme Kind wird in den Zigarettenkonsum und in den Konsum inzwischen auch von illegalen Drogen hineingetrieben, das reiche Kind kompensiert seine Probleme möglicherweise mit psychosomatischen Störungen und Lese-Rechtschreib-Schwächen.

Politische Standardlösungen für den Umgang mit der veränderten Situation von Kindern heute kann es deswegen nicht geben. Da unsere Kinder durch den Zwang der Verhältnisse notgedrungen zu „kleinen Erwachsenen" geworden sind, müssen wir sie nun auch wie Erwachsene behandeln. Und das heißt: Sie müssen viel stärker als bisher an allen politisch relevanten Entscheidungen des Alltags beteiligt werden. Sie dürfen nicht länger nur Anhängsel einer brüchig gewordenen Partnerbeziehung ihrer Eltern sein, sondern müssen selbst über ihre Bindungen und Beziehungen entscheiden dürfen, sobald sie es können. Sie dürfen nicht mehr von den Eltern in die Schullaufbahn hineingeschubst werden, die diese gerne für sich gewünscht hätten, sondern sie müssen auf eigene Faust und nach eigenem Gusto die Bildungslaufbahn auswählen, die ihnen behagt.

Geben wir Kindern in allen ihren Lebensbereichen mehr Selbstbestimmungsmöglichkeiten und lassen wir sie in aller Form an der Gestaltung des Alltagslebens mitwirken! Das bedeutet auch eine Beteiligung an den in einer demokratischen Verfassung zumindest symbolisch so wichtigen Wahlen. Ein Wahlalter, das mit 18 beginnt, ist unter den gegebenen Umständen ein Witz.

(Klaus Hurrelmann ist Professor für Sozial- und Gesundheitsforschung an der Universität Bielefeld und Sprecher des Sonderforschungsbereiches „Prävention und Intervention im Kindes- und Jugendalter".)

(Klaus Hurrelmann, Die alten Kinder, in: Psychologie heute, 10/1994, S. 72ff.)

---

1. Vergleichen Sie die Ausführungen des Autors zur Situation der Kinder heute mit den Ergebnissen zur Lebenssituation der Kinder in den 50er-Jahren. Was hat sich geändert? Warum hat es sich geändert?
2. Diskutieren Sie die Handlungsvorschläge des Autors. Sind es die „richtigen" Konsequenzen aus dem sozialen Wandel?

Projektvorschlag
zum selbstständigen Weiterarbeiten

(Rainer Noltenius; Abbildungen aus: „Alltag, Traum und Utopie", Schriften des Fritz-Hüser-Instituts, Reihe 1: Ausstellungskataloge, Band 7; © Klartext Verlag Essen, 1988, S. 78, 145)

- Suchen Sie Kinder- und Jugendbücher, Informationen über Literatur und Film, Werbung und Musik der 50er-Jahre.
  Filmtipp: „Denn sie wissen nicht, was sie tun" (mit James Dean).
- Welchen Einfluss haben diese kulturellen Faktoren auf Kindheit, Jugend und Erziehung gehabt?
- Erstellen Sie mit Ihren Fundstücken eine Ausstellung.

3 Reflexionen: Erziehung heute: Erwartungen, Probleme, Möglichkeiten, Grenzen

(Zeichnung: Uli Olschewski/CCC)

Formulieren Sie einen Untertitel zu dieser Karikatur.

Vorstellungen von Erziehung – Versuch einer Bilanz

Nachdem Sie sich nun schon einige Monate mit dem komplexen Gebiet der Erziehung auseinander gesetzt haben, sollen Sie jetzt die Gelegenheit erhalten Bilanz zu ziehen, zu Thesen und Fragen Stellung zu nehmen und sich so eine eigene, begründete erste Position zu erarbeiten.
Bevor wir Ihnen dazu die entsprechenden Materialien vorstellen, sollen Sie eine erste Gelegenheit zu einer visuellen Bilanzierung haben:

„Um einen Begriff von der logischen und organischen Struktur Ihres Themas zu gewinnen, ist die Ausformung des Themas in Naturformen hilfreich. Bilden Sie *Themenbüsche* und *Themenbäume*. Der Stamm ist der Kerngedanke Ihrer Arbeit, die Äste sind die Verzweigungen des Themas. Das Astwerk gliedert sich von Teilgedanken zu Untergedanken und Konkretionen. Ein kleines Gedankensystem zum Thema ist ein Busch, ein großes Gedankensystem kann als Baum erscheinen. [...] Zeichnen Sie einen Baum Ihrer Einfälle."
(Lutz v. Werder, Kreatives Schreiben in den Wissenschaften, Berlin/Milow 1992, S. 43)

Versuchen Sie Ihr Verständnis von Erziehung in einem solchen Baumbild auszudrücken.
- Welchen Baum stellen Sie sich vor?
- Was bildet die Wurzeln, was den Stamm?
- Trägt er Früchte?

An-Sichten

(Foto: Robert Michel, Berlin)

Vorgehensweise:

1. Was sehe ich?
   Stichpunktartig das Bild beschreiben.
2. Was fällt mir dazu ein?
   Schnellschreiben: In 6 Minuten alles, was zu dem Bild assoziativ im Kopf umhergeht, notieren.
3. Was sagt es mir?
   Die Assoziationen durchgehen und das mir Wichtige markieren oder unterstreichen. Dann einen kurzen Text schreiben, bei dem der erste und der letzte Satz gleich ist.

Der Machbarkeitswahn der Erzieher

„Gebt mir ein Dutzend gut gebaute Kinder und meine eigene spezifizierte Welt, um sie darin großzuziehen, und ich garantiere, dass ich irgendeines aufs Geratewohl herausnehme und es so erziehe, dass es irgendein beliebiger Spezialist wird, zu dem ich es erwählen könnte – Arzt, Jurist, Künstler, ja sogar Bettler und Dieb, ungeachtet seiner Talente und Neigungen, Absichten, Fähigkeiten und Herkunft seiner Vorfahren."

John Broadus Watson, der dies zu Beginn des Jahrhunderts geschrieben hat, darf damit als einer der Urväter des erzieherischen Machbarkeitswahns gelten. Seine Nachfahren, eine Gilde von aktiven Menschheitsbeglückern, glauben auch heute noch fest daran, dass man durch Lob und Tadel, durch geschicktes Reden, raffinierte Appelle an die Vernunft, frühzeitige Förderungen, klugen Umgang mit Heranwachsenden – kurz: durch ein überschaubares, womöglich wissenschaftlich fundiertes Methodenarsenal die Ziele für das Kind erreichen, die man will. Im erzieherischen Machbarkeitswahn versammeln sich wohl jene, die, durchaus opferbereit, nur „das Beste für das Kind" wollen, wie auch jene, die eine stromlinienförmige Anpassung des Nachwuchses an die eigenen Interessen herbeisehnen, auf dass es ein pflegeleichter werde.

Indessen verzweifelt oder resigniert so mancher Lehrer, so mancher Vater und so manche Mutter ob ihrer vermeintlichen Inkompetenz, wenn die ihnen anvertrauten oder eigenen Kinder so ganz anders werden, als sie sollen. Wenn sie, trotz getreulicher Anwendung all der Erziehungstips und -rezepte, trotz wissenschaftlich sanktionierter „richtiger" Erziehung depressiv oder drogensüchtig, kriminell oder verhaltensauffällig werden oder einen von den Eltern angestrebten Akademikerberuf partout nicht attraktiv finden.

Für gescheiterte Eltern oder Erzieher kennt der erzieherische Machbarkeitswahn kein Pardon. Sein Credo „Richtigmachen bringt Erfolg – Falschmachen bringt Misserfolg" genießt den Glanz einer bewährten Maxime. Es darf nicht sein, dass Richtigmachen Misserfolg erzeugen kann und Falschmachen Erfolg. Das hieße ja, dem Leben Absurdität und Undurchschaubarkeit, Zufälliges und Schicksalhaftes zu unterstellen. Im Machbarkeitswahn lässt es sich beruhigter leben: Wer in der Erziehung scheitert, hat Fehler gemacht – ist also selber schuld.

Nichts davon hält einer nüchternen, erfahrungswissenschaftlichen Analyse stand. Der Blick in Biografien oder in Untersuchungen zur langfristigen Auswirkung von Erziehungs- und Umgebungseinflüssen in Kindheit und Jugend lehrt schlicht, dass ein Kind trotz ungünstiger Erziehung gedeihen kann. Und dass die gleiche Erziehung, auf verschiedene Kinder angewendet, krass unterschiedliche Effekte hat. Auch wissenschaftlich kontrollierte Erziehungsversuche produzieren Fehlschläge. Glückliche Kinder aus glücklichen Familien können problematische Erwachsene werden – und selbst eineiige Zwillinge, die in derselben Familie und Schule groß werden, können sich wie Jekyll und Hyde unterscheiden.

Solche den Machbarkeitswahn störenden Ergebnisse werden systematisch verheimlicht. Was die Hochschulen und anderen Institutionen als „erfolgreiche" Regeln für „richtiges" Erziehen der Öffentlichkeit verkaufen, ist statistischer Trug: Verschwiegen wird Erziehern und Eltern die Quote der „Ausnahmen" und die oft minimale Größe des Effekts, der sich bei Anwendung einer „richtigen" Regel einstellt. Und angegeben wird so gut wie nie, bei wie vielen Kindern oder Jugendlichen sich die empfohlenen Maßnahmen gar zum Schaden auswirken können, also – in der Sprache der Beipackzettel von Arzneien formuliert – kontraindiziert sind. Auch ist diese Fahrlässigkeit bei der Vermarktung erzieherischer Erkenntnisse keineswegs mit dem saloppen Spruch „Aus-

(Zeichnung: Ernst Volland/CCC)

nahmen bestätigen die Regel" abzutun: Bei erzieherischen Regeln ist die Ausnahmequote schlicht zu hoch.

Natürlich macht man sich Gedanken darüber, warum das so ist. Natürlich ist die Einsicht nicht mehr ganz neu, dass die Entwicklung des jungen Menschen von einer Vielzahl von Faktoren gesteuert wird, die sich zu allem Überfluss noch gegenseitig beeinflussen und dadurch die überraschendsten Wirkungen – je nach der Kombination im Einzelfall – hervorzaubern können, und dass paradoxe Effekte dabei nicht auszuschließen sind.

Nicht zur Kenntnis genommen aber wird, dass dieser „multifaktorielle Genese" genannte Grundgedanke, der nahezu täglich durch neue Untersuchungen gestützt wird, zu einer eher pessimistischen Einschätzung erzieherischer Effekte führen muss. Tatsächlich tragen erzieherische Faktoren allenfalls ein Scherflein zur Befindlichkeit des Heranwachsenden bei – ansonsten wird er, und ziemlich mächtig, durch alles geprägt, was in seiner Umwelt existiert.

Die Idee vom beliebig formbaren Kind, das an alles angepasst und zu allem hingebogen werden kann – das etwa mit vier Jahren die Nacht allein im Haus verbringt, während die Eltern auswärtigen Vergnügen nachgehen, oder das mit zwei Jahren einem wöchentlich 40-stündigen Fremdbetreuungsstundenplan mit wechselnden Instanzen ausgesetzt wird –, hält aber auch noch aus einem anderen Grund der Wirklichkeit nicht stand:

Kinder setzen Manipulationsversuchen ihre natürliche Widerspenstigkeit entgegen und zeigen den Konstrukteuren von Erziehungsplänen, wie weit ihre Eigendynamik die Kluft zwischen Plan und Realität auseinander spreizen kann. Erziehungsziele scheitern nicht nur, weil es viele unkontrollierbare Miterzieher gibt, sondern auch, weil die psychische Natur des Kindes der pädagogischen Unterwerfung feste Grenzen setzt. Und last not least ist bereits der kleine Mensch fähig, das, was er erlebt, wahrnimmt oder erfährt, einer eigenen stringenten Psycho-Logik zu unterwerfen und daraus Schlüsse zu ziehen, die uns, je nachdem, überraschen, verblüffen oder entsetzen.

Erziehungswissenschaftler haben schon vor Jahren und nach jahrzehntelanger Beschäftigung mit der Materie diesen durch und durch verunsichernden Zustand der Erziehungskunst beschrieben. So etwa Wolfgang Brezinka: „Unser Wissen reicht jedoch im konkreten Fall selten so weit, dass erzieherische Handlungen mehr sein können als Eingriffe ins Unbekannte mit unbekanntem Ausgang." Oder Karl Josef Klauer: „Wir haben keine zureichende Kenntnis davon, mit welcher Wahrscheinlichkeit welche – erwünschten oder unerwünschten – Ergebnisse folgen, wenn ein erzieherischer Eingriff gesetzt wird. Es ist eigentlich erschreckend, sich dies einmal klarzumachen ..."

Erschreckend ist jedoch vor allem, wie die Öffentlichkeit und die von ihr finanzierten Erziehungs-, Bildungs- und Sozialklempner mit dem unzweifelbar und ernüchternd geringen Wissensstand umgehen. Die Strategien der erzieherischen Machbarkeitstheoretiker/innen erinnern fatal an die vorökologische Zeit, als vernetztes, systemisches Denken, Denken in Wechselwirkungen, Nebenwirkungen und Folgewirkungen noch unbekannt war. Während man heute die Pharma-Industrie mit Fug und Recht verpflichtet, Nebenwirkungen und Kontraindikationen ihrer Arzneien bekannt zu geben, verzichtet die Erziehungswissenschaft hierauf locker und erntet gar Publicity und Anerkennung, wenn die Komplexität der Wirklichkeit verschwiegen, wenn simples Ursache-Wirkungs-Denken, wenn monokausale Theorien zu ebenso uniformen Maßnahmen führen.

Neue Unterrichtsmethoden werden rigoros eingeführt, flächendeckende Betreuungsinstitutionen für Kleinkinder gefordert, die familiäre Behütung von Kindern als Überbehütung geächtet, die Mütter für Verhaltensstörungen verantwortlich gemacht, das Fernsehen als Hauptfaktor für Entwicklungsschädigungen der Kinder gebrandmarkt und das alles mit einer eifernden Sicherheit, die durch nichts gerechtfertigt ist. Hier sind pädagogische Kernkraftwerke in Betrieb (und weitere in Planung). Die Sorge ist berechtigt, dass künftige Generationen mit der Entsorgung des dort produzierten pädagogischen Fallouts überfordert sein werden.

Wieso auch soll der jeweils zur Zeit gültige Wissensstand über die Erziehung als Grundlage reichen, um mit Rasenmäher-Diagnosen im komplexen Entwicklungsweg junger Menschen analysierend und handelnd herumfuhrwerken zu dürfen? Wenn man schon von anderen Wissenschaften nichts gelernt hat, so sollte wenigstens der Umstand, dass sich das erziehungswissenschaftliche Wissen jährlich um einige tausend Publikationen erweitert, zu denken geben. Das komplexe Geschehen Erziehung – das wäre zwingend daraus zu folgern – ist ständig wissenschaftlich unterbestimmt. Drastische praktische Konsequenzen auf grob unvollständiger und im nächsten Jahr bereits überholter Wissenschaft zu gründen hat fatale Konsequenzen.

Aus dieser Fatalität befreit uns allerdings nicht der Verzicht auf Erziehung, wie hin und wieder angeraten wird. Denn wo Unglück droht, bleibt uns keine andere Wahl, als das einzusetzen, was man vermeintlich dagegen tun kann. Auch wenn es schmerzlich wenig ist. Wir haben uns jedoch an das Scheitern von Erziehung auch dann zu gewöhnen, wenn wir nach bestem Wissen und Gewissen gehandelt haben. Aus der Erkenntnis unserer begrenzten Möglichkeit muss eine neue Bescheidenheit erwachsen, die den Umgang mit denen humaner macht, die in der Erziehung gescheitert sind und scheitern. Fehl am Platze sind da oberlehrerhafte Besserwisserei und unsinnige Schuldzuweisungen. Unumgänglich ist der Verzicht auf Paradeziele, die sich nur unter Inkaufnahme unkalkulierbarer Risiken erreichen lassen. Erziehung muss ökologisch sanfter werden.

(Rainer Dollase, Der Machbarkeitswahn der Erzieher, GEO Nr. 4 v. 30.3.1992, S. 176f.)

1. Diskutieren Sie die ‚Nebenwirkungen' von Erziehung.
2. Wie lässt sich aus der Sicht des Autors zu der Frage Stellung nehmen, inwieweit fehlende oder misslungene Erziehung zur Gewalt führt?
3. Welche Konsequenzen für die Gestaltung von Erziehung zieht der Autor? Vergleichen Sie diese mit Walter Lotz (siehe Vorwort).

Ein-Spruch

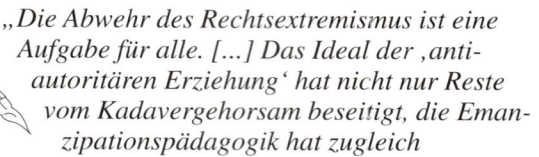

„Die Abwehr des Rechtsextremismus ist eine Aufgabe für alle. [...] Das Ideal der ‚antiautoritären Erziehung' hat nicht nur Reste vom Kadavergehorsam beseitigt, die Emanzipationspädagogik hat zugleich auch die Tugenden des Kompromisses und der Solidarität in Frage gestellt. Sie hat unversehens individuelles Wohlleben, Rücksichtslosigkeit und Egoismus auf den Thron gesetzt. Die Folgen zeigen sich nun: vom rücksichtslosen Spekulantentum in Banken, Unternehmen – Gemeinwirtschaft und Gewerkschaften eingeschlossen – bis hin zur Gewalt im Fernsehen, in der Schule und bis zur Gewalttat solcher, die nie lernen konnten, sich einzufügen, weil sie keine Chance hatten, echte Gemeinschaft zu erleben. Uns allen stellen sich deshalb die Fragen: Was ist in unserer gesellschaftlichen Erziehung falsch gelaufen? Was müssen wir tun, um die Fehlentwicklungen zu überwinden?"

(Helmut Schmidt, Ex-Bundeskanzler, in: DIE ZEIT vom 16.7.1993)

„Die als Nazis kostümierten Kids, die so schrecklich normale Monster sind, weisen auf Schwächen hin, die jedem Lehrer und Erzieher und allen Eltern geläufig sind: Sie gehören einer verlorenen Generation an, die sich selbst (und der Glotze) überlassen blieb. [...] Niemand hat ihnen je eine Grenze gezogen und sich als Vorbild angeboten: nicht die Eltern und nicht die Verwandten, weder die Nachbarn noch die Freunde, erst recht nicht Lehrer, Ausbilder oder Vorgesetzte."

(Claus Leggewie, Soziologe, in: DIE ZEIT vom 5.3.1993)

Wer sagt
    was
        mit welchen Mitteln
            und welcher Absicht
                zu wem ???

Ist das Gegenteil auch richtig?

Mein Kommentar:

Sündenböcke

(Zeichnung: Marie Marcks)

Marie Marks ist Karikaturistin und bedient sich daher der zeichnerischen Darstellung. Wenn sie einen Leserbrief zu den Zitaten von Schmidt und Leggewie geschrieben hätte, wie könnte dieser aussehen?

Krisen und Chancen der Erziehung

> Die „Spiegel"-Ausgabe 9/1995 trug auf der Titelseite die Überschrift:
> „Das Ende der Erziehung".
> Wie könnte ein Titelbild dazu aussehen?
> Was wären die zentralen Aussagen des Artikels?
> Was denken Sie über eine solche Überschrift?

Das folgende Interview erschien in der oben angesprochenen „Spiegel"-Ausgabe.

„Achtung ist ein Fixpunkt". – Ein Gespräch mit dem Soziologen Oskar Negt

Gesamtschulklasse im nordrhein-westfälischen Schermbeck: „Weg von der jammernden Haltung"
(Foto: Manfred Vollmer)

SPIEGEL: Herr Negt, ist die Erziehung am Ende?
Negt: Sie ist heute viel schwieriger geworden. Es gibt mehr Herausforderungen an die Erwachsenen, sich auf Auseinandersetzungen mit den Kindern über Normen und Wertorientierungen einzulassen, weil nichts mehr selbstverständlich ist.
SPIEGEL: Die Erwachsenen kapitulieren oft vor renitenten Sprösslingen.
Negt: Ich halte es für fundamental, dass die Eltern zu einer erzieherischen Haltung ermutigt werden.
SPIEGEL: Viele Eltern fürchten sich davor, Fehler zu machen.
Negt: Erziehung ist keine isolierte Angelegenheit von einzelnen Schulklassen oder einzelnen Familien. Es ist eine gefährliche Täuschung, wenn man glaubt, als einzelner Erzieher rückgängig machen zu können, was die Gesellschaft verändert hat.
SPIEGEL: Manche Soziologen sprechen von der Individualisierung der modernen Gesellschaft als dem entscheidenden Entwicklungstrend. Danach würde Erziehung mehr und mehr zur Privatsache.
Negt: Wer so denkt, löst die Idee von der Gesellschaft als Ganzem auf. Das hat natürlich Folgen: Dem einzelnen Menschen werden Dinge aufgebürdet, die er nicht lösen kann.
SPIEGEL: Konkreter bitte.
Negt: Ich glaube, das Unglück vieler guter, bemühter Lehrer besteht darin, sich selber Schuldgefühle zu machen, weil sie es nicht schaffen. Sie quälen sich mit Fragen, warum ihre Angebote die Jugendlichen nicht erreichen.

SPIEGEL: Vielleicht entspringen diese Schuldgefühle der Furcht, hinter den Idealen der 68er Bewegung zurückzubleiben.
Negt: Die Hinwendung der 68er zur Erziehung hatte einen Grund: Die Generation der Erwachsenen, die im Dritten Reich Mitläufer waren, erschien innerlich verderbt und nicht mehr zu verändern. So wandte man sich der Kindererziehung zu, um die neue Generation von Grund auf besser auszustatten.

Soziologe Negt
„68er Kinder stehen nicht schlecht da"
(Foto: NOVUM/Walter Schmidt)

SPIEGEL: Doch viele brachen die alternativen Experimente ab, weil sie den Eindruck hatten, Wissen und Leistung kämen zu kurz.
Negt: Wir, die wie ich an der Glockseeschule in Hannover ein 68er Experiment mitgetragen haben, waren der Meinung, dass ein emotional entwickeltes Kind bestimmte kognitive Lernprozesse sehr schnell nachholt. Aus der Perspektive der Lebensleistung stehen die Glocksee-Kinder von damals heute nicht schlechter da als die anderer Schulen.
SPIEGEL: Wieso entstand dann die Abneigung gegen die 68er Schule?
Negt: Zunächst setzte Reform-Routine ein. Die Lehrer verließen sich mehr und mehr auf Schemata. Die Eltern wiederum dachten, sie hätten genug getan.
SPIEGEL: Das Nachlassen des Eifers war aber nicht die einzige Ursache.
Negt: Man darf nicht vergessen, dass wir 1968 Vollbeschäftigung hatten. Bis Mitte der Siebziger war die Arbeitsgesellschaft kein Problem. Aber mit der deutlicher werdenden Krise bemächtigte sich der Sozialdarwinismus, das Denken in Gewinner/Verlierer-Kategorien, der Eltern und Schüler.
SPIEGEL: Heute sind viele Eltern unsicher, weil sie ihren Kindern nicht sagen können, auf welche Arbeitswelt sie treffen werden. Ist die Erziehungsorientierung an der Arbeitswelt obsolet geworden?
Negt: Beide Sphären sind entkoppelt, was Vor- und Nachteile hat. Ich kann Ihnen sagen, dass meine besten Studenten die sind, die sich um Berufsausbildung wenig Gedanken machen. Sie sind es auch, die am schnellsten Jobs finden.
SPIEGEL: Die Kehrseite der unsicheren beruflichen Zukunft ist die Null-Bock-Haltung.
Negt: Die Zahl der Demotivierten, Lustlosen wird immer größer. Sie flüchten in Drogen oder in die falsche Sicherheit der Sekten.
SPIEGEL: Was sollen Eltern tun, wenn ihr Sprössling lieber wilde Autorennen fährt, als der Vernunft zu folgen?
Negt: Wenn er einen Rest an Empfindsamkeit anderen Menschen gegenüber bewahrt hat, muss man ihn an das Leid erinnern, das er anderen zufügt – und auch den Eltern.
SPIEGEL: Und wenn er sich auf die Brutalität der Gesellschaft beruft?
Negt: Dann würde ich sagen: Du siehst das schon richtig, aber das ist kein Grund, das Elend der Welt zu vermehren. Für Kriege bist du nicht unmittelbar verantwortlich, aber wenn du einen anderen totfährst, dann trägst du die Verantwortung.
SPIEGEL: Das klingt ganz nach dem kategorischen Imperativ Immanuel Kants.

Negt: Heute ist die Frage von Imperativen wichtig. Kinder müssen wissen, was man als Elternteil billigt und was nicht.
SPIEGEL: Selbst, wenn man sie nicht überzeugt?
Negt: Möglicherweise produziert man mit einer Ablehnung zusätzlichen Widerstand. Aber ich bin sicher, dass in einem Nein oft ein Stück wichtige Anerkennung steckt. Nur so kann man Kindern Strukturen vermitteln. Und in dem Maße, wie Kinder eine Struktur bekommen, entstehen bei ihnen Verhaltenssicherheiten. Das sind auch Entlastungen. Ein Kind kann nicht unter 20 Alternativen wählen.
SPIEGEL: Welche Werte stehen außerhalb jeder Diskussion?
Negt: Zum Beispiel Achtung. Sie ist ein Fixpunkt.
SPIEGEL: Erstaunlich. Da spricht ein alter 68er wie ein Konservativer.
Negt: Im Sinne Kants: Behandle andere Menschen nie bloß als Mittel, sondern immer zugleich als Zweck. Das kann sogar ein Elfjähriger einsehen. Ich erkenne die Wünsche des anderen an.
SPIEGEL: Klingt schön. Aber wie ist das zu erreichen?
Negt: Wir müssen die Erziehungsdiskussion wegführen von dieser jammernden Haltung: Das führt auch zu Schuldzuweisungen an die ganze junge Generation. Es hat auch keinen Sinn, in eine depressive Einstellung zu verfallen und gar nicht erst anzufangen. Wir müssen Achtung üben.
SPIEGEL: Wie trainiert man so etwas?
Negt: In der Schule, die immer mehr die Erziehungsarbeit übernimmt, muss ein junger Mensch beispielsweise den pfleglichen Umgang mit sich und anderen lernen. Das ist eine Frage des Wissens, nicht nur der Gefühle. Es stellt sich das Problem: Wie grenze ich mich ab und wogegen?
SPIEGEL: Das hört sich wie psychologische Nabelschau an.
Negt: Nein. Solches Wissen müssen Kinder, die ja immer seltener mit Geschwistern aufwachsen, mit dem Kopf lernen, wie einen Wissensstoff durch Rollenspiel einüben.
SPIEGEL: Erzieher bewirken oft das Gegenteil.
Negt: Wir können nicht wissen, was aus unseren Kindern wird. Aber was man sich vorwerfen könnte, ist, dass man sich nicht auf Auseinandersetzungen mit ihnen eingelassen hat. Dass man nicht gesagt hat, was für einen wichtig ist und was nicht.

(Spiegel-Gespräch mit Prof. Oskar Negt, in: Der Spiegel, Nr. 9 v. 27.2.1995, S. 46f.)

---

1. Welche Aussagen haben Sie besonders beeindruckt oder stoßen bei Ihnen auf Widerspruch?
2. Vergleichen Sie die Überlegungen O. Negts mit der Auffassung von E. Meueler (siehe Vorwort).
3. Stellen Sie einige dieser Fragen aus dem Interview pädagogisch tätigen Menschen.

Bereits im Einführungskapitel ‚erziehen und erzogen werden' haben Sie sich mit dem Fall Kaspar Hauser vertraut gemacht.
Der Autor Friedrich Koch hat sich unter noch weiter führenden Gesichtspunkten mit diesem Fall beschäftigt, die wir Ihnen im Folgenden vorstellen wollen:

Der Eifer der Pädagogen und ihrer Mitstreiter ließ übersehen, dass Kaspar Hauser nicht nur einem schnöden Mord erlag, sondern auch ein Opfer jener Erziehung war, die die allein-selig-machenden bürgerlichen Tugenden auf ihre Fahnen geschrieben hatte. Kaspar Hauser wurde ein Opfer der Schwarzen Pädagogik.

Diese These mag überraschen, da wir gewohnt sind, den Namen Kaspar Hauser mit dem Problem der Nicht-Erziehung, mit Bildsamkeit und Erziehungsbedürftigkeit zu verbinden. Diese Sichtweise hat natürlich ihre Berechtigung.

Aber das Problem des Erziehungs-Entzugs bzw. der Erziehungsbedürftigkeit ist nur der *eine* Aspekt der Hauser-Figur. Der andere ist die systematische Abrichtung des Menschen auf die Forderungen des bürgerlichen Tugendkatalogs, auf die Gebote von Ordnung und Reinlichkeit, Dankbarkeit, Ehrlichkeit, Gehorsam, Fleiß, Bescheidenheit und Keuschheit. Gelingt diese Abrichtung, so bleibt das System die Anerkennung nicht schuldig. Lässt der Zögling – aus welchen Gründen auch immer – Nachlässigkeiten und Mängel in der Befolgung der Tugend-Gebote erkennen, so gerät er in einen unentrinnbaren Kessel von Drangsalierung und Verfolgung. Die Geschichte Kaspar Hausers enthält eindrucksvolle Zeugnisse für das Belohnungs- und für das Vernichtungssystem der Schwarzen Pädagogik.

Schwarze Pädagogik ist ein polemischer Begriff. Er kennzeichnet die Ziele und Methoden, mit denen Kinder und Jugendliche seit dem 18. Jahrhundert konfrontiert wurden, um gesellschaftsfähiges Verhalten zu erzeugen. [...]

In den Katalog der dringlich geforderten Eigenschaften gehörten vor allen Dingen Reinlichkeit und Ordnungsliebe, Dankbarkeit, Vertrauen, Gehorsam, Fleiß, Ehrlichkeit, Keuschheit, Bescheidenheit und ein ausgeglichenes heiteres Gemüt.

Kinder, deren Erzieher die Ziele und Regeln dieser Autoren ernst nahmen, hatten nur wenige unbewachte Augenblicke zu erwarten. Ständige Kontrolle und Gemütserforschung, permanente Anweisungen und Belehrungen, dauernde Vorhaltungen und beispielhafte Exerzitien sollten die Aneignung der Tugenden gewährleisten. Nützten diese Maßnahmen nicht oder wenig, so hatten empfindliche Strafen einzusetzen, die die Kleinen einsichtig machen sollten.

Kaspar Hauser, so wird in den nächsten Abschnitten gezeigt, bedurfte dieser Erziehungsprinzipien nicht. Er erfüllte bei seinem Auftreten den gesamten Katalog der bürgerlichen Tugendgebote, mitunter übertraf er sogar die hochgespanntesten Erwartungen der Pädagogen.

Er gab ein Musterbeispiel für Ordnung und Reinlichkeit, war von unendlicher Dankbarkeit und Ehrlichkeit, zeigte bedingungslosen Gehorsam, übte unendlichen Fleiß und war in allem demütig und bescheiden. Nicht zuletzt seine Keuschheit brachte die Erzieher und alle, die ihn bei seinem Erscheinen kennen lernten, zu der Überzeugung, einem paradiesischen Wesen zu begegnen, das sie sich als Ausgangspunkt der Pädagogik wünschten. [...]

Hatte er es in der ersten Zeit mit den positiven Bestätigungen des bürgerlichen Erziehungssystems zu tun, so erfolgte in der letzten Zeit seines Lebens die negative Sanktionierung, die zu seiner Vernichtung beigetragen hat. [...]

Am Ende seines Lebens jedoch wurde er zum „schwierigen Fall". Am 10. Dezember 1831 wurde Kaspar Hauser dem Lehrer Johann Georg Meyer in Ansbach übergeben. Er bezog ein Zimmer in dessen Haus und erhielt täglich Unterricht. [...]

Meyers Erziehungsmethoden sind nur die übersteigerten Maßnahmen, die die bürgerliche Pädagogik zur Beherrschung der Kinder für angebracht hielt. Mit dem abgrundtiefen Misstrauen gegenüber dem Kinde wurden Methoden in Gang gesetzt, die die Kinder in die Randständigkeit trieben.

[...] Kaspars Tugenden verkehren sich ins Gegenteil. Aus seiner *Ordnungsliebe* wird Liederlichkeit, aus *Dankbarkeit* Undank, aus *Ehrlichkeit* der Hang zur Lüge, aus *Gehorsam* offene Widersetzlichkeit, aus *Fleiß* Faulheit, aus *Bescheidenheit* Frechheit, aus *Keuschheit* Amoralität und Lasterhaftigkeit. Schwarze Pädagogik treibt den Zögling zu jenem Verhalten, das sie mit ihren Methoden so emsig verhindern möchte. [...] Meyer blieb der Methode des Misstrauens treu – bis in den Tod seines Schützlings.

Als Hauser am 14. Dezember 1833 mit der tödlichen Verwundung ins Haus stürzte, blieb der Lehrer kühl und unbestechlich. Nüchtern vermerkte er in dem Verhalten seines Zöglings Merkmale, die ihm „höchst unnatürlich und daher sehr auffallend" erschienen.

Meyer und seine Frau registrierten theatralische Gesten, vermissten sachdienliche Information. „Er deutete nicht eben auf seine Wunde, sondern stellte sich bald vor mich hin, streckte unter fürchterlicher Gebärdung die Hände mehr vor und über sich hinaus und ließ mich die Wunde erst suchen."

Als Meyer sie gefunden hatte, erfolgte sein schneller Tadel, „dass er dießmal den dümmsten Streich gemacht habe". Die Wunde interessierte den Pädagogen nicht weiter. Es ging ihm nicht um das Wohl seines Schützlings, sondern um die Vollstreckung des Prinzips der Schwarzen Pädagogik. Dieses hieß in der gegebenen Situation: Nachforschung und Kontrolle der von Hauser behaupteten Umstände. An dieser Stelle scheint es gerechtfertigt, Kaspar Hauser nicht nur im übertragenen Sinne als ein Opfer der Erziehung zu verstehen. Statt seinen Zögling ins Bett zu bringen, statt ihm einen Notverband anzulegen und umgehend den Arzt zu verständigen, ließ sich der Lehrer von dem tödlich Getroffenen in den Hofgarten führen und die Stelle zeigen, an der die Tat geschehen sein sollte. [...]

Der Kaspar-Hauser-*Komplex* meint die frühe Verlassenheit des Säuglings und des Kleinkindes. Jene Isolation also, die die Disposition für die Unfähigkeit, sich in die menschliche Gemeinschaft zu integrieren, zur Folge hat.

Das Hauser-*Syndrom* charakterisiert das Endprodukt einer langen Phase der Vernachlässigung. [...]

Der Kaspar-Hauser-*Effekt* hingegen bezieht sich auf die erzieherischen Vorstellungen und Maßnahmen, mit denen Kaspar in unterschiedlicher Weise konfrontiert wurde, als er unter den Menschen lebte.

Mein Begriff charakterisiert einen negativ verlaufenden Erziehungsvorgang. Dieser Prozess ist gekennzeichnet durch eine dogmatische Vorstellung von dem Wesen des Kindes und seiner Rolle in der Gesellschaft. Er geht von radikal vereinseitigten Zielvorstellungen aus, die ich mit den verabsolutierten Einzeltugenden der bürgerlichen Gesellschaft vorgestellt habe. Die Durchsetzung der Tugendgebote erfolgt mit Methoden, die zwanghaft sind. Die Fixierung auf die Norm lässt dem Erzieher keinen Raum, weder für alternative Zielvorstellungen noch für abweichende methodische Maßnahmen. Das Instrumentarium dieses Erziehungsprozesses besteht aus den Faustregeln der Schwarzen Pädagogik. Sie lassen der Spontaneität und einer eigenen Entwicklung des Kindes keinen Spielraum. „Hoffnungsvoll" verläuft dieser Prozess, wenn es dem Erzieher gelingt, die lebendigen Impulse des Kindes zu unterdrücken. Als gelungen wird die Erziehung bezeichnet, wenn sie erreicht, dass das Kind die vorgegebenen Normendiktate zu seinen eigenen Bedürfnissen uminterpretiert. Scheitert die Erziehung, so gerät der Zögling in einen Kessel pädagogisch verstandener Verfolgung. Am Ende dieses Prozesses steht die Ausgliederung. Sowohl die negative Konsequenz dieser Erziehung als auch die – im Sinne ihrer Vollstrecker – positive Entwicklung des Kindes haben eines gemeinsam: Sie führen beide zur Desintegration. Die Erziehungszwänge lassen den Menschen unbehaust, weil sie ihm den Weg zu einer Selbstfindung versperren. Das Ergebnis dieses Erziehungsvorgangs ist die Einsamkeit, sowohl die des vordergründig Angepassten als auch die desjenigen, der sich den Anforderungen widersetzt hat. Das ist der Kern dessen, was der Kaspar-Hauser-Effekt beschreibt. Er meint nicht

die räumliche Ausstoßung des Kindes, sondern seine erzieherisch bedingte Vereinsamung inmitten der Gesellschaft. Dieser Vorgang ist nicht nur historisch zu verstehen, sondern hat seine kaum eingeschränkte Bedeutung auch für die Gegenwart. [...]
Meine These ist, dass sich der bürgerliche Moralkodex weitgehend erhalten hat und dass sich lediglich in den Methoden der Vermittlung partielle Modifizierungen aufweisen lassen.
(Friedrich Koch, Der Kaspar-Hauser-Effekt, Über den Umgang mit Kindern, Opladen 1995, S. 23, 31, 58ff., 72f., 83)

1. Versuchen Sie weitere Informationen über den Fall Kaspar Hauser zu bekommen.
2. Suchen Sie Beispiele für den Kaspar-Hauser-Effekt.
3. Erörtern Sie die These des Autors.
4. Diskutieren Sie die Notwendigkeit des ‚bürgerlichen Moralkodexes'.
5. Welche Elemente sollte Ihrer Meinung nach – in Abgrenzung zu einer ‚Schwarzen Pädagogik' – eine ‚Weiße Pädagogik' haben?

Friedrich Koch stellt in seinem Buch Überlegungen darüber an, welche wichtigen Voraussetzungen durch eine Erziehung gegeben sein sollen, damit dem Kind zu seiner Entfaltung verholfen werden kann. Dabei setzt er sich auch mit dem polnischen Arzt und Pädagogen Janusz Korczak (geboren 1878 oder 1879) auseinander.

- Niemand erzieht zu Ordnung und Sauberkeit, der die Kinder in ein eng vorgegebenes System zu pressen versucht;
- niemand erzieht zur Dankbarkeit, der die spontanen Impulse und Bedürfnisse der Kinder ignoriert;
- niemand erzieht zur Ehrlichkeit, der sie mit Strafen oder logischen Folgen zu erreichen versucht;
- niemand erzieht zu Gehorsam durch die Überbetonung der personalen Autorität oder durch scheinbare Sachzwänge;
- niemand erzieht zu Fleiß durch offene Drangsaliererei oder durch überspannte stumme Erwartungen;
- niemand erzieht zur Bescheidenheit, der von vornherein die Rechte des Kindes einschränkt;
- niemand erzieht zu sexueller Verantwortung, der die kognitiven, affektiven und genitalen Interessen der Kinder und Jugendlichen unterdrückt. [...]

Es geht darum, an die richtige Reihenfolge der erzieherischen Voraussetzungen zu erinnern. Das Erziehungsziel, meist Ausgangs- und Endpunkt aller pädagogischen Reflexion, ist auf den zweiten Rang zu verweisen. Die oft alles verdrängende und am meisten interessierende Frage nach der richtigen Methode ist allenfalls von drittklassiger Bedeutung. Fundament jeder erzieherischen Praxis aber ist die Liebe zu dem Kind. Liebe ist ein weiter Begriff. Von dem säkularisierten Bibelspruch „wer seinen Sohn liebt, der züchtigt ihn" (vergl. Hebräer 12, 6; Offenbarung 3, 19; Sprüche 3, 12) bis hin zu den modernen Formen der „overprotection" kann ihm im Erziehungsalltag alles untergeordnet werden. Im Namen der Liebe werden Kinder verhätschelt, bevormundet, drangsaliert, missbraucht, misshandelt und vernichtet.
Lässt sich der Begriff operationalisieren und für die Erziehungspraxis relevant gestalten?

Es gibt einen Versuch des großen polnischen Arztes und Pädagogen Janusz Korczak. Sein Hauptwerk, in dem er diesen Versuch unternimmt, lautet in der deutschen Übersetzung „Wie man ein Kind lieben soll". [...]

Korczak, der sich mit seinem Hauptwerk „Wie man ein Kind lieben soll" gleichfalls an Eltern und Erzieher gewandt hat, lag nichts ferner, als Ratschläge geben zu wollen. Schon die Übersetzung des Titels ins Deutsche hätte wahrscheinlich seinen Widerspruch hervorgerufen. „Jak kochac dziecko" heißt wörtlich übersetzt „Wie ein Kind lieben". Das war im Sinne einer offenen Frage gemeint und nicht als Ankündigung fertiger Antworten, wie die deutsche Übersetzung vermuten lassen könnte. [...]

Das Nicht-Wissen war ihm die Voraussetzung für die Liebe zum Kind und für die Achtung seiner Existenz. Die Achtung vor jedem einzelnen Kind ließ keine Pauschalisierungen zu.

„Dies ‚Ich-weiß-Nicht' ist in der Wissenschaft der Ur-Nebel, aus dem neue Gedanken auftauchen. Für einen Verstand, der nicht an wissenschaftliches Denken gewöhnt ist, bedeutet ein ‚Ich-weiß-Nicht' eine quälende Leere.

Ich will lehren, das wunderbare, von Leben und faszinierenden Überraschungen erfüllte schöpferische ‚Ich-weiß-Nicht' der modernen Wissenschaft in Bezug auf das Kind zu verstehen und zu lieben.

Es geht mir darum, dass man begreift: Kein Buch und kein Arzt können das eigene wache Denken, die eigene sorgfältige Betrachtung ersetzen." [...]

Die überlieferten Erziehungsbücher spiegeln Kommunikationsprozesse auf der Subjekt-Objekt-Ebene, und zwar im doppelten Sinne. Da sind zunächst einmal die Verfasser, die sich als kompetente Experten für den ratlosen Leser empfehlen. [...] Korczak, dem Erziehungsratgeber dieses Schlages nicht unbekannt gewesen sind, bezieht auch hier eine genaue Gegenposition. Er misstraut den unumstößlichen Wahrheiten und möchte um jeden Preis vermeiden, dass die Leserschaft seine Gedanken als gültigen Erfahrungsschatz missversteht. Viel wichtiger sind ihm daher Irrtümer, weil sie zum Nachdenken Anlass geben.

„[...] Verleger drucken manchmal goldene Worte großer Geister; wie viel nützlicher wäre es doch, eine Sammlung von irrigen Meinungen zu veröffentlichen, die von den Klassikern der Wahrheit und der Wissenschaft verkündet worden sind."

Die Subjekt-Objekt-Ebene zeigt sich in den überlieferten Schriften schließlich auch in dem Erziehungsverständnis. Meist wird der Erziehungsvorgang aus der Perspektive der Erziehenden beschrieben. [...]

Erziehung ist ein einseitiger Kommunikationsfluss, mit dem die Eltern und Erzieher auf das Kind einwirken. Dieser Prozess gilt als geglückt, wenn das Kind sich den Zielvorstellungen des Erwachsenen fügt, als gescheitert, wenn der staunende Leser sehen muss, dass die als erfolgreich angepriesene Methode andere – möglicherweise entgegengesetzte – Folgen zeitigt.

Korczak setzt diesem eindimensional verstandenen Erziehungsvorgang ein dialogisches Verständnis der Pädagogik entgegen. [...]

Der Erzieher muss sich selbst erkennen, seine Vorstellungen reflektieren und versuchen, seinen eigenen Weg zu gehen. Dieser eigene Weg ist immer nur ein Teilstück. Das Ziel muss immer wieder neu erkundet werden, Umorientierungen und Umwege sind einzuplanen. So gesehen, ist jeder Erzieher – auch der erfahrenste – immer wieder ein Anfänger, und so ist es nur logisch, dass es Korczak nicht möglich ist, vom hohen Rosse her Ratschläge zu geben. Was er seinem Leser vermittelt, sind Zweifel, eigene Fehler und Fehleinschätzungen, aus denen sich die Notwendigkeit einer Neureflexion ergibt.

[...] Er war kein Büchergelehrter und kein Systematiker. Er schrieb aus seinen Erlebnissen und folgte beim Schreiben seiner Intuition. ‚Poetische Pädagogik' oder ‚erzählende Pädagogik' wird diese Form genannt. Sie ist nur schwer zu referieren, ohne dem Gehalt und dem humanen Impuls seiner Schriften Abbruch anzutun. Korczak muss selbst gelesen werden. Ein längeres Zitat soll dafür Anreiz sein und zugleich die Antwort Korczaks auf die Frage nach der Zukunftsorientierung der Erziehung wiedergeben:
„Wir sollten auch die gegenwärtige Stunde achten, den heutigen Tag. Wie soll es (das Kind, F.K.) morgen leben können, wenn wir es heute nicht bewusst, verantwortungsvoll leben lassen?

Wir sollten nicht treten, nicht vernachlässigen, nicht das Morgen fesseln, es nicht auslöschen, nicht eilen, nicht hetzen. Wir sollten jeden einzelnen Augenblick achten, denn er stirbt und wiederholt sich nicht, und immer sollten wir ihn ernst nehmen; wird er verletzt, so bleibt eine offene Wunde zurück, wird er getötet, so erschreckt er uns als ein Gespenst böser Erinnerungen.

Lassen wir das Kind doch unbeschwert die Freude des frühen Morgens genießen und vertrauen. Das Kind will es eben so. Die Zeit ist ihm nicht zu schade für ein Märchen, für ein Gespräch mit seinem Hund, fürs Ballspielen, fürs genaue Betrachten eines Bildes, fürs Nachzeichnen eines Buchstabens – aber all das mit Freude. Es hat Recht. In unserer Naivität fürchten wir den Tod und wissen nicht, dass das Leben ein Reigen vergehender und wieder neu entstehender Augenblicke ist. Ein Jahr – das ist nur der Versuch, die Ewigkeit im Alltag zu begreifen. Ein Augenblick dauert so lange wie ein Lächeln oder ein Seufzer. Eine Mutter möchte ihr Kind erziehen; aber dies wird sie nicht erwarten: dass ständig eine andere Frau einen anderen Menschen verabschiedet und begrüßt.

Unbeholfen teilen wir die Jahre in mehr oder weniger reife auf; es gibt gar kein unreifes Heute, keine Hierarchie des Alters, keinen höheren oder tieferen Rang des Schmerzes und der Freude, der Hoffnung und Enttäuschung. Wenn ich mit einem Kind spiele oder spreche – dann haben sich zwei gleichwertig reife Augenblicke in meinem und in seinem Leben verbunden; wenn ich mit einer Kinderschar zusammen bin, dann begrüße oder verabschiede ich immer ein Einzelnes einen Augenblick lang mit einem Blick oder einem Lächeln. Wenn ich in Gegenwart eines Kindes ärgerlich bin, dann vergewaltigt und vergiftet nur mein böser, rachsüchtiger Augenblick den reifen und wichtigen Augenblick in seinem Leben.

Verzichten um des Morgens willen? Welche Verlockungen prophezeit er? Wir entwerfen ein Bild in übertrieben dunklen Farben. Die Voraussage erfüllt sich: das Dach stürzt ein, weil das Fundament des Gebäudes vernachlässigt wurde."
(Friedrich Koch. Der Kaspar-Hauser-Effekt, Über den Umgang mit Kindern, Opladen 1995, S. 123f., 126–132, 135f.)

1. Diskutieren Sie den von dem Autor herausgehobenen Aspekt der Liebe in der Erziehung.
2. Charakterisieren Sie die pädagogischen Vorstellungen des Autors.
3. Informieren Sie sich über die Lebensgeschichte von Janusz Korczak.
4. Diskutieren Sie die Tragfähigkeit des ‚dialogischen Verständnisses von Erziehung' für den pädagogischen Alltag. Inszenieren Sie dazu in Ihrem Kurs eine Podiumsdiskussion, bei der dieser Ansatz dem Verständnis von Kommunikationsprozessen auf der Subjekt-Objekt-Ebene gegenübergestellt wird.
5. Vergleichen Sie Janusz Korczaks Antworten auf die Frage nach der Zukunftsorientierung der Erziehung mit anderen Ihnen in diesem Buch vorgestellten Aufsätzen.
6. Diskutieren Sie die These: ‚Die Erziehung von heute ist die Erziehung von morgen!'.

Sie haben sich jetzt über einen längeren Zeitraum mit pädagogisch orientierten Fragestellungen beschäftigt und Einsichten in erziehungswissenschaftliche Fragestellungen, Denkweisen und Modelle bekommen.

Das folgende Mobile mit der Überschrift ‚Erziehung' soll Sie noch einmal ermuntern alle für Sie besonders wichtigen Aspekte aufzugreifen und in je ein ‚Mobileschild' zu schreiben. (Ihr Fachlehrer fertigt Ihnen sicherlich eine Kopie an.)

Vielleicht ist es Ihnen ja auch möglich, die Aspekte zu ordnen und in ein ‚gewisses Gleichgewicht' zu bringen.

Erziehung

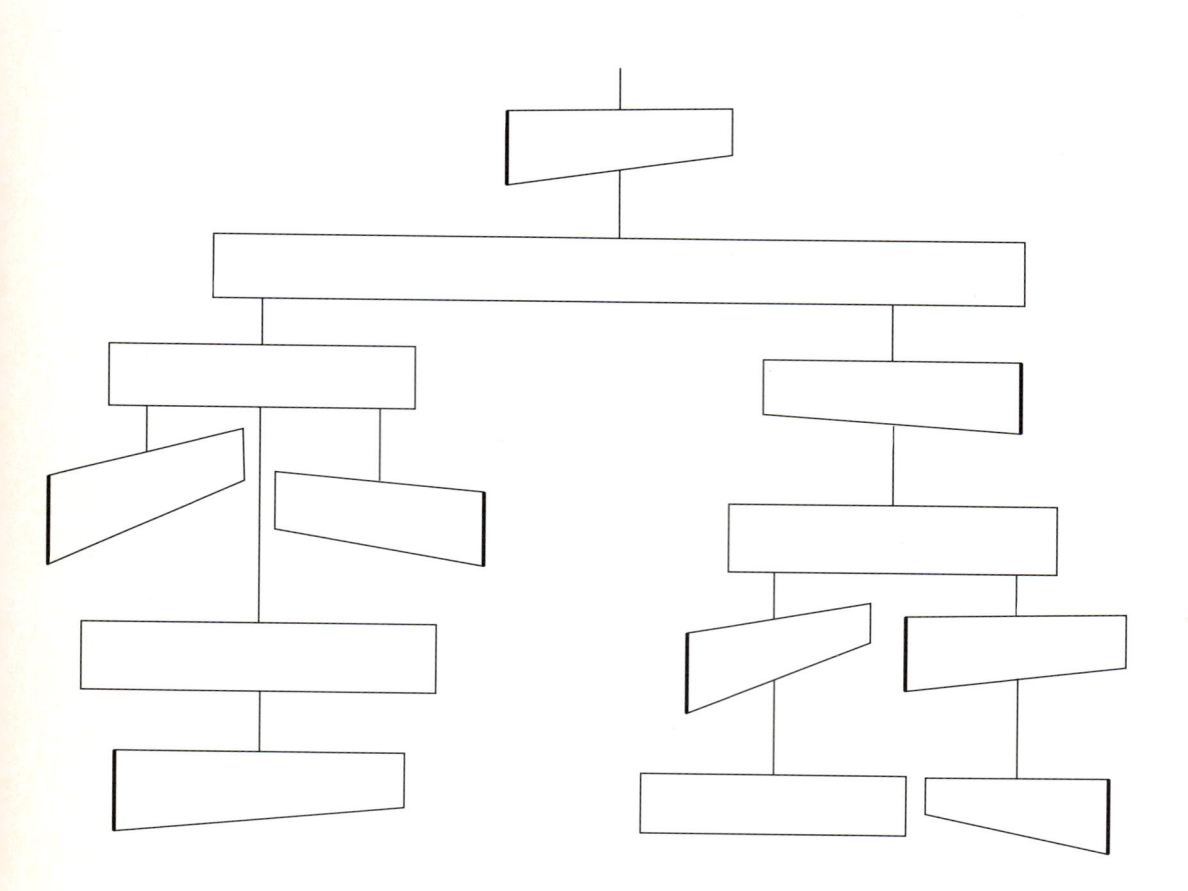

4 Perspektiven: Pädagogik – ein Fach für mich?

(Zeichnung: Lothar Ursinus/CCC)

Vor welchen Entscheidungen stehen Sie am Ende des Halbjahres 11/1?
Aufgrund welcher Kriterien treffen Sie ihre Entscheidungen?

10 gute Gründe, das Fach Pädagogik zu wählen:

1. Pädagogikunterricht (PU) hat etwas mit Ihnen und Ihrem Leben zu tun!
2. Im PU denken Sie über zentrale Fragen Ihres Lebens nach!
3. Im PU erwerben Sie Kenntnisse aus den Bereichen Erziehungswissenschaft, Soziologie und Psychologie, die für Sie und Ihre persönliche Situation konkret nützlich sind!
4. Im PU lernen Sie, besser mit anderen Menschen klarzukommen und andere Menschen (und sich selbst) besser zu verstehen!
5. Mit dem Fach Pädagogik starten Sie in einem Fach völlig neu!
6. Im Fach Pädagogik setzen Sie sich mit erzieherischen Feldern auseinander, in denen Sie schon viele Erfahrungen gesammelt haben und noch sammeln: Familie, Schule, evtl. Jugendgruppe usw.!
7. Im PU wird theoretisch und praktisch gearbeitet und die im Unterricht gemachten Erfahrungen und erworbenen Kenntnisse können zur Verbesserung pädagogischer Arbeit direkt genutzt werden!
8. PU bereitet Sie auf ein breites erzieherisches Berufsfeld vor!
9. Im PU erwerben Sie Wissen und Fähigkeiten, die Sie in allen Berufen anwenden können, in denen mit Menschen gearbeitet wird!
10. PU bereitet Sie auf Ihre zukünftige Mutter- bzw. Vaterrolle vor!

5 falsche Erwartungen, Vorurteile oder Befürchtungen:

1. PU ist der leichteste Weg zum Abitur!
2. PU ist ein Laberfach!
3. PU ist nur etwas für Mädchen!
4. Im PU wird nur über kleine Kinder gesprochen!
5. Personalchefs halten nichts von PU!

Sprechen Sie mit Oberstufenschülerinnen und Oberstufenschülern über Ihre Erfahrungen mit Pädagogikunterricht!

Berufsfelder

Bei der Kurswahlentscheidung in der Oberstufe spielen auch berufliche Erwägungen eine Rolle. Daher hier ein kurzer Einblick in erzieherische Berufsfelder:

In Kindergärten, Krippen, Horten und in Kinderheimen arbeiten zu 98% Frauen: „Erzieherinnen", wie die Berufsgruppe seit den 70er-Jahren allgemein genannt wird.
Die Eltern, die ihre Kinder in den Kindergarten bringen, stellen sich vor, dass Erzieherinnen für ihre Arbeit in etwa gleicher Weise ausgebildet sind und dafür das gleiche

Gehalt erhalten. Hier irrt der Außenstehende. Im Personal fast jeder Einrichtung für Kinder spiegelt sich eine heute nur noch historisch zu erklärende Hierarchie von Ausbildungsgängen, tariflichen Eingruppierungen und Statuszuweisungen. Etwa 60% der Mitarbeiterinnen sind „Erzieherinnen", 17% sind „Kinderpflegerinnen", einige Mitarbeiterinnen (5%) haben eine höher qualifizierte Ausbildung, z.B. als Heilpädagogin, Lehrerin, Diplompädagogin, Psychologin oder Diplomsozialarbeiterin, 8% befinden sich noch in der Ausbildung, und 18% des Personals haben überhaupt keine einschlägige Ausbildung.

„Erzieherin"

Alltagssprachlich ist jeder, der mit Kindern zu tun hat, ein Erzieher, eine Erzieherin: die Eltern ebenso wie die Kinderbuchautorin, die Lehrerin ebenso wie der Fernsehredakteur. „Erzieherin" ist aber zugleich eine klar definierte Berufsbezeichnung für Fachkräfte, die eine sozialpädagogische Ausbildung auf Fachschulebene absolviert haben.

Der Erzieherberuf war lange Zeit eine der wenigen Möglichkeiten zur Emanzipation von Frauen durch Berufstätigkeit. Bis heute gilt die Meinung, dass der Umgang mit Kindern eine „typisch frauliche" Tätigkeit sei. Dabei waren es zunächst Männer, die Friedrich Fröbel ab 1839 für den Kindergarten ausbildete. Fröbel betrachtete den Kindergarten als erste Stufe eines umfassenden Bildungssystems, und die Tätigkeit im Kindergarten war für ihn mit der Arbeit eines Lehrers vergleichbar.

Fröbels Ideal einer allseitigen Entwicklung der kindlichen Fähigkeiten kam im 19. Jahrhundert jedoch nur in ausgewählten bildungsbürgerlichen Milieus zum Tragen. Der Kindergarten blieb bis ins 20. Jahrhundert hinein vor allem ein Ort der Bewahrung und Betreuung bedürftiger Kinder, die durch die Folgen der Industrialisierung in ihrer leiblichen und geistigen Entwicklung gefährdet waren. Bewahren und Disziplinieren von Kleinkindern – das waren die Aufgaben einer „Kindergartentante", eine Berufsbezeichnung, die die gesellschaftliche Abwertung der Haus- und Familienarbeit widerspiegelt. Die treusorgende, mit einem reichen Beschäftigungsrepertoire versehene und eher gefühlsmäßig handelnde Mutter wurde zum Leitbild der Ausbildung zur Kindergärtnerin. Die anspruchsvolleren pädagogischen Ziele der Schule reklamierte die Berufsgruppe der Lehrer für sich. Erst ab den 20er-Jahren wurde die Rolle der Bewahrerin und Hüterin allmählich ergänzt durch stärker pädagogische Kompetenzen.

Die Erzieherausbildung in ihrer heutigen Form ist hervorgegangen aus den ursprünglich getrennten Ausbildungsgängen zur „Kindergärtnerin" und „Hortnerin". Seit 1929 wurden beide Ausbildungsgänge zu einer zweijährigen Ausbildung in Seminaren für Kindergärtnerinnen zusammengefasst und in den 60er-Jahren als Ausbildung zur „staatlich anerkannten Erzieherin" erweitert. Diese breiter angelegte Ausbildung qualifiziert nun für die selbstständige Tätigkeit in allen Feldern der Jugendhilfe, vor allem für die Arbeit in Krippen, Kindergärten, Heimen, Horten und für Jugendarbeit.

In den 70er Jahren, den Jahren der Bildungsreform, wurden die Erwartungen an den Kindergarten als „erste Stufe des Bildungswesens" anspruchsvoller definiert: Weder die Kindergartentante noch die Vorschullehrerin, sondern die „sozialpädagogische Fachkraft" galt nun als angemessen qualifiziert für den Umgang mit Kindern vor und außerhalb der Schule. Neue Konzepte der Kindergartenarbeit („Soziales Lernen", „Situationsansatz", „Offene Planung") konnten nur von Fachkräften umgesetzt werden, deren Horizont über Basteln und Kindergartenfeste hinausging. In die Arbeit einer modernen Erzieherin sollte nun die Reflexion über das gesellschaftliche Umfeld der Kinder ebenso eingehen wie die Gestaltung eines sozialen „Ersatzraums", eines kommunikativen Milieus, das die zunehmende soziale Anregungsarmut im Leben vieler Kinder zu kompensieren hat. [...]

„Kinderpflegerin"

Die auf Ideen von Fröbel gestützte Kinderpflegerinnenausbildung war ursprünglich allein auf die Mitarbeit in Familien mit Kindern gerichtet, die Ausbildung daher entsprechend pflegerisch und hauswirtschaftlich gehalten. Später, als nicht genug Kindergärtnerinnen zur Verfügung standen, kamen – auf Schmalspur – auch sozialpädagogische Inhalte dazu, um Kinderpflegerinnen auch im Kindergarten anstellen zu können (mit entsprechend niedrigerem Status und Gehalt). Offiziell sollen Kinderpflegerinnen heute als Zweitkräfte, als „Helferin" in der Gruppe eingesetzt werden. Aber kann man pädagogische Anforderungen in „einfache" und in „schwierige" aufteilen? Ist nicht die „Pflege" von Kindern immer zugleich auch Erziehung?

In den 70er-Jahren, als der Ausbau der Elementarerziehung eine bildungspolitische Priorität war, wollten einige alte Bundesländer aus solchen Überlegungen heraus keine Kinderpflegerinnen neu einstellen und die im Kindergarten tätigen Kinderpflegerinnen zu Erzieherinnen weiterqualifizieren. Neuerdings werden nun wieder mehr Kinderpflegerinnen eingestellt – vor allem wohl, weil es billiger ist, angeblich aber wegen Engpässen auf dem Arbeitsmarkt, dem „Erziehernotstand". Dabei wird übersehen, dass gerade die Einstellung von weniger qualifiziertem Personal das Image des Erzieherberufs abwertet, was langfristig dann wieder den Fachkräftemangel verstärkt.

Heute wird die Ausbildung zur Kinderpflegerin von jungen Frauen häufig als Einstiegsberuf gewählt mit dem Ziel, später eine Ausbildung im medizinischen, sozialen oder pädagogischen Bereich anzuschließen, besonders dann, wenn die bildungs- oder altersmäßigen Voraussetzungen noch nicht erfüllt sind. Da mit diesem Berufsabschluss ein mittlerer Bildungsabschluss erreicht werden kann, ist diese Wahl nicht ganz unrealistisch.

„Auf anderer Leute Kinder aufpassen" – ein Beruf fürs Leben?

Lange galt der Erzieherberuf für Frauen als eine Art Durchgangsphase zum eigenen Familienleben oder zu einer anschließenden weiteren Ausbildung. Seit Erzieherinnen – wie andere Frauen auch – in der Berufsarbeit einen unverzichtbaren Bestandteil ihrer Lebensplanung sehen und eine kontinuierliche Erwerbstätigkeit anstreben, hat sich die Motivation verändert. In den vergangenen 30 Jahren ist die durchschnittliche Verweildauer von Erzieherinnen im Beruf gestiegen (nach meinen Recherchen auf der Grundlage von Personalstrukturerhebungen des Statistischen Bundesamtes von zwei bis drei Jahren auf über zehn Jahre). Neuere Beobachtungen weisen darauf hin, dass dieser Anstieg stagniert. Ein großer Teil der qualifizierten Erzieherinnen ist um die 30 schon wieder aus dem Beruf ausgeschieden. Spätestens zwischen 35 und 45 Jahren geraten die meisten Erzieherinnen in eine Krise und weichen in andere Berufsfelder aus. Sie sind erschöpft und überfordert, sie sehen kaum berufliche Perspektiven und Aufstiegschancen. Die immer wieder genannten Gründe für ihre Unzufriedenheit sind: unangemessene Bezahlung, zu große Kindergruppen, oft „Doppelbelegung" (d.h. unterschiedliche Kindergruppen am Vormittag und am Nachmittag), wenig Zeit für Vorbereitung, zu wenig Fortbildung und berufliche Perspektive und nicht zuletzt das geringe gesellschaftliche Ansehen ihres Berufs.

Die meisten jüngeren Erzieherinnen können sich nicht mehr vorstellen, ihre Arbeit über Jahre hinweg mit demselben Schwung und derselben Offenheit für neue Kinder bis zur Berentung durchzuhalten. Das Missverhältnis zwischen hohen Anforderungen und niedrigem gesellschaftlichen Prestige ist zu groß, und wesentliche Änderungen sind nicht in Sicht. Zwar schätzen sie durchaus die kreativen Seiten ihres Berufs, das abwechslungsreiche, selbstbestimmte Arbeiten, und sie ziehen eigentlich den Umgang mit Kindern einem anderen Berufsalltag vor. Aber wenn eine Erzieherin nicht in eine Sackgasse geraten will, wenn sie den Wechsel in ein anderes Berufsfeld rechtzeitig schaffen will, muss sie möglicherweise schon dann ausscheiden, wenn sie eigentlich gern noch einige Jahre im Beruf bliebe.

Vor allem ältere Erzieherinnen bräuchten Arbeitsbedingungen, die ihre veränderte Belastbarkeit berücksichtigen und ihnen neue Perspektiven einräumen, wie z.B. Beratungstätigkeiten im Kindergarten oder neue Formen von Eltern- und Gemeinwesenarbeit. Dann wären in den Teams die lebenserfahrenen und berufserfahreneren älteren Mitarbeiterinnen eine größere Unterstützung, als sie es heute sein können.

Für ein erweitertes Berufsverständnis des Erzieherberufs

Wie viel lebendiger, vielseitiger könnte der Kindergarten werden, wenn es gelänge, Menschen mit ganz unterschiedlichen beruflichen Vorerfahrungen zu gewinnen. Jüngere und Ältere, Berufswechsler, Frauen und Männer, Menschen, die in anderen Kulturen aufgewachsen sind ... Dafür müssten andere Zugänge zum Erzieherberuf geschaffen werden, Ausbildungsgänge, die auch die Erfahrungen der „beruflichen Erstsozialisation" aufnehmen und integrieren.

Statt dessen hat die Professionalisierung des Erzieherberufs in den vergangen 25 Jahren eine – aus meiner Sicht problematische – Einführung des Berufsverständnisses auf ausschließlich „pädagogische Aufgaben" hinterlassen. Diese Pädagogisierung hat die breitere fachliche Kompetenz des Personals in Einrichtungen für Kinder eingeschränkt. Erzieherinnen sollten umfassender zuständig sein können für die sozialen Belange von Kindern, umfassender beteiligt werden an der Planung der Räume, in denen Kinder leben, an der Alltagsorganisation von Kindheit.

Eine solche „anwaltliche Funktion" in der Gestaltung der Lebensbedingungen von Kindern wird heute in den jugendhilfepolitischen Diskussionen zur Weiterentwicklung der Kindergartenarbeit immer wieder gefordert (Achter Jugendbericht der Bundesregierung). Einrichtungen für Kinder, heißt es, sollen offene „Lern-, Spiel- und Begegnungsräume für alle Kinder im Wohnumfeld" werden. Die Arbeit der Erzieherin könnte sich vernetzen mit anderen sozialen Diensten im Umfeld, etwa mit Elterninitiativen, Sozialstationen, dem Kindersorgentelefon, der Familienpflege, Angeboten der Kinderkultur, der Gemeindearbeit, der Hausaufgabenbetreuung. Bei diesem Verständnis des Erzieherberufs würden Erzieherinnen zu Expertinnen für Jugendhilfeplanung und Infrastrukturpolitik für Kinder, d.h., sie hätten eine Stimme bei Fragen des Wohnungsbaus, der Stadtplanung, der Verkehrsplanung. Sie könnten ihre Beobachtungen einbringen in Verhandlungen mit Betrieben über eine familienfreundlichere Abstimmung von Arbeitszeiten, etc.

Eine derartige Ausweitung des Berufsbildes ist keine Zusatzbelastung, wohl aber eine Aufwertung des Berufs. Eine Erzieherin, deren Aufgaben vom ausschließlich pädagogischen Umgang mit Kindern zu einer umfassenderen Zuständigkeit für das Wohlergehen von Kindern erweitert werden, muss sich allerdings auf eine soziale Grundausbildung stützen können – deren Konzept erst noch zu entwickeln ist, auch in den europäischen Nachbarländern gibt es bisher kaum Beispiele dafür. Entsprechend müsste dann auch die Fortbildung ein breites Themenspektrum anbieten. [...]

(Dietrich von Derschau, Kinder erziehen. Für ein erweitertes Berufsverständnis, in: Deutsches Jugendinstitut [Hrsg.] Was für Kinder. Aufwachsen in Deutschland. Ein Handbuch, Kösel Verlag, München 1993, S. 356ff. [Auszüge])

Heilerziehungspflege

Ein weiteres sozialpädagogisches Berufsfeld ist das der Heilerziehungspflege. Die sozialpädagogische Aufgabe der Heilerziehungspfleger und -pflegerinnen besteht in der „Pflege, Betreuung und Erziehung behinderter Menschen aller Altersgruppen" (Richtlinienentwurf Fachschule für Heilerziehungspflege, 30. Juni 1994, S. 4). Im Unterschied zu Erziehern und Erzieherinnen verfügen Heilerziehungspfleger und -pflegerinnen über spezielles Wissen über Behinderung, Erziehung, Pflege, Förderung und Begleitung Behinderter sowie von Behinderung betroffener Menschen. Ihre Aufgabe besteht in der Gestaltung und Begleitung des Alltags behinderter Menschen. Dabei kooperieren sie mit anderen Fachkräften wie Heilpädagogen und -pädagoginnen, Psychologen bzw. Psychologinnen u.a. sowie mit anderen Institutionen wie Schulen, Betrieben etc.

Heilerziehungspfleger und -pflegerinnen arbeiten in Wohneinrichtungen für Behinderte, in Krankenhäusern, Sonderkindergärten, integrativen Kindergärten, Sonderschulen, Werkstätten für Behinderte und in Freizeiteinrichtungen für Behinderte.

Neben pflegerischen und pädagogischen Fähigkeiten sind für den Beruf des Heilerziehungspflegers / der Heilerziehungspflegerin vor allem soziale und emotionale Kompetenzen von besonderer Bedeutung, wobei laut Richtlinienentwurf eine elementare Kompetenz darin besteht, Beziehungen herstellen und gestalten zu können und „dem faktischen Anderssein die Akzeptanz und Würde zu geben, die ihm zusteht" (a.a.O., S. 12).

Hinweis:

Zum Beruf des Lehrers/der Lehrerin und des Diplom-Pädagogen/der Diplom-Pädagogin wird in Phoenix, Band 2 unter der Überschrift „Was nun? Lebens- und Berufsplanung" weiteres Material geboten. Neben den in diesem Band und den in Band 2 vorgestellten pädagogischen Berufen gibt es jedoch noch zahlreiche weitere pädagogische und sozialpädagogische Berufsfelder wie z. B. die Altenpflege, die Ergotherapie, die Motopädie, die Logopädie usw. Um sich einen vollständigeren Überblick zu verschaffen oder um sich ergänzende Informationen zu beschaffen, können Sie bei der Bundesanstalt für Arbeit berufskundliche Materialien anfordern und so unterschiedlichste pädagogische Berufsfelder in arbeitsteiliger Gruppenarbeit erarbeiten.

Ausbildung und Berufsfelder sozialpädagogischer Fachkräfte*

Beruf	Ausbildungsinstitution	Zugangsvoraussetzungen	Wichtigste Berufsfelder	Tarifliche Eingruppierung
Diplom-Pädagoge/in (mit Schwerpunkt Vorschulerziehung, Familie)	4 Jahre Universität	Abitur oder fachgebundene Hochschulreife	Lehre, Forschung, Leitungspositionen, Aus- und Fortbildung in päd./sozialpäd. und sozialen Bereichen	BAT III und höher
Diplom-Sozialarbeiter/in, Diplom-Sozialpädagoge/in	3 Jahre Fachhochschule und 1 Jahr Berufspraktikum	Fachhochschulreife (z.B. Fachoberschule)	Gesamter Bereich des Sozialwesens; in der Jugendhilfe, vor allem in Heimen und Jugendzentren – meist Leistungspositionen; in Verbänden und Geschäftsstellen von Trägern und Jugendämtern; in Beratungsfunktionen	BAT Ve–III
Erzieher/in	2 Jahre Fachschule/Fachakademie für Sozialpädagogik und 1 Jahr Berufspraktikum	Mittlerer Bildungsabschluss und abgeschlossene Ausbildung oder mindestens 1–2-jähriges Vorpraktikum	Gesamter Bereich der Jugendhilfe, z.B. Leiterin oder Gruppenleiterin in vorschulischen Einrichtungen (ca. 80%), z.T. auch Heimerziehung (ca. 12%) und offene Kinder- und Jugendarbeit (ca. 5%)	BAT VI–Vb
Kinderpfleger/in	1,5 bis 2 Jahre Berufsfachschule und bis 1 Jahr Berufspraktikum	Qualifizierter Hauptschulabschluss	Helfer/in bei der Betreuung von Kindern: in Kinderkrippen, Kindergarten, Hort, Heim	BAT VIII–VIb
Heilerziehungspfleger/in	2 Jahre Fachschule für Heilerziehungspflege u. 1 Jahr Berufspraktikum	siehe Erzieher/in	Einsatz bei Menschen mit Behinderungen in den Beschäftigungsfeldern Wohnen, Bildung, Arbeit und Freizeit	BAT VI–Vb

* Die Ausbildung ist nicht einheitlich, sondern von Bundesland zu Bundesland (und oft auch innerhalb eines Bundeslandes) verschieden. (Dietrich von Derschau, Kinder erziehen. Für ein erweitertes Berufsverständnis, in: Deutsches Jugendinstitut [Hrsg.], Was für Kinder. Aufwachsen in Deutschland. Ein Handbuch, Kösel Verlag, München 1993, S. 356ff. [Auszüge]; der Passus zur Heilerziehungspflege wurde später ergänzt)

Inhaltsübersicht von Phoenix, Band 2

Schließlich ist es für eine Wahlentscheidung auch wichtig, welche Themen in den Halbjahren 11/2 bis 13/2 bearbeitet werden. Deshalb hier eine Vorschau auf die Inhalte von „Phoenix", Band 2:

	11/2	12/1	12/2	13/1	13/2
Leitfragen	Wie eignen sich Menschen ihre Welt an und wie kann dies pädagogisch gefördert werden?	Was brauchen Menschen um sich physisch, psychisch und sozial stabil zu entwickeln und wie kann dies pädagogisch gefördert werden?	Warum verlaufen Entwicklung und Sozialisation oft krisenhaft und wie kann Pädagogik hier präventiv und intervenierend eingreifen?	Wie müssen staatliche und gesellschaftliche Institutionen der Zukunft gestaltet sein, die die „Sachen klären und die Menschen stärken" (H. v. Hentig)?	Wie bin ich geworden, wie ich bin? Welche Vorstellung vom Menschen haben die von 11/1 bis 13/2 behandelten pädagogischen, psychologischen und soziologischen Ansätze und wie können sie mir bei der Reflexion und Gestaltung meiner Biografie helfen?
1 Einführung	Erfahrungen mit Lernen	„Aus Hänschen wird Hans" – Die wissenschaftliche Erforschung gelingender Entwicklung und Sozialisation	Wenn Kinder und Jugendliche anders sind	Erfahrungen mit Schule – Zukunftswerkstatt Schule	Wege zum ‚großen Ich'
2 Waben (Wahlteil)	1. Mit Zuckerbrot und Peitsche? – Klassische Lerntheorien 2. Einsichten – Kognitive Lerntheorien 3. Lernen und Persönlichkeit – „Ich verändere mich." 4. Vorbilder und Leitbilder wirken auf mich ein ... 5. „Denkste!" – Mein Hirn und ich	1. Wege zur Erkenntnis, Wege zum Selbst – Die Modelle von Piaget und Kegan 2. Wo „Es" war, soll „Ich" werden – Entwicklung aus psychoanalytischer Sicht 3. Männlein und Weiblein – Sozialisation als Rollenlernen 4. Sozialisation im Jugendalter – Ein produktiver und konstruktiver Prozess der Gestaltung von Identität 5. Alter Mensch, was nun? – Entwicklung im Alter	1. Help me or I'll beat you – Gewalt 2. Gelingendes Leben heilt und schützt – Die Abhängigkeit von Drogen 3. „Ist ja irre!" – Psychische Krankheiten bei Kindern und Jugendlichen 4. Grenzüberschreitungen – Sexueller Missbrauch von Kindern und Jugendlichen 5. Im Netz von Beziehungen – Der systemische Ansatz	1. Die Häuser des Lernens – Das Bildungswesen der BRD 2. Die Pädagogik der Achtung – Janusz Korczak 3. Selbstregulierung – Die radikale Infragestellung gegenwärtiger Schule durch Alternativschulen am Beispiel ‚Summerhill' 4. Waldorfpädagogik – eine Alternative? 5. Für Führer, Volk und Vaterland – Erziehung und Bildung im Nationalsozialismus	Modelle des Menschen und ihre pädagogischen Implikationen
3 Reflexionen	Lernen durch Erleben?	Die geborenen Experten – Neue Säuglingsforschung	Vorbeugen ist besser als heilen – Was kann die Pädagogik präventiv und intervenierend leisten?	Hollywood macht Schule ...	Entspannt und gut vorbereitet in die Prüfung
4 Perspektiven	Lernen für die Zukunft?	Was braucht der Mensch ...?	Was macht Schule mit Kindern und Jugendlichen, die anders sind?	Wege erziehungswissenschaftlicher Erkenntnis	Was nun? – Lebens- und Berufsplanung

Kopiervorlage

Sieben intime Fragen an die Leserin bzw. den Leser:

♀ oder ♂ :

Alter:

Schule:

Stufe/Kurs:

Kursgröße:

Ihr Lieblingsfach:

Ihr pädagogisches Motto:

Kopiervorlage

Was ich zu diesem Buch noch loswerden möchte:

(Mimürfel-Gesichter nach Hajo Bücken, Arbeitsstelle für neues Spielen, Bremen)

Über Antworten – gerichtet an den Verlag Ferdinand Schöningh, Postfach 25 40, 33055 Paderborn – würden wir uns freuen.

Register

Alleinerziehende 67
Außenseiter 119f.
Autorität 62
Double-bind 56
Elternschaft 81
Erziehung
– eigene Erfahrungen 18
– in der Familie/ Normen in der Gesellschaft 20, 23
– wozu? Der Fall Kaspar Hauser 27
– Definitionsversuche 31f.
– Einflussmöglichkeiten des Erziehers 60
– durch die Gruppe 113
– kulturspezifisch 133ff.
– schulische E. in der Türkei 140ff.
– Probleme 145ff.
– Erziehungsstile 40, 43, 125ff., 143f.
– in den 50er-Jahren 166ff.
– Ratgeber 171ff.
– das Ende der Erziehung 192
– Vorstellungen von E. 185
– »Machbarkeitswahn« 187ff.
– E. und Gewalt 190f.
– Krise und Chance 192ff.
– Berufsfelder 202ff.
Familie
– heute 78
– Bedeutung 72
– systemische Aspekte (Familienmobile) 66
– Ideal und Wirklichkeit 75, 77
– »funktionierende« F. 83
– Erziehung in der türkischen F. 143ff.
Gruppe 109ff.
– Bedeutung für die kindliche Entwicklung 113
– Entstehung und Entwicklung 88ff., 114ff.
– Konfliktlösungsstrategien 121ff.
– Leitung von G. 114, 125f.
– Methoden der Gruppenarbeit 116ff.
– Prozessanalyse 129f.
homo educandus 29
Ich-Botschaften 59

Interkulturelles Lernen 155ff.
Jugendliche
– Problemlagen 145ff.
– Beziehung zu den Eltern 145ff.
Kaspar Hauser 27, 194ff.
Kindergarten
– Geschichte 91ff.
– Funktionen 95
– Situationsorientierung 96ff.
– Bildungssystem 102f.
– Außenseitersituation 119f.
– Erziehungsstile 126ff.
Kindheit
– in den 50er-Jahren 162ff.
– heute 180ff.
Kinderwunsch 82
Kommunikation
– Stile 51
– im Kindergarten 103ff.
Kommunikative Aspekte 46
Koranschulen 137
Korczak, Janusz 197ff.
Kultur 154ff.
living apart together 85
Multikulturelle Gesellschaft 155ff.
Pädagogik (als Unterrichtsfach) 201f.
Prozessdiagnostik 70
Soziale Rangordnung 138f.
Themenzentrierte Interaktion (TZI) 122ff.
Verhandlungshaushalt 54
Wahlverwandtschaft 79
Werte 138f.

»An-Sichten« 30, 186

»Ein-Spruch« 33, 160, 190

Exkurse
– Filmanalyse 26
– Expertenbefragung 131f.